任继愈文集

9

任继愈 著

本书编委会 编

國家圖書館出版社

第七编
史学研究

蘭台秘笈分身有術

宋槧元刊原貌長存

再造善本嘉惠學林

任繼愈題

目　录

史学研究

·古代史论·

·近现代史论·

·专　论·

·通 论·

关于中国封建主义的问题*

从战国到鸦片战争两千多年,中国是封建社会。与欧洲的封建社会相比较,为什么中国封建社会的历史这么长呢?这个问题牵扯到中国社会发展的各种构成因素,但主要的原因是经济原因,封建的经济结构决定了封建社会的社会性质。

封建经济是一种自然经济,它的经济体系以家庭为单位,一家一户的男耕女织是它基本的生产方式,也是生活方式。产品自己消费,吃、穿、用基本上自给自足。中国历史上,凡是天下比较太平,人民日子比较安宁的时候,往往是小农经济得到发展的时候。秦朝经过商鞅变法后,鼓励小家庭,儿子长大必须分居。汉初、隋初、唐初都是贯彻这一种方式。一家一户便于国家直接控制有生产力的人服徭役、交地租。但是小农经济不能经久,过一段时期就会产生土地兼并、两极分化,并由此引起社会动乱。小农经济的特点是不能够大规模高速度地发展生产,产品基本上消费掉了。这种情况一直持续到鸦片战争,中国由此进入半

---

* 据《任继愈学术论著自选集》,北京师范学院出版社,1991 年。系作者 1980 年 9 月 18 日在陕西省哲学学会上的讲话,原载《人文杂志》1980 年第 6 期。

封建半殖民地社会。这个半封建半殖民地社会的封建的经济势力、政治势力、文化传统非常强大,资本主义势力十分薄弱。也可以说,中国的社会主义是在更多的封建主义、较少的资本主义的基础上建立起来的。这样的历史残迹,不能不表现在社会主义制度下的各个方面。"文化大革命"中"四人帮"的篡党夺权,正是这个封建历史残余势力的大暴露。

在"文化大革命"前我们并没有重视这个问题,我们在完成了所有制的改造后就心满意足了,对于统治中国几千年的封建主义的危害性认识不足,这不是哪一个人认识不足,而是我们整个民族、广大群众,包括我们党内干部都对封建主义势力之大认识不足。这样就导致了极其严重的灾难性的后果。

自给自足的小农经济落后于资本主义,当然更落后于社会主义。社会发展史的规律表明:落后的自然经济必然为先进的资本主义所代替,资本主义又必然为更先进的社会主义所代替。而中国的社会主义是在资本主义没有得到充分发展的情况下建立起来的,包袱就背得很重,问题也就更为复杂。落后的封建经济有没有带来好处? 也有。比如我们的新民主主义革命采取的农村包围城市的战略方针,它的根据就是旧中国封建经济和封建势力是独立的、分散的这么一个落后的状况。如果是一个现代化的、商品经济发达、交通设施完备的社会,我们就很难设想能通过这样的道路取得革命胜利。中国革命成功,沾了封建主义的光,进入社会主义社会,则吃了封建主义的亏。

我们是研究哲学史的,现在仅从这个侧面来考察一下中国的封建社会为什么能够维持这么长。

封建社会是一个有机结构,有它的生长、发展、衰落和死亡的过程。汉唐时代是中国封建社会的上升时期,不仅在中国封建史上值得大书特书,在全世界比较起来也是先进的。唐以后开始走下坡路,一直走到鸦片战争。秦汉以后中国就是在大一统局面下的封建制。这种全国大一统的局面,与欧洲诸侯小国分散割据的封建社会有很大区别。中国的历代封建统治者不断加强中央集权的统治力量,采取一系列措施,从政治制度、思想体系方面,来巩固封建体制,维系大一统的局面。

从历史上看,中国封建统治的不断增强是通过集中中央权力和加大皇权来实现的。汉初刘邦分封了一些子弟,分封后发现他们闹独立性,以后就停止了分封,直接由中央控制全国各地,把地方官的任免权都收归中央。皇权也是在不断加强,从汉到唐,中央的权力形式上集中到宰相,宰相的权力相当大。宋朝开始削弱了宰相的权力,加强了皇帝的权力。到了明清,封建的皇权制进一步加强,废除了宰相制,实行内阁制。内阁实际上是皇帝的一个秘书班子,权力集中在皇帝一人手上。汉唐时君臣坐而论道,宰相还有个座位。宋朝开始,宰相没有座位了,只能站着和皇帝讨论问题。明清以后,连站着也不行了,只能跪着接受皇帝的指示。宋朝的军队经常打败仗,不是他的兵不勇敢、武器不行,而是中央政府怕地方有权,出兵打仗时皇帝把事先规定的阵图交给带兵的将领,必须照颁发的阵图行动,否则打胜了也没功。那时没有现代的交通和电讯设备,指挥系统离阵地几千里,而战事是千变万化的,如果将军连机变的特权都没有,怎么能打主动仗,怎么能不打败仗呢! 后来岳飞之所以能打胜仗,是因为皇帝逃难顾不上颁发阵图了,部队有了发挥主动权的机会。皇帝的权力越来越大,依附于皇帝的宦官、宠臣就可以窃权、弄权。由于皇帝庸劣而无力运用这个过大的权力,于是出现了宦官专权的黑暗统治。

为封建制度服务的各种思想体系,也与这个制度密切配合,形成了具有中国特点的封建社会的意识形态。比如为了给中央集权的封建专制服务，宋元以后把《大学》这本书定为国家的教科书，这本书讲的是修身、齐家、治国、平天下，把封建社会一家一户的小生产思想体系哲学化、理论化，向全国灌输。维护封建制度的"三纲"说，就是从伦理、道德方面来巩固封建制度的。先秦时期思想家如荀子和韩非已经提出了"三纲"说（即"君为臣纲""父为子纲""夫为妻纲"），但在那时只是一种主张，并没有一种有力的措施来保证它的实现。到汉朝，地主阶级利用它掌握的政权和行政手段来推行"三纲"准则，如提拔那些贯彻"三纲"准则彻底的人，给他官做，从一家一户到全国，都推行"家长制"，这就使得"三纲"思想的贯彻有了制度保证，比先秦时期空讲道理有效多了。

封建社会产生家长制是有其道理的，因为以男性为中心的家长，他有生产经验，而且他是这个家庭的主要劳动力，他有绝对的经济支配权和发言权。所以说，家长制是封建社会小农经济的产物。

封建社会的家长制是合法的，是被人所承认的，同时也是巩固封建秩序的一个力量。在一个家庭里边也需要这么一个家长。封建社会在"三纲"思想统治下，根本没有个人的自由，也就不会产生个人主义。一个人，他是社会的一个成员，也一定是国君的臣民。不管是做官的还是没有做官的普通老百姓，都是皇帝的"臣"；臣对君，民对君，都只能绝对服从，没有平等的关系。只有君选臣、民的权利，而臣、民没有选择君的权利。春秋战国时候国家很多，这个国家的人可以跑到那个国家去，臣可以择君而仕，老百姓也可以从这国跑到那一国去。而在封建的大一统的国家里，"溥天之下，莫非王土"，你走到天边也是皇帝的土地，跑不出去。所以臣对于君，只有绝对的义务，绝对的服从，君对于臣却没有任何的责任。父子的关系，夫妻的关系，也是这样,只能服从而没有反抗的权利。臣民是属于君的,子女是属于父的,妇女比男子又多了一层束缚——夫权。这就是说,封建社会里没有个人的自由和权利,君主既是人,又是神,具有至高无上的权威。老百姓就不一样,他不是臣就是子,或者是妻,独立人格的人不存在。这样就形成了绝对服从关系,上下级的关系也就固定化了,僵化了。到了社会主义社会,人们还没有养成运用民主权利的习惯,也不善于区别封建社会的上下级关系与社会主义制度下的上下级关系,所以家长制与一言堂能够通行无阻,这是一个客观的原因。

"四人帮"是封建法西斯的产物,他们提出的"三忠于""四无限"等,都是封建社会里臣对于君的那么一种关系。如果真的是人民当家做主,人民有民主的权利,那么领导应该忠于人民,忠于群众,关系应该倒过来。"四人帮"却片面地要求下对于上绝对的忠,上对于下则不负任何责任,不受什么约束。由此可以看到,中国的社会主义没有经过完整的资本主义阶段,是从半殖民地半封建主义一下子跳到了社会主义的,这就不免把封建社会的很多东西不知不觉地带到社会主义来,当作社会主义的好东西,给我们的社会主义事业带来了很多麻烦。比如说封建社会的统治者教育人民要安贫乐道,就是说它把贫困看成是很高的道德,而把富足视为使人道德败坏的东西,要人们安于贫困。有一个叫作颜回的,是孔子的大弟子,他没有著作留下来,他的言论也不多,可是他却成了几千年来封建社会教育学生的榜样。理由在哪里呢?向他学习什么呢?就在于他穷,他能心安理得地来受穷,不要改善他的经济生活——根据封建社会的道德标准,这就是他的美德。试看在我们的社会主义社会里,有没有不把穷困当作敌人而当作美德的现象呢?我看是有的,前若干年不是一直在讲穷过渡吗!似乎穷了就好,富了就变修了!因而一直在把青年、干部送到农村最艰苦的地方去锻炼，好像城市这个花花世界是个罪恶的渊薮，只有农村才能培养完善的人格。其实，在工人阶级当家做主的社会里，工人阶级的城市，哪能是产生罪恶的地方?!《共产党宣言》里就说过，资本主义发展以后，把田园诗的情调破坏了。中国社会也有这种田园诗，歌颂自然的美;当然诗是美的一个方面，如果把这跟人的道德要求，跟人的生活改善的要求联系起来看的话，歌颂穷困，歌颂安于贫困，这只能是对于封建社会的君主有利，因为安于穷困就不会造反、不提任何要求，所以这是封建统治者为统治人民制造出来的一种道德标准——以穷为荣，而不是以穷为耻。

再比如绝对服从，盲目崇拜，这也是中外封建社会共同尊奉的一种道德。像这些绝对地忠，绝对地服从，盲目崇拜，对现社会的人有没有影响呢? 我看是有影响的。就拿中国来说，经过宋朝以后，为了巩固封建秩序，巩固中央集权的统治，就把经过宫廷政变取得政权视为大逆不道。比如曹操，在唐的时候还没有被看成为一个反面人物，杜甫送曹霸的诗就称道他是魏武的后代①，可见唐时曹操还被看作好人。但经过宋以后的批判，曹操就被看成历史上的一个坏人了。"五四"时代，北京大学的标语中有一条是打倒曹汝霖，曹汝霖卖国是应该打倒的，但公布曹汝霖的罪状，说他是曹操的后代，这就不对了，它说明近代革命的舆论也不自觉地接受封建的标准。再如"文化大革命"里打派仗，用大字报攻击对方不怀好意，说"司马昭之心，路人皆知"，司马昭犯了什么罪过呢? 他就是篡夺了曹魏的政权。本来这是他们两家封建贵族的政权争夺，我们是革命群众，有什么必要站到曹家来声讨司马家呢? 这是封建的影响不知不觉地深入人心的

---

①　原诗有"将军魏武之子孙"。

结果。宋朝以后的改朝换代有好几次，但通过宫廷政变来篡夺政权的一个也没有。秦桧是个奸臣，虽然他权力很大，但也不敢篡位，不敢当曹操、司马昭。社会舆论已经造成对君绝对的忠，不能够有丝毫的怀疑，这正是用宣传、教育的方式，加强封建主义的教育，收到了效果。封建社会到了后期，产生资本主义的萌芽，会逐渐出现新的生产方式来代替旧的生产方式，新的生产关系可以冒出来；可是我们中国的资本主义老是成长不起来，即使有过几次出现了萌芽，却又被压下去。从思想史方面看，因为有一套思想体系，不让新的生产方式和资本主义的萌芽发展。中国封建社会历来重本抑末，"本"是农业，即小农经济，"末"是工商业，被看作是起坏作用，要人为地加以抑制。我们背上的封建主义包袱太重，中毒也太深，钻进党内的野心家、阴谋家就有意识地把封建主义当作社会主义来宣传提倡，把社会主义的东西当作资本主义来加以批判和反对。我们的干部和群众，对封建社会的影响认识不够，就容易上当。封建家长制的统治，一个人说了算，没有民主，没有平等讨论的权力，这在封建社会个体农民的家庭里，不但是允许的，也是需要的。可是我们往往把封建的一言堂，家长制统治，跟社会主义民主集中制混淆起来。再如，关心每一个人的物质利益，不断改善人民群众的物质生活和精神生活，这是我们社会主义的一个原则。但由于我们分不清封建主义、资本主义和社会主义，不善于区别它们的差别，曾一度大力批判物质刺激，反对改善人民群众的物质生活，宣扬穷了是社会主义，富会出现修正主义。

再从经济生产方面来看，封建社会一家一户的小农经济，它的产品不是商品，不是为交换，它不存在成本的问题，也不搞成本核算，可是我们搞社会主义建设，不知不觉地也把不计成本，不要成本核算，当作社会主义优越性来坚持，使我们的经济建设吃了大亏。封建社会是不计成本的,像秦始皇陵墓的成本该怎么算呢?几十万人拼死拼活干了若干年,它的成本就无法算,也不需要算。我们管理经济的人,没有经过资本主义进行经营管理的那种训练,认为成本核算是资本主义的,不计成本是社会主义的;把封建社会的经营管理当作社会主义的经济原则去贯彻;这种教训是很深刻的。过去流行过一句话:要算政治账,不要算经济账。搞经济建设不算经济账,这本身就是很荒谬的逻辑。

再比如说就业问题,在封建社会不存在失业问题,当然也不存在就业问题,有一块土地就一切都有了。现在我们国家的人口每年要净增一千万。这一千万人,如果不给他们安排个适当的岗位,他们就要找别的出路,要影响社会秩序的安定。一大批年富力强的劳动力需要有工作做。当然对他们进行教育是需要的,但是光教育不安排,不行,不能解决他们的问题。在封建社会就不存在什么失业问题,这是社会进入资本主义以后才发生的问题。社会主义与封建主义之间隔着一个资本主义,如果不对它们加以清楚地区别,就很容易把社会主义的东西当作资本主义乃至封建主义的东西来对待。过去大寨就有一个很响亮的口号:“堵不住资本主义的路,迈不开社会主义的步。”这些年的经验告诉我们,如果资本主义与社会主义分不清,堵的可能是社会主义的路,迈的可能是资本主义的步,也可能是封建主义的步,这样就可能乱了套。所以对封建主义的影响,千万不能小视。

封建社会都是一家一户的小生产,日出而作,日入而息,家庭成员一天到晚在一起,家庭对每一个成员世界观的形成,对他们的思想影响,是起决定作用的。可是在社会主义社会,家庭结构就起了变化。我们的农村是集体所有制,家庭成员活动的范围就比封建社会广阔的多,绝不是家庭这个围墙所能限制得了的。比如有一家有三个儿子,有的在工厂做工,有的在学校教书,有的在生产队劳动,他们的经济收入来源不一样,有的是靠工资,有的是靠工分吃饭,他们三个都是自食其力,不靠家长吃饭,这样,他们的世界观、思想的形成,就主要是来自社会,而不是主要来自家庭和家长。这就是说,家长对其家庭成员的影响与以前不一样了,对他们的约束也不一样了。家庭结构变了,家长的地位、他的发言权和作用也就有了变化。在封建社会里,家长有财产支配权,子女对家长要孝,有求于他嘛!讨父母喜欢是希望能分到一点遗产。进入资本主义社会就不一样了,如欧、美,小孩到了十八岁就完全独立了,离开了家自己找工作。家庭的结构变了,家庭的形式也得有个变化。我们社会主义社会,家庭结构也在起着很深刻的变化。每个人的收入来源,生活资料的来源,不是从家长那儿来的,这就是一个变化。所以我们要真正解决老年人的晚年问题,光靠宣传教育、法律,是不够的,还要有社会保险能够跟上去。如提倡只生一个子女,那么将来一对青年要养活四个老人,那怎么行呢?这就要求社会保险能跟上去。社会要看到并承认家庭的结构有了变化。可是过去我们对这个变化认识不足,比方说选拔人才方面,我们自己给自己划了许多框框,限制自己。如选拔干部,就把家庭出身看得非常重要。一个人各方面都不错,吸收他入党也够条件,就是他父亲有点问题,这就不行;要不就是他舅舅有点问题,那也不行;甚至追到他的祖父的家庭成分,本来可以使用、提拔的干部,就因为这些不敢使用和提拔。美国前国务卿基辛格,是个德国犹太人,如果用我们的标准看,这样来历不明的一个外国人,社会关系这么复杂,要当一个相当于外交部部长的国务卿,那肯定是不行的。我们用封建社会的标准来看新事物,远远落后于形势,就使应该使用的人被遗漏了,这是很大的浪费。埋没了人才,也害了社会。"文化大革命"期间反动的"血统论"之所以能够得逞，就是因为我们这个社会承认"血统论"。要不是社会上有这样的基础，光靠几个人高唱"血统论"也推行不开，推行了，大家也不信。

封建社会把家庭单位看得很重要，是因为家庭既是个生产单位，也是生活单位和教育单位。社会主义社会不是这样的，还用旧眼光旧标准来看待家庭就不对了。如在过去的政治运动中就因此造成了一些无端的株连，一个人被打成反革命，一家子就跟着都倒霉了。反过去，有些搞特权的少数人，他一个人上去了，就一家子也跟着上去了，所谓"一人得道，鸡犬升天"。农村生产队选干部，也往往受一家一姓一族的影响，不能够选出真正符合人民利益的人来。小到一个家庭，大到一个国家，如果沾染上封建主义的流毒、家长制的流毒，所造成的损失是不可估量的。

我们再举一个例子。封建社会的学习是读经，学习方法是背书，对四书五经要读、要背、要体会它的意义，但不能发挥个人的观点。封建社会的八股考试，代圣贤立言，就是把圣贤的话拿来发挥发挥，注释注释，经书上讲的道理只能照办，不准怀疑。于是就造了一种八股。毛主席不是反对"党八股"嘛，旧八股要反对，新的"党八股"也要反对。就是说，对圣贤的话，有多少是可靠的，也要研究研究。其实，封建社会的进步思想家也反对那种八股式的文章，《红楼梦》的作者就通过林黛玉的口，反对考试，反对八股，攻击代圣贤立言。资本主义社会的学习方式，同封建社会相比就不大一样了，他们就敢于怀疑，哪怕是出自孔子之口，不对的也可以怀疑，不肯轻信四书五经上的话。比如"五四"时代，这是一个思想解放的时代，胡适写过一本《中国哲学史大纲》（上册），就评价了圣贤，在当时起了积极的作用。当然，他的观点我们不是都同意的，但他当时的认识比封建学者的认识有了很大的变化,他把孔子作为一个思想家,跟其他的思想家——孟、荀、老、庄等人,放在同样的位置上加以衡量,把孔子这个圣人降到一般思想家的地位加以论述。这一点是反封建的表现。可惜中国资产阶级比较软弱,反封建很不彻底,打了几个回合就停下来,跟封建主义妥协了。建国以后,各个领域在马克思主义的引导下,走向了社会主义建设,这是一件很不平凡的事情。我们学习马列主义有成绩,这是可以肯定的。但必须指出,建国三十年来,我们发表的学习马克思、恩格斯、列宁以及毛主席的文章,题目往往是研究这个、研究那个,可是仔细看看内容,讲个人认识体会的多,至于把马列主义真正作为一个研究对象,恐怕没有认真讲过。马克思主义有没有一个成长过程呢?从不成熟到成熟,从唯心主义到唯物主义,从早期到晚期,有没有一个变化,一个进步呢?否定进步就是否定了马列主义的科学性,我们很多研究者不是这么研究的,只是认为马克思绝对正确。写辩论、批判性的文章,总是按照一个程式,上面引一些马恩列斯的话,下面加上你是怎么说的,然后得出结论说,如果与经典著作上写的不合,显然是错误的,这样一批判就把对方驳倒了。多年来,我们大家都认为经典作家的每一句话、每一个结论都是对的。三千年来我们一直用的是这种学习方法。所以有人就归纳出这么一条,说毛主席的话句句是真理,一句顶一万句。我们的群众虽然没有归纳出这么高度概括的话,可是我们也是这样做的。就是用封建主义十三经注疏的那个方法来学马列主义。好像马列主义、毛泽东思想没有一个发展过程,任何时候,每一句话都是正确的,甚至发展到连鲁迅这样的思想家都不能评论了,以至高尔基的话都是绝对真理。这样学术研究怎么能有科学性呢?经书上没有讲过的不敢讲,经书上没有写过的不敢想,这种学习方法,就是封建主义的学习方法。把革命家或革命领袖当作不是一般的人,超乎常人,绝对正确,处处正确,这就扼杀了研究的道路,关闭了人们的思路,不会研究,谈不上创造,也谈不上发展马克思主义。三十年来出现了好几个号称理论家的假马克思主义者,领导我们的理论阵地的偏偏是些假马克思主义的理论骗子,如陈伯达、康生等,而我们大多数人没有发现,没有防备。原因当然是多种多样的,其中有一个原因就是我们用封建主义的学习四书五经的方法来学习马克思主义,我们所写的一些马克思主义的文章,名为研究,实为注解,甚至作了曲解,以迎合当时的某种政治需要。所以很多政治教员多年来感到很苦闷,政治课威信不高,而这是自食其果。这不是埋怨哪一个,也包括我自己在内,这是我们自己没有具体地用科学的态度来对待马克思主义,放弃了科学研究的权利,没有大胆地进行研究,大量的文章以至著作还是为了迎合某种需要而使自己吃了苦果。当然我不是说经典作家不需要注解,一些不懂或难懂的地方仍需要注解;也不是不需要谈体会,但是不能用谈体会讲认识代替科学研究。所以,我们对待马克思主义的研究,还要从头开始,要真正用科学的态度来对待,不然的话,理论界会仍然没有生气,没有前途,也丧失了群众的信赖。理论教员的苦闷也就是在这些地方。比如我们多年来讲党史,好多人连第一次代表大会有多少人,都叫不出名字,说不全。为什么呢?就是他回避了,不敢讲。马克思主义本身就是一种科学,不用科学的方法来对待它,不敢正视客观事实,科学研究是无从谈起的。可是我们过去就是这样做的。这样就带来一个结果,就是凡是上面规定的底下就必须跟着跑。如果都盲目跟起来的话,这个力量也大得很,走歪了的话,也危险得很。八个"样板戏",只能跟着学,跟着听,不准评论;农业盲目地学大寨,大寨也成了那么一个神圣的标准,不能评不能议的;大庆也是只能学,不能评论,只能谈感想,不能评论,稍微不慎,就是砍红旗,就是修正主义。用封建主义的方法来学习马克思主义,长期以来的后果就是我们目前所面临的这么一个荒凉的情景,付出的代价是很高的。封建主义在欧洲被彻底摧垮,用了好几个世纪的时间。我们经过土地改革,工商业改造,很快地进入社会主义,一些人认为走了所谓捷径,占了个便宜。但是,回头看看,这个便宜是个酸果。你不付出代价,就想取得成果,那是不可能的,你想一个早晨就把封建主义消灭干净,那是不现实的,只有踏踏实实地工作,才能够把社会主义的基础打得牢固。三十年的革命实践已经说明了封建主义问题的严重,它渗透到各个方面,社会上、机关里、学术团体、党员、干部都有。现在还有一些人对这个东西不大认识,不太重视,甚至还有人不认为封建主义是当前的大敌,还在大力批资本主义。我不是说资本主义是个好东西,而是不能把封建主义这个头号敌人漏掉。

社会主义讲民主,我们今天有了民主,就是大家做主。可是许多人不习惯使用这个民主,参政了,还不大习惯于议政。中国的民主集中制,共产党领导的多党合作制度与西方近代民主有本质的不同。政府的措施、财政收支希望得到人民的监督。在人民的监督和评议下,可以避免决策失误,纠正施政不当。如果所有措施都正确,政府财政开支都合理,就用不着人民代表参政议政了。要使我们大家都能充分地当家做主,作社会主义的主人,就要抛弃封建主义对我们的影响,真的站起来,勇敢地为社会主义建设出一把力,为"四化"出一把力,要对旧的封建主义的东西,敢于斗争,彻底决裂。这样我们中国才有希望,我们的"四化"才有希望。

漫谈封建主义与社会主义*

封建主义根深蒂固

从战国到鸦片战争两千多年来中国是封建社会。中国封建社会是一家一户小生产为基础的自然经济，它是以男性为中心的家长制。这个家长，有生产经验，对于这一家有绝对的经济支配权，因而有最多的发言权。在封建社会里的家长统治是长期自然形成的，它出自于客观需要。城市手工业者也存在着行会师傅家长式的统治。当时的社会需要家长制度，在一个家庭里也需要家长制度。封建社会的家长制是合法的，是被人承认和接受的，也是巩固封建秩序的一种杠杆。

封建经济是自给自足的自然经济，它是一种封闭式的经济体系。随着社会不断地发展，这种落后的自然经济体系必然被后来的先进的资本主义所代替，资本主义又将被更先进的社会

---

* 原载《百科知识》1980 年第 9 期。该文第五部分"用封建主义方式学不到马列主义"收入《新闻战线》1980 年第 11 期"报刊博览"栏，题目为《反对封建主义的学习方法》。

主义所代替。中国社会的长期落后是和它的长期的落后的封建经济分不开的。当然它在特定的情况下，也给中国革命带来了一些好处。比如说，我国的新民主主义革命采取的农村包围城市的战略方针，它的经济根据就是因为旧中国的经济是自然经济。如果旧中国不是一个封建自然经济占主要地位的社会，而是一个现代化的、商品经济交换发达的社会，我们就很难设想会产生由农村包围城市的战略思想，从而把革命引向胜利。

鸦片战争后，中国由封建社会变成了半封建半殖民地的社会。这个半封建半殖民地，并不是半斤八两一样各半，而是封建的势力（政治势力、经济势力、文化传统）非常强大，而资本主义势力非常薄弱。也可以说，中国的社会主义是在更多的封建主义、较少的资本主义的旧基础上建立起来的。这样的一种历史的残迹，不能不在社会主义制度下有所表现。

建国三十年来，我们完成了土地改革，也进行了工商业的改造，变革了所有制。这些改革都进行得比较顺利，人们认为私有制的根子已经拔掉，意识形态的残余势力容易解决。对统治中国数千年的封建主义的危害性认识不足，产生了一种麻痹轻敌的思想。

封建统治的不断加强

中国的封建社会的历史时期比较长（与欧洲的封建社会比较而言），而且从秦汉以来就是一个统一的封建大帝国，这和欧洲的许多分散割据的封建诸侯国很不一样。中国封建社会所以能够维持长久的封建统治制度，在政治思想以及政治制度方面，曾经采取过许多措施。特别是在封建社会的晚期，统治者为了防止封建社会的崩溃，更采取了一系列措施，从政治制度、思想体系方面,来巩固中国封建大一统的局面。

从历史上看,中国的政治制度及思想体系,都是逐步地加强封建统治的,统治是越来越严密,中央的权力越来越集中,皇帝的权力越来越大。秦汉封建统治的最高权力集中到中央政府,唐朝有了进一步的集中,宋朝比唐朝的集中又进了一步,形式上集中到宰相,实质上仍以皇帝为主宰。到了明清,封建的集权制度进一步加强,废除了宰相制度,实行内阁制。内阁就是皇帝的一个秘书班子,权力集中在皇帝一个人手上。再从君臣之间的关系来看,汉唐时期君臣们讨论问题是坐而论道,宰相还有个座位。宋朝开始,宰相只能站着和皇帝讨论问题,没有座位了。明清以后,连站着也不行,只能跪着接受皇帝的指示。这个礼仪方面的变化,也说明封建统治的集权制度越来越加强了,最高统治者皇帝的权力越来越大。由于皇帝的权力过于强大,依附于皇帝左右的宦官们也就可以弄权、窃权。明朝皇帝庸劣与宦官专权的黑暗政治,是与皇帝权力过大,又无力运用这个权力有关的。

为封建制度服务的各种思想体系,也与这个制度密切配合,形成了具有中国特点的封建社会意识形态。比如维护封建制度的"三纲"说,就是从伦理、道德方面来巩固封建秩序的。先秦时期思想家如荀子和韩非子已经提出了"三纲"说,就是"君为臣纲""父为子纲""夫为妻纲"。但它那时只是一种主张,并没有一种有力的措施来保证它的实现。到了汉朝,地主阶级利用它掌握的政权,就提拔那些贯彻"三纲"原则彻底的人,给官做,让地方上察举"孝廉",凡符合这些标准的人可以到中央来做官。从一家一户到全国,都在推行"家长制"。这就使得"三纲"思想的贯彻有了物质保证,比先秦时期空讲道理有效多了。

封建社会里,在"三纲"为统治思想基础的束缚下,没有"个人"的地位。每一个人,不管他是做官的或未做官的,以及普通老百姓,对于皇帝,他们都是臣民。臣对君是绝对服从的关系,只有义务,没有权利。在大一统的封建王朝统治下,只允许君主选择臣民,而臣民不能够选择君主。因为"溥天之下,莫非王土",他逃不脱王权的统治。父子关系也是一样,儿子是属于父亲的,却不能反过来说父亲是属于儿子的。封建社会的妇女比男子又多了一重束缚,就是受夫权的统治。这就是封建社会里没有个人的地位,君主算半人半神的特殊人物,其他的人的身份,不是臣就是子,或者是妻。这就是说,作为独立的人格的个人,是不存在的。从封建主义很快跨入社会主义,人们没有养成运用民主权利的习惯,不容易区别封建主义的上下级关系和社会主义的上下级关系,这也是"家长制""一言堂"得以通行无阻的一个客观因素。

从封建主义跳到社会主义

几千年来的封建统治者总是教育人民要安贫乐道,穷困使人道德高尚,富贵使人道德败坏。像历史上称赞的圣贤之中,有颜回这样的"圣贤",没有著作留下来,留下来的言论也不多,他却成了几千年来封建社会教人学习的榜样,唯一理由就是他穷,并且心安理得地受穷。像对君主的无限忠贞,绝对服从,盲目崇拜,更是中外封建社会所共同尊奉的美德。像这些封建主义的东西,只有经过彻底地、长期反复地清算和批判,才能清除掉。偏偏我们中国缺少资产阶级革命这一段历史。扫除那些封建垃圾,在欧洲用了四百年之久,而我们从"五四"算起,只有三十来年就跨进了社会主义。

在西方资本主义高度发达的国家,它们建设社会主义时,只要集中力量消灭资本主义就行了。我们既要消灭封建主义,又要消灭资本主义;我们既要反对封建的宗法顽固势力,又要反对一切为了金钱的利己主义。近三十年来的经验表明,我们上上下下背负的封建主义的包袱太重了,中毒太深了,钻进党内的野心家、阴谋家,有意地把封建主义当作社会主义来宣传、来提倡;把社会主义的东西当做资本主义去批判、去反对,使人上当受骗。

上面我们说过,封建社会没有具有独立人格的个人,任何个人都是封建主义的附属品。臣民对君主要无限忠诚,而君主对臣民则不必负责。前些年,当作社会主义道德宣传的"三忠于""四无限",就是封建主义的变种。而大多数的革命群众和干部,由于对封建主义认识不足,也容易把封建主义当成了社会主义。家长式的统治,一个人说了算,没有民主,没有平等讨论的权利,这种情况,在封建社会里,个体农民的家庭,不但是允许的,也是需要的,它和社会主义民主集中制根本不同。利己主义是资产阶级个人主义的表现,这是应该反对的,有利己主义的人就建不成社会主义。人民群众要求实现自己的生活权利,工作权利,要求教育权利,这不是什么利己主义,这是正当的要求。关心人,关心每一个人的个人利益,不断改善人们的物质生活和精神生活,则是社会主义的原则。但是我们有些人不善于区别这两者的差别,甚至有一个时期,大批判"物质刺激",反对改善人民群众的物质生活,宣扬什么穷了才是社会主义,富足是可怕的,只有农村是培养人、锻炼人的道德品质的圣地,而把城市说成是罪恶的渊薮。说什么穷则革命,富则变修。

封建经济的生产,不是为了交换,而是为了自给自足,不需要成本核算,因此不存在成本核算问题,因为它的产品不是商品,所以不计成本。我们有一些人把生产不计成本,"蚂蚁啃骨头"，大量浪费，当成社会主义经济的优越性来坚持不改。三十年来的经济建设，收效不大，教训甚惨，其中有一个原因，就是把封建主义的经济生产，当作了社会主义的经济生产去贯彻、去执行。管理的人不知道要为社会主义计成本，也反对别人计成本，一味蛮干，还理直气壮地说是搞社会主义。用社会主义的词句掩盖着封建主义的实质，说什么，"要算政治账，不要算经济账"。搞经济建设不算经济帐，这本身就是一个荒谬的逻辑。

封建主义的家庭关系

　　封建社会的一家一户的小生产，日出而作，日落而息，家庭成员朝夕相处。家庭对于一个人世界观的形成以及成长的道路，起着决定性的作用。社会主义就不一样了，我们的所有制成了集体所有制，家庭成员活动的范围也广阔得多，远不是一个家庭的垣墙所能限制得了的。比如说，一家有三个儿子，有的当工人，有的在学校教书，有的在公社劳动，他们的经济收入来源不同，但都是自食其力，靠工资或工分吃饭，而不是吃家长的饭。他们的世界观的形成主要来自社会，而不是来自家庭。家庭的结构改变了，家长对家庭的成员的影响也跟着变了。如果用对待封建社会的家庭的眼光去对待社会主义社会的家庭，就会给选拔干部、培养人才制造一些限制，把家庭出身看得高于一切，埋没了人才，害了社会。反动的血统论曾经一度得逞，它的社会基础和思想基础，就是封建主义的家庭观念。

　　由于把家庭这个单位看得很重，在政治运动中就造成了完全没有必要的株连。有些搞特权的少数人，培植家庭成员以及家族成员，"一人得道，鸡犬升天"的现象，也是有的。在农村生产队选干部，也往往受这个一家、一姓、一族的影响，而不能选出真正符合人民利益的领导人。小而一家,大至一国,如果沾染上这种封建主义的流毒,它造成的损失是不可估量的。

以读书学习为例。封建主义的学习方法是读经、传经,对经书所讲的道理只能照办,不准怀疑,只能讲学习的体会和认识,而不能发表个人的观点。也有发挥个人观点的,那就是封建八股科举考试的"代圣贤立言"。这种言不由衷的"代圣贤立言"的假话,连封建社会的进步思想家也不满意(如《红楼梦》,就攻击过这种"代圣贤立言"的考场八股)。

资本主义的学习方法,就不一样,他们敢于怀疑圣贤,哪怕出自孔子之口的教训,出自《五经》《四书》的训诫,也敢于怀疑,不肯轻信。"五四"时代的思想解放就是对封建旧传统的否定。可惜中国的资产阶级十分软弱,思想上也表现得与封建主义划不清界限,没有把反封建进行到底。

用封建主义方式学不到马列主义

建国以后,马克思主义是我国指导一切的思想。在马克思主义指导下建成举世瞩目的社会主义大国。由于封建主义的学习方法的影响,三十年来的马列主义的理论没有得到健康的发展,而曾经领导过这一阵地的几位"理论家",后来却被证明是理论骗子。接连出现理论骗子,全党长期不发觉,还跟着跑,原因可能有多种,有一种原因就是用封建主义的学习《五经》《四书》的方式来学习马克思主义。只要翻检一下三十年来我们发表过的关于马克思主义的文章,名为研究,实为注疏,有的甚至曲解以迎合当时的某种需要,并没有认真去研究马克思主义是如何发展的,好像革命导师生来一贯正确,不需要由不成熟到成熟的过程。对革命领袖的一言一行,只能做注释,谈体会。经典著作的注释是要做,学习的体会也要谈,但不能把这些当作马克思主义的研究。这种趋势,越到后来越蔓延得厉害,甚至对于著名的文学家、思想家鲁迅也被捧成了不许评论的人物。政府提倡的样板戏,样板农业点、工业点,都只供瞻仰,不允许评论,稍有不慎,就成了"砍旗""修正主义""矛头向上",罪莫大焉。用封建主义的方法来学习马克思主义,几十年来的后果,才使我们目前面临着马列主义水平不高的荒凉局面。

封建主义在欧洲被彻底摧垮,差不多用了四百年的时间,我们今天有马克思主义的指导,在社会主义制度下来消灭封建主义的残余,肯定用不了那么长的时间。但是要想一个早晨就把封建主义消灭干净,这是不现实的,三十年来的革命实践已经说明了这个问题的严重性。时至今日,有些人对此还不大认识,甚至有人还不认为封建主义是当前的大敌。我们并不是说资本主义就不是危险的敌人,资本主义不扫除,社会主义也不能建成,这也是显而易见的。

三十年来的经验和教训,提醒了我们必须分清什么是封建主义,什么是资本主义,什么是社会主义,千万不要把封建主义当成社会主义来提倡,也不要把社会主义当成资本主义来批判。

发扬中华民族优良传统
建设社会主义精神文明*

  我们中华民族,已经有了近四千年有文字可考的历史。我国各族人民世世代代在这块美丽富饶的土地上克服了无数艰难险阻,不断发展壮大。进入近代,西方殖民势力打进我们的国土。为着中华民族的生存和发展,我们进行了一百多年的奋斗、革命,流血牺牲。我们的目的,是要摆脱半殖民地半封建的社会制度,建立繁荣富强的新中国。经过辛亥革命,后来又经过中国共产党的领导,我们终于走上了正路,建立了人民共和国。我国的建设,正在披荆斩棘地向前进。建设社会主义,有两个方面的内容,一个是建设社会主义的物质文明,一个是建设社会主义的精神文明。物质文明属于经济的建设。在这方面,我们走过一些弯路,耽误了时间,也付出了极大的代价。现在,我们终于找到了门路。党的十一届三中全会以后,农业方面有了办法,工业也在转变中。下面就谈谈精神文明的建设,谈谈如何发扬中华民族的优良传统,来建设我们的社会主义精神文明。

  我们所说的"精神文明",其范围到底有多大? 包括什么内

---

 * 据《任继愈学术论著自选集》。原载《云南社会科学》1982 年第 5 期。

容呢？据我的理解,它的范围宽广得很,包括了社会主义全部的
上层建筑在内。有几个大的方面,如法律。宪法,是法律中的根
本大法,我们现在正在修改,关于国体、政体、政权体制、基层公
社等等,正在研究讨论。宪法下面一些具体的、分门别类的法如
民法、刑法、企业管理法等等,也都在建立、完善中,这是社会主
义精神文明建设的一个方面。又如道德,包括人与人之间的各
种关系:家庭关系、夫妻关系、父母、兄弟、子女、师生、上下级等
等好多关系,应该怎样建设起来,这也是精神文明方面的问题。
还有文艺,电影、戏剧、音乐、舞蹈、绘画等等,它对社会有什么责
任,这也是一个方面。教育、教育的内容、教育制度、培养的目标
等等,都属于精神文明。离基础比较远的一部分,哲学,也是精
神文明。在旧社会,在资本主义国家,哲学有很多流派。我们现
在所讲的哲学,就是马克思主义的哲学,具体地说就是辩证唯物
主义、历史唯物主义。马克思主义的哲学,是为人民大众服务
的,为改造主观世界、改造客观世界这个任务服务,是我们认识
世界、改造世界的工具。宗教在旧社会属于上层建筑,封建社会
里依靠它来维护封建制度,资本主义社会依靠它来维护资本主
义制度。在新中国,宗教是旧社会遗留下来的意识形态,我们今
天不能说它是社会主义的上层建筑,因为社会主义巩固社会秩
序、改变社会风气、稳定人的思想等等,不需要靠上帝来帮忙。
但宗教活动是历史上遗留下来的,有的还与民族习俗结合起来。
如欧洲,基督教过圣诞节,一些社会主义国家把这一天叫作"枞
树节",就像中国人过春节一样。又像小乘佛教有浴佛节,今天
的泼水节,不一定是佛教徒才参加,已经成了一种民族习俗。广
义地说,这些都属于精神文明方面的内容。精神文明搞得好,可
以加快社会主义建设,搞不好则可以推迟社会主义发展的步伐。
这个问题今天已提到全民的议事日程上来了,大家都很关心,特

别是党的文化教育和社会科学工作者更觉得这个问题十分重要。

我是研究哲学史的,试图从哲学史方面看,我们中华民族有哪些优良传统值得发扬。粗略地说,有这么四个方面:第一,我们中华民族对于外来文化有着融合、交流的优良传统。中国的文化是在不断地融合、不断地交流的过程中发展起来的。第二,中华民族有唯物主义、无神论的优良传统。第三,中华民族有丰富的辩证法思想的优良传统。第四,中华民族有爱国主义的优良传统。当然还有其他的,今天主要讲这四个方面。

要了解中华民族的这几方面的优良传统,还需要首先了解中国传统文化发展的内容有什么特点。第一个特点,就是中国丰富的哲学思想,丰富的文化,基本上是在封建社会时代发展起来的。第二,我国的封建社会,从时间上来说,持续得最长。第三,封建的上层建筑,包括哲学在内,影响比较深远。开始是巩固新生的封建制,对封建制度的发展起促进的作用,后来是维持封建制度,使之停留在原来的水平上,不让它前进一步。第四,我国古代社会中,农民起义规模大,次数多,是世界上少有的。第五,封建宗法制度巩固,维护宗法制度的儒教思想深入人心。第六,中国的资本主义不占优势,没有建立民族资本主义的国家政权,而是很快地进入了社会主义。以上这些都是旧中国文化发展的背景,是西方和东方其他一些国家所没有的。

中华民族优良传统中的第一点,是我们中华民族善于吸收外来文化、消化外来文化,我们从来不去照抄照搬。外来文化如果不改变它的面貌,就无法在中国站得住脚。比如说佛教,在佛教的起源地印度,一个人要是出了家,地位就要比一般人高出一等。出家人是"佛的弟子",父母见了他要礼拜,君主见了他也要表示十分的敬意。可是在中国就不行。佛教传入中国后发生了好几次争论,结果还是要拜父母、拜君王。佛家的僧规戒律中规定了祝愿的时候首先要祝愿皇帝万岁,其次才是祝愿佛祖。这说明中国的传统宗法文化根基十分深固,外来文化必须被迫改变自己的面目。

由于善于吸收各种文化,我国远在古代,春秋战国以前就形成了华夏文化。华夏文化是当时各民族文化交流、融合、互相学习而发展起来的。汉朝有丝绸之路,开始沟通了西方的文化。唐朝,东西方文化交流有了更进一步的发展,宗教也更系统了,这从敦煌壁画可以反映出来。中华民族的兴旺发达,是对外来文化采取开放的、选择吸收的态度,而不是封闭的、拒绝的态度。

国内各民族之间也有这个好传统。各兄弟民族之间不断交往,共同前进。以汉族为例,汉族今天在各民族中是人数最多的,但细考察起来,没有一个地区的汉族能称得起纯汉族,它是多种民族因素长期融合形成起来的,汉族也可能转化成别的民族。1980 年我们在新疆曾经访问过一个维吾尔族家庭,往上追几代,他的祖先也是姓张姓王的,籍贯是湖南人,是汉族。

从哲学史上来看,哲学思想也是一个不断融合的过程。秦汉以后,政治上统一了,思想上也要求统一。起初各种思想都在那里争鸣,到汉朝的董仲舒以后,独尊儒术,儒家占了统治地位。可是董仲舒与先秦的孔孟大不一样,他的理论实际上包括了道家、燕齐方术,这是最初的儒道结合。董仲舒是现在的河北省人,河北即燕齐一带,是方术、明阳五行说的流行的地方。董仲舒在此影响下,把儒家与方术、阴阳五行结合起来。隋唐时期,佛教流行。开始是儒、道、佛三教各自宣讲自己的道理,每逢国家重大的节日就展开辩论。三教起初是各讲自己有什么好处,随着时间的推移,三教的讲论逐步发生了变化,开始趋向融合。著名诗人白居易就曾代表儒教讲了好几回,从现在留下来的讲稿来看,他认为三教并不互相矛盾,而是互相补充,谁也离不开谁。马学良先生[①]发现了云南一个彝文碑,碑上说修桥有功德,积德有好报应。这就不像是彝族的宗教思想了,应当认为是受了佛教的影响。可见思想这东西不是凝固的,它具有流动性,经常活动着,随着人们社会生活的变化而变化。

文化、思想的吸收、融合是有规律的,不是随便的拼凑。规律就在于往往是由当时的最先进的思想、最先进的制度来吸收外来文化中有益的东西。

中国的文化,中国的哲学思想,是各民族共同创造的精神财富。华夏文化就是各民族共同创造出来的。考古上发现的仰韶文化、龙山文化,很难说是哪一个民族的,不能肯定就是汉族的祖先创造了这些文化。再比如说楚文化,到底是哪个民族的,也很难说。老子是楚人,屈原也是楚人。楚是一个地区,不过并没有一个明显的证据说他们是汉族。屈原是楚之贵族,楚之贵族肯定不是汉族的前身。但中哲史上都把他们写上去,因为他们都是中华民族的思想家。

各族人民共同创造的中国历代的哲学思想,是中华民族精神文明的重要镜子,是从哲学方面来反映精神文明的。哲学史上某一阶段的哲学思想,某一个哲学家的思想,如果说它有贡献,那就在于它曾经站在当时人类认识的最前列,体现了那一时代的思想高度,把人类认识推进到一个新水平。这样,它才能无愧于它的时代。历史上有贡献的哲学家,他所提出的一些思想,不应该仅仅看作是他个人的见解,而是代表了当时先进的思想、先进的政治集团的世界观。哲学家个人当然属于一定的民族,但不应该认为他仅仅属于某一民族地区,因为他同时又具有更

[①] 马学良,中央民族学院教授,少数民族语文专家。

广泛的代表性。看一个哲学思想代表了什么，主要是看它的主张对哪个阶级有利，维护哪个阶级的阶级利益，而不是看提出这个思想的哲学家个人的出身、家族和民族。在一些少数民族掌握政权的时代，有一些哲学家是汉族的，如元朝的许衡等，他们代表的就是当时的如元朝的统治者的利益。再举一个大家熟悉的例子，毛泽东思想是全党智慧的结晶，并不属于毛泽东个人，作为一种思想体系，它代表了中国工人阶级和各族人民的根本利益。

　　文化上的不断融合、交流，互相学习，取长补短的结果，促进了中华民族大家庭的团结和繁荣。南北朝时期，北方有好几个民族，它们的互相融合，推动了生产的发展和文化的进步。与南朝文化比较起来，北朝的文化发展步子更快一些，生产水平更高一些。文艺上，云冈造像，北朝敦煌石窟，世界少有；农业上有《齐民要术》，这是北朝农业生产经验的总结，南朝就没有这些贡献。因此，隋朝完成了南北统一，以北方作为统一的基础。再比如说明朝末年，老百姓受不了朱姓王朝的残酷剥削，于是发生了张献忠、李自成的起义，推翻了明朝的政治。而清朝是少数民族政权，在其初期，也使中国的国力、生产力达到了一个很可观的水平，取得了各民族包括汉族的共同的支持。回顾这一段历史，我们总没有理由说当年的皇帝非姓朱不可，姓爱新觉罗就不行。清朝末年，由于殖民主义的侵略，清朝皇帝、掌权者的卖国投降，才激起了人民的反抗。辛亥革命的口号是"推翻满清"，这是因为慈禧太后这些人搞卖国投降。中华民族的国土，是属于全民族的，清朝割让了祖国的领土，东北、台湾等等，中国的老百姓，无论是在西南还是西北，都有权利提出抗议，提出反对。蒋介石压迫人民，出卖国家利益，也遭到了全国人民的反对，汉族人民并没有因为他是汉族的就容忍他。这都说明，中华民族是一个整体,是在不断地互相学习、取长补短中发展起来的。各民族无论大小,都是大家庭中的成员,都有共同的权益和历史责任。解放以后,我们各个民族的共同的指导思想,就是马克思列宁主义、毛泽东思想;共同的建设目标,就是社会主义;共同的领导核心,就是中国共产党。今天的融合、交流,是在新的基础上、在党的领导下进行的,是沿着正确的道路发展的,这就与过去那种不自觉的融合交流大不一样了。

中华民族的第二个优良传统,就是有唯物主义和无神论的思想。中国的封建社会发展比较完备,相对说来,中国封建社会的生产力得到了比较充分的发展。而无神论是和生产发展、科学思想的进步相辅相成的。与西欧封建社会相比,中国的无神论思想就比较发达,中国哲学中唯物主义就比较丰富。

当然,我们也要看到,中国没有进入完全的资本主义社会。封建社会长期延续,资本主义突不破封建主义的外壳,虽有资本主义萌芽,但最后都给封建保守力量压下去了,没有得到进一步的发展。这就是说,中国还没有现代化。资本主义意味着现代科学、现代技术、现代生产力,中国没有达到这个水平。这就决定了中国哲学史上的唯物主义仅仅达到朴素唯物主义的阶段,绝大部分内容属于朴素的唯物主义范畴。封建社会后期,王船山的唯物主义是很高明的,达到了朴素唯物主义的高峰,但没有达到机械唯物主义的水平,还不能跟费尔巴哈的唯物论相比。

由于封建社会时间长,中国的儒教从宋明理学开始,也限制了科学的发展。不管是程朱还是陆王,都是限制科学的,他们站在唯物论的对立面。王阳明的"格物",就不是教人认识外界,而是教人认识内心、反省。朱熹也讲"格物",通过"格物"达到"一旦豁然贯通"的最高境界,这也不是真正的认识世界的道路,而是把人们引向神秘主义。这些都限制了继续提高。

中国还有辩证法思想的优良传统。中国的辩证法思想，也达到了封建社会制度下所能达到的最高水平，外国的封建社会中没有像我们这么充足的辩证法思想。

中国的辩证法大致有两个体系，一个是以老子为代表的"贵柔"的体系，以柔弱作为辩证法的基本方面，以弱胜强，以柔克刚，以退为进，以不争为争，等等；另一派也是讲变化发展的，以刚健进取为主导思想，这可以以《易传》为代表。

我国的辩证法思想，曾经运用到各个方面。运用在医学上，形成了医学辩证法；运用在军事上，形成了军事辩证法；运用在农业上，形成了农业辩证法。还可以运用在体育上，如太极拳，就是体现了以柔克刚的保健运动。辩证法思想促进了医学、军事学、农业生产的发展。直到今天，中医还是用阴阳五行、相生相克等等来说明各种病理现象。有些观念虽表达得不够明确，但它有丰富的辩证法作为指导，是不容怀疑的。

但是，我们同样要看到，这种辩证法思想也是封建时代的、前资本主义的，带有直观性、朴素性和臆测性，缺乏近代科学的基础。所以，中国古代的辩证法，包括王船山那样的辩证法、老子的辩证法、孙子兵法等等在内，跟黑格尔的辩证法比起来，也是差了一个时代，落后了一个发展阶段。

第四，爱国主义传统，在我国历史上表现也是十分突出的。中国社会的特点之一，就是农民起义次数多、规模大。通过农民革命，也发展了爱国主义的传统。当然，站在今天的高度，现在的爱国主义与过去的爱国主义应该有本质的区别。今天的爱国主义反对的是霸权主义、殖民主义、帝国主义，这和过去的屈原，文天祥这些人忠于一家一姓王朝的爱国主义是不一样的。

封建社会中的爱国主义，从实质上来分析，有两个基本内容。一个是保卫先进的封建制度，反对落后的奴隶制度；一个是反对种族压迫,争取民族的和种族的平等。对于前一个内容过去的爱国主义做得比较成功。历史上,经过封建社会的改朝换代,经过民族间的战争,使得一些民族从奴隶制甚至是早期奴隶制很快地进入了封建社会,促进了社会的发展。这种促进是带来了新的生命力的促进。如元朝的统治就给当时宋朝末年的社会带来了一种新的生命力,打破了宋朝那种保守、腐败的沉闷空气。云南的开发,元朝的功绩是不可磨灭的。又如清朝,也和元朝一样,一种充满生气的民族力量的加入,使中国封建社会增添了朝气。对新疆、西藏的统一,清朝也有很大贡献。

但对于爱国主义的后一个目的,就表现得不那么圆满。这是因为过去人民没有当家做主,剥削阶级占着统治地位,剥削者对于本族外族的人民群众,都是不平等的。他们所谓"仁义",不过是个招牌。讲"仁义"的老祖宗是孔了,孔府是仁义世家,最讲究宗法制度,最讲究尊尊、亲亲,长辈受尊敬。可是孔府里有一些家奴,本是孔子的后代,如果当了家奴,辈分又比主人大,孔府就强迫他改姓,不让他姓孔。

过去的爱国主义,在阶级剥削制度下,不可避免地有它的局限性。但在民族融合的过程中还是起了一定的作用,给后人以反抗压迫的一种传统教材,各民族都有自己的民族英雄。各族的民族英雄都对中华民族的爱国主义有过贡献。

从鸦片战争开始,给爱国主义注入了新的内容。帝国主义打进来了,爱国主义的价值和作用就发生了变化。我们今天讲爱国主义,用过去封建社会的爱国主义故事来教育人民,锋芒是面对那些今天还在侵略我们的帝国主义,而不是算旧账,讲谁反对过谁。今天的爱国主义,是全中华民族同心合力地反对帝国主义、反对殖民主义、反对霸权主义,这个内容与过去的爱国主义相比,其境界高度与思想深度就完全不同了。以鸦片战争作为爱国主义的分水岭,过去的爱国主义处理的是中华民族中一些兄弟之间的分歧,而今天反对帝国主义的爱国主义是中华民族全力反抗外来的侵略势力。有这样一种认识,爱国主义才能提高到一个新的水平。跟过去屈原、文天祥的爱国主义境界大不一样,而是具有无产阶级思想的爱国主义。

今天讲爱国主义,还有这样的一个问题,这就是我们正在执行开放政策,这是个长远大计,它给我们中华民族带来了经济的利益,但也带来了西方资本主义社会的一些弊端。这就要求我们的爱国主义既要抵抗帝国主义的武装侵略,又要抵抗西方资本主义腐朽文化的侵蚀。对于那些颓废、落后、丑恶的东西,我们要用新生的、刚健的、健康的无产阶级思想来抵制。帝国主义的武力侵略是有形的,看得见的,而那种无形的、腐蚀性的破坏,从思想上毁坏我们的社会,我们要更加警惕,要从爱国主义的角度来拒绝西方腐朽的文化,腐朽的思想,腐朽的世界观。

我们中华民族有这样一些优良传统,它在今天的社会主义精神文明建设中起什么作用呢?十年动乱以后,国家的经济方面的创伤、残破的局面正在恢复,而精神文明方面的建设任务却更加艰巨。社会上特别是青年人当中有一种倾向,缺少精神上的寄托,对前途信心不足,甚至有个别的投奔宗教,到"上帝"那里去找出路。对此,我们要有一个清醒的估计、清醒的认识。

现在西方资本主义世界,正面临着一种不可解脱的社会危机,社会问题成了堆,他们无力解决。他们发动了所有的思想家、哲学家,包括他们的"上帝"在内,但谁也没有办法。于是他们转过头来向东方文化找出路。东方的学问,儒教、道教、佛教,甚至喇嘛教,目前在西方很有市场。这种东方热,也不是第一次出现的。记得第一次欧战结束后,梁启超到西欧去游历,写了一本《欧游心影录》,就谈到当时欧洲一些思想家认为欧洲大战打得一塌糊涂，民不聊生，还是东方好，要向中国学，梁启超也鼓吹，"人家还要向中国学，我们更应该好好保存传统文化"。那时正是"五四"前后新思潮大传播的时候。历史好像喜欢开玩笑，今天又重演了一遍。西方的危机无法解决，石油危机，产业萧条，核战争的威胁等等，一波未平一波又起。西方人士转过头要向东方找治病的偏方。面对这种情况，我们要有清醒的认识，不要以为我们的一切传统文化都是什么灵丹妙药，包医百病，比西方高明万倍。我们要正确地看待我们的传统，给予适当的地位，既要看到我们封建文化的优良传统，又不能停留在封建文化优良传统的水平上自满自足，以为人家还要学我们的封建文化，到底是我们比人家高明，那是很危险的。

因为，上面所说的中华民族在长期封建社会中所形成的那些优良传统，在今天对我们有影响有作用，可是封建主义、儒教的残余、旧包袱干扰着我们，也还在起很大的消极作用。中国封建社会的特点之一是封建宗法势力。宗法制度的势力很大，我们今天还受到它的影响，比如我们用人，选拔人才，常常更多地看他的家庭、他的出身而忽略了他的现实表现。这种失误使我们耽误了许多人才。又比如封建地主阶级讲究"光宗耀祖"，我在报纸上就看到我们有些干部回家去上坟、祭祖、放鞭炮、吹喇叭，搞得乌烟瘴气，这就是封建主义的一些残余还在我们党的一些干部中起作用。还有，封建地主阶级的男女婚姻，讲究"门当户对"，我们也有些干部，也用"门当户对"来干涉儿女的正当婚姻，这就破坏了国家的婚姻法。执行国家政策的人却破坏婚姻法，封建主义思想在这里头起作用，又怎能建立社会主义的法制呢？不建立社会主义的法制，又怎能建立我们的精神文明？由于我国工业还不发达，半殖民地、半封建社会的思想残余在人们头脑中还有影响。有的人热衷于送子女到外国去念书，以为外国大学一定就比中国的大学强。一种商品,要是标上出口转内销,购买的人就踊跃一些。这说明什么? 说明半殖民地意识的残余在我们头脑中有,在我们的党员、干部中也有,反正外国的强一点,中国的就差一点。所以,讲优良传统是一方面,但也一定要注意到,旧中国半殖民半封建社会的思想包袱还沉重地压在我们背上,千万不能听外国人说我们有多么好的传统就忘乎所以了。要一分为二,既要发扬优良传统,又要避免那些封建残余、半殖民地残余等等糟粕,不能把过去的文化传统一股脑儿接受下来。

精神文明与物质文明是密切不可分的,不是各归各的。一家工厂,它是生产物质产品的,但工厂的管理制度,各项规章,又是属于精神文明的。精神文明出了故障,如制度不健全,生产就上不去,成本就降不下来,物质文明也搞不好。现在讲精神文明,容易使人只想到道德、哲学这些理论方面的东西,但还要看到精神文明的范围比这个还要广, 法律的制定、规章制度的制定、政府机构的改革,这都是精神文明的一个方面,不能忽视。管理机构不改革,制度不健全,管理混乱,机构臃肿,就会给贪污浪费制造机会。

上面说过,精神文明包括整个上层建筑,哲学是一个重要方面。当前马克思主义哲学面临着一种新的挑战,面临着一种新形势。马克思主义到现在已经是一百多年了,一百多年来世界上出现了许多新情况新问题。这些新情况新问题在马克思主义创立时,有的已有萌芽,但矛盾没有充分暴露,有的在当时还不存在。因此当前出现的有些问题我们就答复不了、答复不好,从而影响了马克思主义哲学的威信。恩格斯的《自然辩证法》到现在一百年了,列宁的《唯物论与经验批判论》到现在也七十多年了。自然科学的发展日新月异,而我们的哲学教科书却没有吸收、消化科学的新成果。基本上还是50年代苏联专家给我们搭起的架子,没有大的突破。而有些新成果新成就被一些唯心主义哲学家用来论证唯心主义。如果唯物主义解释不了,唯心主义就提出他们的解释,这就是唯物主义面临的挑战。我们中国的哲学家不大懂得自然科学,离自然科学很远,这是个很大的弱点,是个薄弱环节。我们虽然有"自然辩证法"这门学科,但队伍比较小,自然辩证法的理论还没有深入到哲学教科书里去。马克思有时工作累了,演算演算数学,休息一下脑子。咱们的哲学家累了恐怕很少有人喜欢以演算数学来休息脑子的。不懂得自然科学,不利于马克思主义的发展壮大。我们要研究新情况,对新问题做出新解答。"四人帮"横行时,说有什么问题都可以到"语录"里找答案,那是骗人,因为马克思主义只向人们提供基本的立场、观点、方法,即基本原理,等于在神庙里求签,而不负责提供现成的答案,用书本上现成的答案来解决新问题,是糟蹋马克思主义。

我们搞了文明礼貌月的活动,解决脏、乱、差的问题,这当然是精神文明的一部分,但这只是起码的要求,社会主义精神文明,还应该体现社会主义的特点。这就要求我们要把马克思主义的基本原理,同每个人的岗位工作和任务结合起来,只有这样产生出来的物质成果和精神成果,才称得上是社会主义的物质文明和精神文明。缺少了这个核心、这个灵魂,那还不能叫社会主义的精神文明。

对于从国外渗透进来的那些腐朽的思想和习气,我们用什么来抵制呢?用我们过去的那些封建传统来抵制吗?我看是抵不住的。从社会发展阶段来看,封建主义比资本主义差了一个社会发展历史阶段,所以用封建主义不可能抵制住资本主义。我们只有加强社会主义、加强共产主义教育,用社会主义道德、共产主义世界观来教育全党,教育青年,教育各族人民,才能有效地抵制那些资本主义文明带来的不健康的东西。如果回过头来求救于孔、孟、老、庄、程、朱、陆、王或谭嗣同、孙中山,那是注定不行的。早在六十多年前,封建主义和资本主义就曾较量过。"五四"时期,新旧两派势力发生了激烈的斗争。在北京大学,有陈独秀、胡适、李大钊、鲁迅这些以《新青年》为首的一派,还有那些留长辫子的老教授的一派。旧派写文章用文言文,还组织孔教会来抵制新思潮,用孔孟之道来抵制西方资产阶级文化。结果,败下阵来。用封建主义作武器,非败不可。旧的东西对我们也有作用。它是一面镜子,可以照一照我们现在是不是连那个封建主义的精神文明都达不到,那就更要引起警惕、认真对待,那就要赶快提高社会主义的觉悟,建立无产阶级世界观。抗日战争前后,艾思奇同志在上海写了《大众哲学》,当时他不过是一个二十多岁的青年,可是这本书却印了三十三版之多。一些青年看了他的书,就投奔了延安,参加了革命。这部书之所以畅销,能打动人心,主要是它讲的道理代表了真理,所以就有影响。国民党那时也想抵制,要唱对台戏,他们当时大力推销西方的康德、黑格尔、尼采、叔本华。国民党人推销西方资产阶级哲学的同时,又抬出程、朱、陆、王,号召回到古典去。给程朱的唯心主义哲学以新的解释,注入一些新生命。可是对抗下来,他们失败了,新的马克思主义取得了胜利。我们今天拨乱反正,继往开来,要靠什么? 我们建设社会主义精神文明,必须依靠马克思主义思想的指导。在这里,我们指的是基本的原理,不是说每件事情、每项工作,查查书上怎么讲我就照着办。要在马克思主义的书上找现成的答案,那是愚蠢的。

我们中华民族,在几千年的历史发展中,形成了自己的优良传统。到了现代,又接受了马克思主义,在中国共产党领导下,全民族共同奋斗,才推翻了旧制度,建立了新中国,使中国的历史发生了翻天覆地的变化。没有中华民族优秀传统为背景,新中国的出现,社会主义的建立和巩固是难以想象的。云南有二十几个兄弟民族聚居在一起,各民族互相学习、取长补短的机会比别的地区更具有优越的条件。在党的民族政策指引下,云南的同志们应该对社会主义精神文明的建设做出更大的贡献。

最后,我们的社会主义精神文明建设,还要有三个方面的条件。首先,是物质生产要跟上来,生产力要大大地发展。精神文明不能脱离物质文明而单独发展。其次,我们在行动上要跟上来。宣传精神文明的人,每一个党员、每一个干部、每一个教育工作者,说的话和做的事情要一致。言行不一致,你说的话等于零,甚至比零还坏,等于零就是等于没有说,比零还坏,就是你说了以后人家对你那一套有反感,对建设精神文明有反感。第三,是理论研究工作要跟上来。搞历史的,搞哲学的,搞宗教研究的,都要在自己的专业范围内,以马克思为指导,把理论研究推向深入、发展、前进,这要下硬功夫、笨功夫,不能要求"立竿见影",要投入长年累月甚至一辈子的精力。这三个条件,少了一个也不行。

建设社会主义精神文明与中国国情*

　　三十多年来,我国经济建设取得了很大的成就,也走了一些弯路,文化、思想战线上也有类似情况。我是经历了两个社会的过来人,体会到科学和文化事业在新社会和旧社会确实发生了根本性的变化。但不容讳言,工作中也出现了一些失误,走了一些弯路。比如建设精神文明这个问题,是近两年提出的。过去我国搞几个五年计划,都只提到工农业产值多少多少,对于建设社会主义精神文明,没有明确提出过。长期以来,不少人对什么是社会主义什么是资本主义也不太清楚。过去全国农业都在学大寨,把消灭商品经济叫作社会主义。老乡房前屋后种几棵烟叶、蒜苗、萝卜都是资本主义。记得大寨人说过,他们有的家门外就是田,但也规定必须在田间吃饭。一条门槛"划清"了社会主义和资本主义的界限。

　　为什么会出现这类问题呢? 我认为历史的原因是:中国有几千年封建社会的制度,我们对封建主义的思想影响估计不足,我们真正打破封建主义思想是从五四运动开始的,到现在才六十多年。真正从经济基础上把封建制度打掉是从 1951 年土地改

---

　　*　原载《福建论坛》(社科教育版)1983 年第 4 期。

革开始的,至今也才三十多年。当时我们对封建主义思想影响估计不足,认为消灭了封建剥削制度,就拔了它的根子,封建主义就自然不存在了,在思想上对反封建重视不够。

我们的封建社会有哪些特点?

从经济上说,封建经济是一种自给自足的自然经济。这种自然经济对我们新民主主义革命和社会主义革命的一系列政策产生了很大的影响。为什么中国在新民主主义革命阶段能用农村包围城市?就因为中国农村的自然经济条件决定了可以这样做。中国革命的成功,战胜了国民党几百万军队,靠的是小米加步枪,利用了自然经济的特点,才有可能建立起一小块一小块的革命根据地,不怕封锁,尽量做到经济自给。因此,我国革命的胜利也可以说是沾了封建经济的光。

革命成功后,重心转到社会主义建设方面。在进行社会主义经济建设和文化建设时,长期封建社会遗留的问题,比如商品经济不发达,自然经济占优势,形成一种自给自足的小而全的经济体制。封建经济的生产水平低,指导生活的思想是提倡低水平,积累很少,消费比较低。这些都成了我们取得全国政权后的包袱。这些思想影响到我们各方面的工作。我们的工厂也是小而全,从思想根源上讲,就是把小农经济的思想体系用在现代化工业管理上。在小农经济思想指导下,搞工业不大注意成本核算,生产不讲效益。有一个时期大批"唯生产力论",赔了钱不是"唯生产力论",赚了钱倒是"唯生产力论"。

小农经济的另一特点是靠经验,而不是靠科学。靠经验生产,不会有什么革新,墨守成规。一千多年前用牛耕地的方式,现在还很普遍。最近报上一直讲重视知识、知识分子,发挥知识分子的作用。首先是过去对科学、知识的价值不认识。"知识就是力量",英国哲学家培根的这句话是近代的思想。由于近代工业发展,才会产生这种认识。没有近代工业的发展,就不会认识到知识的价值。在中世纪就提不出这样的口号。

从世界来看中国,可知中国封建历史特别长。封建制度特别完备,特别典型。欧洲封建社会不管从文化上、政治制度上都赶不上中国。汉唐时期是中国封建社会鼎盛时期,那时的文化、科学对全世界做出很大贡献。现在看到的船是外国的好,而在唐朝我们的船是出口的。在封建社会里,我们的文化、科学技术处在领先地位。在封建制度允许的条件下,它的生产力得到充分发展。到了近代,世界的形势变了,已进入帝国主义时期,中国的资本主义没有机会也不可能得到很好发展,很快沦为半封建半殖民地。中国民族资本家的力量也有限。中国革命必须由中国共产党领导,这是实践所证明了的。

以上说明,中国的国情必须引起注意。中国封建社会长,遗留下的封建意识多。我们封建主义的包袱重,这点对今天社会主义建设很有关系。这种情况比之欧洲有很大差别,欧洲的资本主义反对、批判封建主义有四百年的历史,因此欧洲封建主义的影响比中国小得多。

中国的封建制有一点得注意,就是封建宗法制度占统治地位。即以家族、血缘关系为细胞构成封建社会的大共同体。长期形成的占统治地位的封建宗法制度,使我们今天建设社会主义精神文明面临着一个很重的包袱。如我们搞民主、搞法制,要实行民主选举。但在一个村姓张的占大多数,选干部如不选姓张的,就无法工作。旧的传统习惯,使我们社会主义民主制度的优越性难以充分发挥。这是一种包袱。又如,长期以来,一些人往往由于家庭出身成分而抬不起头来,受到歧视。这说明封建宗法制度的残余在广大群众中影响很深。某大学有位教师思想、业务、表现都很好,就因为有个没见过面的舅舅在台湾,长期以来不能入党。党的十一届三中全会以后,他这个问题才得到解决。在封建社会,一个家庭对其成员有决定影响。因为经济关系决定了这种血肉般的亲密关系。而新社会,家庭血缘关系纽带由于生产方式的改变而走向松散。在外国,因为离封建社会较远,就不这么考虑问题。我们有些干部,甚至参加革命较久的干部,也还有封建宗法制度思想残余。比如很多人离休前先要考虑子女安排问题。在封建思想影响不深的国家就没有这个问题。如美国总统里根的儿子领失业救济金,如向父母拿钱,在他看来是不光彩的。我们因为封建影响较深,父母辈出了什么问题,儿子也受牵连;父母辈生活好一点,儿子也跟着沾点光。看来旧社会长期的影响在新社会里不能不起作用。我们要想到这点,承认这个包袱的存在,才能把它甩掉。如不考虑这个问题,就谈不上进行改革。

我们在报纸上看到一个社会问题,即儿子不赡养父母,虐待老人。我们还看到,推行计划生育,遇到很多阻力,阻力之一是希望生男孩,生女孩不算后代,还有溺婴现象,男到女家入赘落户受歧视、受轻视等。这些都反映了一个问题,就是随着社会前进,家庭结构已经产生了变化。这种变化也和长期存在的封建宗法制度的影响有关,重男轻女。赡养父母,这是宪法规定的。但赡养父母这个问题,又很容易与封建社会的孝道联系起来。封建社会讲孝,提倡孝道,孝被认为是一个很好的道德品质;我们社会主义社会提倡尊老爱幼,要赡养老人、抚养子女。二者在行为上看起来差不多,人们就很容易把封建孝道与社会主义新型的家庭父子关系等同起来。封建社会讲孝有一个出发点,是说子女是父母的附属品,父母对子女有绝对权威。这是维护封建制度必不可少的,因为封建社会的家庭是一个生活单位,又是生产单位。一家之长掌握了生产的领导权,财产的支配权,又有丰富的生产经验。家长制在封建社会不仅是合法的、合理的,也是必然的,小农经济需要家长制。而新社会,我们反对家长制,一个家庭内谁都有发言权,谁对听谁的。但实际上,我们许多家庭还没有完全做到这点。长期遗留下的封建残余,在机关、学校、工厂、车间,这种家长制还有市场。我们认为,今天新型的家庭关系不是封建社会的孝道,它们是两回事。今天是在平等关系下的相互关系,不是附属关系下的绝对服从。报上报道有些孤寡老人没人赡养,一些外地、远地的年轻人看他们挺可怜的,就说我愿当你儿子,我搬你那儿去住。报上对此是持表扬态度的。其实,在新社会,关心、帮助他们当然可以,也应当提倡、表扬。但是不是一定非要做他们的儿子,才能照顾孤寡老人呢?这说明,我们不知不觉地把封建主义的东西带到社会主义社会来,甚至把它当作社会主义的东西来宣传。

今天我们建设社会主义精神文明,必须适应社会主义的需要。我们在公有制制度下,建立了一系列新的上层建筑,包括建立新的道德,建立新的人与人之间的关系,建立新的审美观点。"五讲四美"在一些资本主义国家也提倡。只是由于时期不同,它的标准和内容也不同。最近我们加上了"三热爱",这就更明确,加上了社会主义的内容,这个补充很重要。如果只讲"五讲四美",必须加上很多说明,这是社会主义心灵美,这是社会主义语言美,等等。要不然,文明礼貌,不随地吐痰,这在外国已做到了,我们社会主义的优越性就不明显。

以上讲的,是与封建划清界限。资本主义的影响怎样呢?也要划清界限。特别在沿海地区,资本主义的侵蚀、渗透还是严重的。但是,我们反对资本主义时,不能忘了反对封建主义。封建主义比资本主义更腐朽,比它落后一个历史阶段。我们对资本主义影响有过好几次交锋,最早是从魏源、林则徐开始学西洋,那时还未涉及道德、伦理、法律;到了五四时期,封建文化和资本主义文化正式交锋,那是新旧的交锋,封建主义没能挡住资本主义思想。从哲学史看,现代西方资本主义各流派都涌到中国来了。新思潮、新文化代替了旧文化,新学代替了旧学。

社会发展史告诉我们,新的一定战胜旧的,有生命的新时代一定代替过时的、旧的时代。原始社会虽然没有剥削没有压迫,但必然走向奴隶社会,奴隶社会比起原始公社来,虽然不合理,因为它有剥削,有压迫,有不平等。但奴隶制毕竟代替了原始公社,因为奴隶社会发展阶段高于原始公社。这是前进,是挡不住的。同样,资本主义代替封建主义也是必然的,社会主义代替封建主义也是必然的。后一历史发展阶段高于前一历史发展阶段,所以用前一阶段的思想、制度去阻挡后一历史阶段的思想,是挡不住的。封建主义也有些好的东西,但被资本主义破坏了。如田园诗,歌颂田野的安静,大自然悠然自得的美。这种情调被吵吵闹闹、紧张的上班下班给破坏了,没有一点诗情画意。但这种变化,是社会前进。近几百年比以前的几千年发展还快。现在,西方的一些颓废的东西也随着开放政策进来了,用什么办法抵制呢?有的人想走回头路,关上门不让它进来这是不行的。也有人提出用旧的东西来代替新的东西,让人们看不到花花世界,人心就不想歪门邪道了。但今天关也关不住,要实现现代化,关门是不行的。用什么样的文化来抵制这种腐朽的资本主义文化侵蚀?只能用更先进的社会主义、共产主义世界观来抵制过了时的资本主义思想影响,而不能倒过来用封建的思想体系来抵挡。用前一个历史发展时期的意识形态是反不掉后一个历史发展时期的意识形态的。

我们都是从事文化事业的,对建设社会主义精神文明有责任。要教育自己,教育别人,教育大家为共产主义奋斗、献身。因此,我们要善于区别封建社会的文化,善于区别资本主义的文化,还要精确地认识社会主义的精神和文化。弄清这三个区别,对我们科研、教学、工作有很大好处。过去对哪些是资本主义、哪些是社会主义分不清。我们学哲学史就是要区别哪些对社会主义建设有用,哪些是有害的。把这分清,对社会主义精神文明建设就大有好处。最近有人说孔子了不起,代表了中国文化的精神,好像没有孔子就没有中国文化。这种提法不符合历史唯物主义,因为孔子是封建社会捧起来的圣人。有没有一种人能在任何社会都起进步作用?恐怕没有。只有宗教讲的上帝是不受时空限制的。对孔子思想,要区别哪些是代表优秀民族传统的,哪些是为封建帝王服务的。我们今天不能原封不动地把孔子的东西拿来为社会主义服务。并企图用孔子来抵制西方资本主义的腐朽文化的侵蚀。我们吃封建社会带来沉重包袱的苦头还会少吗?

　　经过十年动乱的干扰破坏,人们的认识模糊了。有人认为马列主义、毛泽东思想已经过时了,不灵了,政治课也不爱听。这说明我们责任很大,如何把马列主义、毛泽东思想结合中国实际,加以充实、发展。过去我们有些旧框框,认为发展马克思主义是党的领导的事,我们只要照办就行了。这就没有尽到我们教育、文化工作者应尽的责任。我们每一人都有责任和义务在本行业里发展马列主义。这个发展就是用马列主义、毛泽东思想的根本理论的基本原则结合自己的专业实际,这就是发展。毛主席就是结合中国社会、经济整个实际,把新中国建立起来了。具体到每一学科、范围,也大有结合的需要和余地。党的十一届三中全会、党的"十二大"以后,每一学科都大有发挥才能的余地,都可以在各自的岗位上,结合专业、课题去研究去发展。结合的好坏是评定我们成绩的一个标准。不要妄自菲薄,每人都有责任。只有这样,我国才有指望,我国建设才会兴旺。

中国文化的特点 *

　　自秦汉以后,就形成多民族的统一的封建王朝。这个格局一直延续到清末、辛亥革命以前。中间有过分裂割据的一些朝代,但时间都比较短。在当时以及后来,都认为那种分裂局面是不正常的现象,"大一统"才是正常的。

　　"大一统"的局面不是哪一个民族努力的成绩,而是各兄弟民族共同努力的结果。汉族的人口占全国大多数,但可以说我国没有纯粹汉族,在"汉族"这个名义下,实际上已包含了许多民族的成分。

　　靠了众多兄弟民族努力,才创造了中华民族的文化。中华民族的文化在世界上有它的特点,那就是它的连续性和融合性。这两大特性又是分不开的。

　　先说它的连续性。

　　中华民族历史悠久,有文字记载的历史也有四千年以上。与世界各国比较,这个特色很突出。世界上有许多文明古国在古代有过光辉灿烂的文化,古代如巴比伦,较晚有希腊、罗马,这些文化,后来中断了,没有连续发扬光大。有的国家在中世纪有

_____

　　* 原载《承德师专学报》1985 年第 1 期。

过光辉的业绩,后来又消沉下去,也有的国家,近代有巨大贡献,古代就说不上。古今几千年持续不断地有贡献,不断发展的,只有中华民族这一家。中间经历过不少挫折,甚至灾难,但是,它终于克服了困难,又攀向新的高峰,发展了。中华民族的文化又古老又年轻。

再说它的融合性。

中华民族文化是多民族共同创造的财富。各民族之间,谁也离不开谁,是个长期互相依存的共同体。中国是多民族混居杂处的国家。殷、周时期各国的诸侯,共同拥戴一个共主,各国之间的交往十分频繁。文化的交流,互相通婚,逐渐形成华夏民族的文化共同体。秦汉以后,这种民族文化交融有了进一步的发展。

学术思想的发展上,如先秦荀子的哲学是先秦各种学派的总结。《吕氏春秋》集合众家之长,儒、墨、道、名、法各派都融合在它的体系内。汉初的道家,也是一种融合各家的体系,它已是阴阳、儒、墨、名、法的综合体。董仲舒号称儒家,实际上他已吸收了燕齐方士及阴阳家的思想。王充的哲学思想,也是儒家和黄老思想融合的产物。魏晋时期,儒家独尊的局面暂时被打破,佛、道两教大量流行,三家互相斗争,又互相吸收,但儒家思想并未退出舞台,仍然起着主要的、中心的作用。宋代理学开始融通三教,建立了儒教。

中华民族的文化,是各个时代、各民族、各地区人民共同创造的。中国历史上重要的哲学流派都善于吸收前人和同时代人的思想,经过消化,形成新的理论体系。不断汇合、积累,逐渐形成中华民族独立的文化传统。我国历史上凡是兴旺发达时期,也就是善于吸收、融合外来文化,思想开放的时期。唯其善于融合、吸收别人的有用的内容,才能够使中华民族的文化得以持续不断的前进、发展。

中华民族的文化的持续性,使得多民族、多体系的文化在一统的政权下数千年不断前进;中华民族的文化的融合性,使得民族文化不断丰富其内容,持续发展。

民族文化的形成和特点 *

　　文化有广义狭义的区别。广义的文化,举凡文学艺术创作、哲学著作、宗教信仰、风俗习惯、饮食器服之用,都包括在内。它既包括高文典册的圣经贤传,也包括布帛菽黍的制获方式以至于举止言谈的风度。本文所说的文化,没有采用这样广泛的意义,而是专指能够代表一个民族特点的精神成果。好像文学作品描绘某人的特点,不在于外貌,而在于他的性格;性格的差异就是区分此人与其他人的根本标志。这就要求观察者不能仅仅停留在描述这个人的衣着服饰等外部特征,重要的是探求它内部的精神面貌。我国传统的戏剧、小说所写的才子佳人,有些写成千人一面,出场的人物差不多,使人看过没有印象,原因是没有抓住人物的性格。古往今来,戏曲、小说成千上万,而流传下来并为人民群众所喜爱,长期在人民群众中发生影响的都是具有民族特色和鲜明个性特征的作品,其中优秀的作品甚至超越了国界,成为人类共同的财富。

　　研究一个民族的文化,首先要了解它的特点。此民族不同于他民族,在于它们的性格不同。民族性格的标志是什么? 造

---

　　*　原载《中国文化研究集刊》第二辑,复旦大学出版社,1985 年 2 月版。

成它的性格的原因是什么？这是研究民族文化问题的人们共同关心的，也是千百年来，长期讨论而不易得到结论的问题。

"五四"以后，东西方文化有了比以前更多的接触的机会，中国人对西方世界有了更多的了解，于是出现了讨论中西文化异同的兴趣。当时集中讨论的就是文化有没有特点，如果说中国文化有它的特点，这个特点是什么？探寻文化性格，"五四"时期所谓"东西文化"之争并不单是一个学术兴趣问题，争辩的意义在于社会变革要走什么道路。当时有人认为中国文化的特点是孔孟之道，于是发起创建孔教大学，号召定儒教为国教，提倡尊孔读经，目的在于保存中国文化的"精华"，当时称之为"国粹"，有的刊物以"国粹"命名；有人要打倒孔家店，废除线装书；有人主张全盘西化。限于当时的主观客观条件，问题虽然提出来了，但没有很好地解决。中国文化的历史作用，中国文化的发展方向，从"五四"起，到现在六十多年，问题已基本解决，因为中国人找到马列主义、毛泽东思想，历史唯物主义已为广大知识界所接受。大家都承认中国文化有特点，但是特点是什么，似乎还有不少分歧的看法。本文不打算将中西文化一一作比较，而试图从中国文化的历史事实出发，探讨民族文化在发展中所表现出来的若干特点和规律性。

下面着重从哲学史的角度来讨论文化的特点：

（一）地区特点与社会发展阶段的特点

从中国哲学史来看，中国文化在同一时期的不同地方并非同一面貌，这就是文化地区性的特点。史前时代，从考古学发现有龙山文化、仰韶文化，这些文化遗存表明在黄河流域生活着的人群，有他们的共同的社会生活，有共同的生活习俗的类型；而在东北和内蒙古北部有昂昂溪文化，两广和云南又是另一种文化类型，都与中原文化有一定差异。当然，文献不足，不能作过多的推论。春秋战国时期,是我国文化进入第一个高潮时期,当时中国文化基本上可分为四个大的地区,各地区文化都有它的特点。它们是邹鲁文化、三晋文化、燕齐文化、荆楚文化。邹鲁文化直接继承西周,以亲亲尊尊的宗法制为核心,注重礼乐典章,表现在学术方面为孔孟学派,三晋文化,地处中州四战之地,注重耕战、政治、外交,表现在学术方面为吴起、李悝、商鞅、申、韩等法家。燕齐文化,发源于稷下,表现在学术方面为管仲学派、阴阳家。荆楚文化,受中原文化影响最少,蔑弃西周传统,崇尚自然,表现在学术方面有以老庄为首的道家。战国时期中国各地先后进入封建社会。这些不同的哲学流派都想用自己的观点去影响改造社会,于是出现了百家争鸣的学术繁荣气象。

中国历史学界对中国的资本主义萌芽的问题展开过多年的讨论。这一争论也影响到哲学史界对哲学家的判断。有资本主义萌芽,才会有启蒙思想家。启蒙,意味着把人们的思想从中世纪的蒙昧状态下解放出来,引向近代化。关于明末资本主义萌芽的问题,学术界有不同的意见。主张明末有资本主义萌芽的人,经常引用苏州江宁一带染织业出现雇工的资料(关于什么是资本主义萌芽,雇工是不是萌芽的标志,学术界也有争论,这里不谈)。这里提出了封建主义向资本主义开始过渡的问题,它注意到社会发展的阶段性。由此引申出了黄宗羲的民主思想,王夫之的更为彻底的唯物主义思想,东林党讲学议论时政的活动等等。注意到社会发展的阶段性,是一大进步。旧史学家根本不理解,不接受有所谓五种生产方式之说。但这种意见也有缺点,似乎忽视了地区文化的差别。引用的资料所揭示现象不出长江三角洲这个小范围。这个小范围和全国来比,是个局部,只占一隅之地。

医学界关于中西医学理论也有过多年的讨论。有人说中医注重全体,有整体观念,西医只知道头痛医头,不知道从全体出发辩证施治。从事哲学史的人,欣赏中国哲学史上的唯物主义者都有辩证法;西方近代的唯物主义者与辩证法往往脱节,唯物的不辩证,辩证的不唯物。从而判定中国文化与西方文化不同,中医、中国哲学比西医、西方哲学完美。这是看到地区文化的特点而忽略社会发展阶段的特点。

科学分类,是近代的事,是产业革命后带来的新事物。有了近代工业,才有近代自然科学和更细的分工,才不得不产生适应于更细的分工的生产管理方法和科学分类。西方植物分类学对一向被看作浑然一体的自然界,先从植物学打开了一个缺口。随着科学的发展,于是西方哲学界出现了具有近代特色的机械唯物主义。中国医学是中国封建社会的产物,封建社会的生产、科学还没有达到过细的科学分工的地步,因为用不着这种过细的分工。所以中国的医学理论着重全体,也可以说失之于笼统。比如中国哲学史上的唯物主义用"气"来说明世界发生变化及事物的多样性,这种朴素唯物主义比起机械唯物主义显得圆融、周到,但缺点是不具体,也可以说失之于笼统。精确的性质的判断离不开精确的数量的概念。封建社会里从事农业生产的人们,用不着时钟,只要日出而作,日中为市,"吸一袋烟的工夫","吃顿饭的工夫",已足以表达他们所要表达的意图。调动飞机、火车运行,就不能再用这种笼统含混的概念。"一袋烟的工夫",飞机已经飞出几百里,更不用说操纵宇宙飞船了。过去有许多争论,由于只注意地区文化的特点,而不注意社会发展阶段文化的特点,把不同社会发展阶段的文化强行比较,就不容易把问题说清楚。

同样是中国文化,古代汉语的涵义往往不及现代汉语明确。懂得古汉语的人,看今译的汉语作品感到不过瘾,认为不够味。

原因在于古代汉语文约义丰,从严格科学要求,也可以说含混笼统。即使同一民族的同一种文化,如果忽略它社会发展的阶段性,也会把问题说不清楚。比如白话文代替文言文,不光是由于白话文易学易懂,白话文的更大优点是它更便于准确表达现代科学所包含的内容。这种差别,体现了社会发展的阶段性。封建社会足够使用的文字工具,到资本主义、社会主义社会就不够使用了。

文化的地区性必然影响到文化的精神面貌。因为文化是一定社会历史条件下的产物。文化不能不受特定地区的政治、经济、历史传统的影响。但也应当指出,社会发展阶段,社会的生产方式对文化更具有决定性的作用。比如说,中国封建时代的纲常名教,几千年来一直被认为是中国文化的骨干,没有纲常名教,作为一个中国人是难以想象的。也就是清末人常说"中学为体"的"体"。他们认为这个"体"代表着中国,以至代表着东方的文化传统。事实表明,这个几千年来奉为万古不变的"体"(特点),仅仅是中国封建社会的"体",而不能看作中华民族生长繁衍在这块土地的地区文化的"体"。封建的纲常名教的无上权威,已随着封建社会的终止而终止。由于不善于区分地区文化与社会发展阶段文化的差别,有些东、西文化之争,实质上是文不对题,没有实际意义。

(二)融合是民族文化发展的规律

文化发展,是不同地区的文化,不同民族的文化,不断融合的过程,同时也是不断分化的过程。停滞不动的文化,既不融合也不分化的文化,是考古的对象,不是活着的文化。

回溯我国历史,可以说,我国的民族文化的大融合,略可分为四个时期,实际上无时无地不在融合。第一次大融合为殷周时期。武王伐纣,传说盟军有八百诸侯。纣的辖区也有众多的属国,由于战败,这些属国连同殷民被称为"顽民"。经过长时期的共同生活,种族之间的隔阂逐渐消失。据春秋战国时期的文字记载,中原地区各族与少数民族相互通婚,互相学习,文字语言逐渐融合。赵武灵王胡服骑射,连风俗习惯也逐渐变化。战国中期以后,中原地区与其他地区的学术由融合而趋于接近。如荀子的哲学,就吸收了邹鲁以外的地区文化,形成了它的比较完整的体系。只有荆楚文化与中原文化还有些格格不入,但老庄哲学也逐渐渗入儒家和法家学说之中。

秦汉时期为又一次大融合。秦汉建立了全国统一的封建王朝。从此奠定了两千多年中国大一统的格局。刘氏王朝在统一的中央政府管理下,利用国家行政权力,利用全国的教育制度,用统一的教材即官方经学,逐渐融合全国众多的民族文化,形成更大范围的民族的共同体。汉族本来不是一个纯粹的民族,它不过是我国古代众多民族,经历了长期共同生活,接受共同教育,使用共同汉字,遇到危难,共同抵御外来侵略,逐渐形成的共同体。"纯汉族"事实上是找不出的。

南北朝时期,北方汉族地主阶级与北方多数民族互相结合,南迁的汉族贵族也与当地土著贵族相融合,共同统治,这是一次更大规模的民族融合。民族融合带来了文化融合,形成了南朝北朝各具特色的学术风气。隋唐时期,皇室、贵族是汉族与北方少数民族混血的后裔,大臣官吏中少数民族人物很多,唐王朝实际上是我国多民族地主阶级共同专政的政权。所以在文化上各民族之间也互相学习,取长补短。经历了汉唐多次大的融合,吸收了国内各民族文化的优点,取长补短,才使得中华民族的科学、艺术、文学达到了当时世界的先进水平,成为当时世界上文化中心之一。宋元明清又是一次大融合,特别是元朝与清朝,比过去任何一次融合的规模更大,影响更广泛。元代版图最大,各民族间的交往也比以前更多，甚至远到欧洲。清代的民族融合比过去几次都深入。满族最先与蒙古贵族通婚，政治上密切合作，文化上吸收几千年来的儒教文化传统，建立了统一的版图、辽阔的国家。过去的历史是剥削阶级、封建贵族掌握政权，各族人民群众处在无权的地位。因而各民族之间的关系有时紧张，有时缓和。但人民群众毕竟是历史的主人，人民群众的意向反映了社会发展的方向，也就是旧历史学家所谓"天心"。各族人民群众要和平相处，要互相学习，要互相贸易。这种融合的总趋向，表现在文学、艺术、音乐、舞蹈、哲学、宗教各方面，可以说它几乎无所不在。

今天人们习见的中国乐器，琵琶、胡琴、笛、箫、羯鼓、钹、箜篌、七弦琴、筝、唢呐……谁能说它仅仅属于某一个民族所私有，别的民族不得染指？又有谁不喜欢这些乐器的演奏呢？目前欧洲的提琴、钢琴已吸收到中国的乐器中来，它也将成为中国乐器的一部分，可以断言，这些乐器必将成为中华民族长期拥有的"民乐"，而不会排除在外。再以表现为上层建筑的哲学、宗教来说。佛教本来起源于印度次大陆，它传入中国后，在中国的土壤生根，变成了中国传统文化的一部分，我们中国人学历史，如果忽视了佛教这一部分，历史就讲不清楚，哲学史也讲不清楚。马列主义起源于欧洲，但马列主义一旦传入中国，与中国的革命实际相结合，成为具有中国特色的马列主义、毛泽东思想，马列主义在中国已生了根，并已成为中国文化的主要指导思想。只有在中国才能产生毛泽东思想，毛泽东思想是马列主义与中国革命实际相结合的结果。中华民族有深厚的文化传统，所以能够使得马列主义中国化。历史表明，任何思想，如果在一个新的国土上生根开花，不与当地的传统思想发生融合是不可能的。

民族是有生命的，每一个民族文化也是有生命的。民族为了生存，为了发展，就不可避免地与其他地区的文化发生交往。

绝对自给自足的自然经济,在今天,对一个正常发展的民族、地区、国家来说,是不可能的。哲学思想,文化生活也是如此。文化的融合,开始众派分流,然后汇成巨川,最终汇归大海。一个现代化的民族、现代化的国家,不可避免地要吸收外来文化作为自己的营养和补充。如本民族的文化丰富、内容充实、溯源深厚,外来文化对它是个必要的补充因素,而不起主导作用。如果本民族的文化根基浅薄,与外来文化对比,势力悬殊,也可能外来文化起主导作用,以至丧失了自己的传统。这在历史上不乏先例。现实生活也屡见不鲜。融合是个巨大的熔炉,有的冶炼外来文化为己用,用来增加自己的营养,也有被其他文化侵蚀了去,消失在别的强大文化激流中。

当前的世界上,封建主义、资本主义和社会主义并存,文化上也都在争取自己的主导作用,并力图以自己的文化体系为"体",以别的文化体系为"用"(还有极少的地区,处在氏族公社阶段,没有竞争力,这里不再说它)。我们相信,社会是发展的,文化是进步的,按照历史唯物主义指出的社会发展规律,后一个社会发展阶段必然取代前一个社会发展阶段。封建主义比不过资本主义;资本主义必将为社会主义所代替。我们也看到,有的民族还在苦苦地用中世纪的封建主义去抵挡资本主义,力图用封建的宗教神学的意识形态去抵抗资本主义的生活方式、文化教育。看来,这种抵抗有时表现得十分顽强,甚至有些牺牲精神,但终究是徒劳的。用苦行、禁欲主义、提倡田园诗式的悠闲生活,绝对挡不住花花世界的引诱,紧张的大工业生产必然破坏了田园诗式的隐居野趣。只有社会主义、共产主义才具有无限巨大的生命力。社会主义体现了社会发展的较高阶段,有了社会主义、共产主义理想,才可以摒除资本主义社会的腐朽的文化影响,给人们创造未来以充分的信心。

清除小农经济思想的影响*

　　思想、意识形态方面的变革有时候并不是与政治上的变革相一致的。如果说政治上的变革是短时期的、跳跃性的过程,那么,思想、意识形态方面的变革就是一个长时期的、不间断的连续过程。因此,政治上的变革是不能代替思想、意识形态方面的变革的。我们只有了解这一点,并且按照这种观点去观察和研究历史,才可能真正地把握住历史。以上就是我首先所要说的一个根本的看法。

　　在这一根本的看法之下,我想着重谈一下我国经济、社会发展为什么长期徘徊不前的问题。我认为,我国经济、社会发展之所以长期停滞,其中一个最主要的原因就是小农经济的意识支配着我们思想的各个方面。中国革命走的是以农村包围城市的道路。在一定的意义上,这不能不说是占了小农经济的便宜。没有粮食,自己种;没有布匹,自己织;没有枪炮自己造。然而,占了便宜的我们却也因此而吃了小农经济的大亏。革命胜利以后,我们在很多方面并没有抛弃小农经济的做法。

　　* 据《任继愈学术论著自选集》。原载《自然辩证法报》1988 年第 20 期第 2 版。

所谓小农经济,主要有如下几个方面的特征:

家长制。在小农经济中,必须有一个有经验的家长领导进行生产。家长制是与小农经济分不开的。

不计成本,没有经济核算观念。在小农经济中,生产是为了自己消费,不是为了交换,因而不可能有成本、核算等观念。

自给自足。小农经济是在一个狭小范围里进行自给自足的生产和再生产。1958年的大炼钢铁,就是这种自给自足的反映。

血统论。"文化大革命"中,很多干部子女由于父母而受牵连,而落实政策后,这些干部子女似乎又沾了父母的光。

小农经济与宗教是联系在一起的,所谓宗教,都有这样一个共同的特征,这就是把解放力量寄托在外部的、异己的东西上面。有人说中国没有宗教,我认为中国是有宗教的。这种宗教就是从朱熹开始的儒教。儒教一开始就是为小农经济服务的。拜天祭地、三纲五常、重男轻女等等,无一不反映小农经济的要求。

小农经济的上述种种特征,至今还对我们的思想有很大的影响。长期以来,我们把注意力集中在批判资产阶级思想和修正主义上,而放过了危害极大的小农经济思想。我们应该特别注意这一问题,对小农经济思想进行深入的分析和彻底的批判。

当然我们要彻底抛弃小农经济的思想,重建一种新的思想体系绝非易事。从历史上看,要建立一种代表时代特征的新思想体系,首先得具备三个条件:

第一,政治相对稳定,经济相对繁荣。

第二,思想资料的大量积累。

第三,在前面两个条件的基础上,还要有伟大的思想家来建立这种新的思想体系。

尽管从目前的情况来看,我们还不具备这三个条件,因而也不可能很快创立新的思想体系。但是,我们要为新思想体系的出现准备和创造条件,而这正是我们的历史使命。

爱国主义与历史责任感*

　　建国以来,在教育方面有失误。失误之一是:学校教育、社会教育中关于中华民族的历史讲得不够,爱国主义讲得不够。

　　中华人民共和国建国四十周年,取得举世瞩目的成就。作为一个伟大的社会主义祖国的公民,仅仅知道新中国四十年的历史是远远不够的。新中国是从旧中国演变来的。中国之所以为中国,中华人民共和国之所以伟大,因为它源远流长,有深厚的文化基础,有优良的文化传统,也有多年遗留下的积弊。中国的特点,与全世界各国比起来,它古而不老,旧而常新。世界上有许多国家有古而无今,也有许多国家有今而无古。连绵不断,五千年间历尽坎坷,不断前进,日新不已的只有我们中国!

　　我们建国以来,学校教育中大力发展、充实了科学知识、文化知识,增加了对世界的了解,这是必要的,它促进了中国建设的步伐,开拓了人们的眼界,有益于我国现代化。但是也发现了一些不足,对我国的历史讲得少了,青年人不大了解中国的历史,有一点知识也残缺不全。

---

　　* 据《任继愈学术文化随笔》。原载《群言》1989 年第 12 期,题为《爱国主义与历史责任感》。

今天面临开放的时代,如果不了解祖国的历史,很难保证在祖国困难的情况下挺身而出,为祖国分忧,更不用说为国献身了。不了解祖国历史,"爱国主义"只是一句抽象的话,没有内容。

帝国主义殖民统治者深深懂得要防止被统治者的反抗行动,首先要消灭他们的反抗意识,使他们忘掉祖国的历史,不知道哪是他们的祖国。不知祖国的人,才有可能为殖民者效忠。越南亡于法国,甲午战后台湾被日本割去,"九一八"以后日本建立傀儡"满洲国",他们都不让当地人民有历史知识。这可以从反面说明历史与爱国的关系。有了历史知识,激发人们的爱国主义,占领者就难以安坐江山。

历史是一面镜子,从前人的得失中起到鉴往知来的作用,使人少犯前人同样的错误。我们的历史长,内容丰富,文献资料齐全,在世界上是仅有的。很多文明古国,没有文字记录,靠口头传说,很难区分哪是史实,哪是传说。传说中,又难以区分哪些是古代神话,哪些是借神话反映的事实。只有中国,有文字可考的历史达四五千年,连绵不断的系统的历史记载,也有三千年。

我们的大学里,学习中国古代史的时间太少,要改进。常言说:"有话即长,无话即短。"我们的历史这样长久,要说的话太多,应当多讲,才能讲得明白。长期以来强调"厚今薄古",有副作用。

中小学学历史,应以故事、人物为主,不必过分要求系统性。高中以后,多讲些规律性,但也不能脱离历史事实。过去的历史课,抽象的规律讲得多,没有足够的历史事实把它填充起来,使听者感到空洞无物,提不起学习的兴趣。

社会教育,也要加强历史知识,通过历史博物馆、图书馆、历史人物纪念馆、革命博物馆,实施形象教育。三国时期不过几十年,有一部《三国演义》普及了三国时期的历史知识。如果多有几部五千年间的"三国演义",那等于给中国人民增加了智慧。现有的历史"演义"小说,水平不高,不能吸引人,须重新撰写。

历史课程要加强,现有师资要充实。中小学历史教师,不一定完全由师范院校培养,大专院校的历史系学生,都可以到中学教历史。这不但缓解了大专院校历史系毕业生分配的困难,还可以加强、提高目前历史教师水平,可谓一举两得。

有了祖国的历史知识,才能培养出对祖国的历史责任感。"天下兴亡,匹夫有责",这是有祖国、爱祖国的呼声。古人心目中的"天下",即是祖国。不知道自己的祖国在哪里,长期当奴隶的人,喊不出这样的口号,因为他们已不拥有自己的"天下",当然不可能产生他们的历史责任感。

前车之鉴与前鉴之蔽 *

古代聪明的统治者鉴于前代人的失败，建立新王朝时，极力避免前朝的失误，及时改弦更张，开创新局面，这种改革是自觉的，不是盲目的，往往收到效果。

秦朝法令严酷，民不聊生，结果官逼民反，导致亡国。刘邦当了皇帝，要求群臣总结秦所以亡国的教训。陆贾的总结称为《新语》，贾谊的总结称为《新书》。他们鉴于秦亡的教训，反其道而行之。秦法严酷，汉法宽大；秦用集中干预，汉用无为而治。实行以后，收到实效，出现了"文景之治"。

汉鉴于秦朝皇帝不封子弟，天下农民造反，秦朝皇族无权无势，没有起到夹辅王室的作用。汉兴，大封宗族子弟为地方政权的主持人，目的在于屏藩中央，并宣布，"非刘氏而王者，天下共击之"。用意是周到的，过了几十年，汉初分封的诸王联合起来反对中央政府，差一点把中央政府推翻。汉初总结的这一条经验，没有抓对，是一条不成功的经验总结。

唐末五代，军阀割据，天下大乱，中央政府有名无实，中国出现了多中心的地方政权，连年混战，生产下降，人口锐减。北宋

＊　据《任继愈学术文化随笔》。原载《群言》1990 年第 5 期。

开国之初,即集中军权、财权、用人权于中央政府,彻底摧毁骄兵悍将割据跋扈的混乱局面,收到实效。宋朝以唐末五代为前车之鉴,制定了建国方针,出现了内重外轻,地方政府的兵权、财权,统收归中央。宋朝不曾亡于权臣造反,而亡于敌国外来的侵夺。纠正了前代人的偏失,走到另一种偏失。前车之鉴引发出前鉴之蔽。

社会现象比自然现象复杂而多变。历史上经常出现一些"似曾相识"的现象,像新事物,又像"古已有之"。在人类掌握历史唯物主义以前,人类对历史发展规律基本上是无知的。等到发现问题时,已到了病症的后期,来不及纠正,只好留待下一个朝代的人去纠正。唐代杜牧评论秦朝的败亡时曾感叹说:"秦人不暇自哀,而后人哀之。后人哀之而不鉴之,亦使后人复哀后人也。"(《阿房宫赋》)

人类自进入文明时期,即不断探索历史发展规律,如古代人流传的"天道好还","有德者昌,失德者亡","水则载舟,水则覆舟",这些格言,号称"规律",却不具备规律的效应,算不得规律①。历史唯物主义第一次揭示了人类社会发展的规律:社会的存在和发展,在于能够维持正常的生产,首先要解决人们的吃、穿、住、用,如果不解决,社会就发生动荡。生产力与生产关系能协调,就天下太平;不协调,就天下大乱。按照这个规律,回顾中国的历史,不难发现古代的"文景之治""贞观之治""乾嘉盛世",无非当时统治者的措施符合历史唯物主义规律,才能取得上述成就。我国封建史学家把治世归功于圣君贤相,把乱世归罪于昏君奸臣,这些说法大都似是而非,没有说到要害处。

---

① 西方近代一些史学家:只承认有历史现象,不承认有历史规律,可以作为一家之言,但我们不同意这种观点。

自从人类发现了历史唯物主义,历史的发展才变得可以被理解,人们从"天命"的不可知论中解放出来。

承认历史唯物主义原理是一回事,正确的理解和熟练的运用又是一回事。从承认到正确运用,要有一个过程。新中国就是按照历史唯物主义原理设计的。历史唯物主义的原则与中国的社会具体情况相结合,才把中国革命引向胜利。原理总是简单的,而中国社会的具体情况却十分复杂,如实地认识它,并不容易。比如,中国几千年的封建大一统政权与中国几千年分散的小农个体经济,这是一对长期并存的矛盾。这个具体情况就不能被忽视。新中国建立后,在取得伟大成就的基础上,出于善良愿望,盼望更快一些摆脱贫困,看到中国的国情有长期统一,有效统治的传统,却忽视了中国还有长期小农经济私有制占主导地位,极度分散的一方面。50 年代后期过早地取消个体私有制,挫伤了广大农民小私有者的生产积极性,使生产关系与生产力失去协调,从而削弱了生产力。违背了历史唯物主义规律,必然受到规律的惩罚,想快,反而慢了。

由于我们掌握了历史唯物主义,发现了问题,及时纠正,生产又大踏步前进了。掌握了规律的人民,能够通过自己的手去调整方向,纠正过失。

历史上经常伴随着前车之鉴带来的前鉴之蔽,也只有在历史唯物主义指导下才可能避免。所谓"天下大势分久必合,合久必分","三代之治若循环然","治乱相寻"这类古代史家所谓规律,已成为陈迹。今天我国的人民群众完全有能力掌握自己的命运,社会发展不再是盲目的。

这不是说今后不会犯错误,而是说,只要照规律办事,就能减少失误;发现失误也能自觉纠正。古人说唯君子可以造命,只是一种理想,我们今天的人民才真正有造命的资格。

中华民族的生命力[*]

秦始皇建立了中国历史上第一个多民族的封建专制统一的国家，创立了大一统的封建专制体制。秦汉相承，只是汉朝统治手段比秦朝缓和，使大一统的封建政权得以稳定。秦汉开创了支配中国两千年大一统的政治格局。此后，统一成为主流，被认为是正常的，分裂被认为是不正常的①。中华民族是秦汉时形成的，在春秋战国以前，处在黄河流域的各族统称为华夏族，各族关系是松散的。

秦始皇用行动统一了全国，在此以前要求统一的思想早已萌发。孔子看不惯当时政治秩序混乱的现象，向往周朝文王、武王的盛世，他要恢复以周天子为首的上下等级制度，希望国家政令统一于周天子。

战国时期，周天子早已名存实亡，各种思想流派都提出过

---

* 据《皓首学术随笔》。原载《学术研究》1991 年第 1 期，题目为《中华民族的生命力：民族的融合力、文化的融合力》。后收入《任继愈学术文化随笔》。

① 从时间上看，中国统一的时间约为秦汉以后历史时期的七分之六，分裂时期约占七分之一。分裂期间最长的南北朝（约三四百年）南方和北方的政权也是统一的，统治区域也相当广大。

统一天下（当时的天下即指黄河流域中国本部）的方案。有了统一的政府，可以使货物自由流通，整治河道、兴修水利不再以邻国为排水渠道，更重要的是可以避免连年的战争。孟子、荀子都提出过统一天下的主张，只是条件不具备，这个理想未能实现。

秦汉统一，给中华民族带来了实际的利益。这些利益（民族的、文化的、经济的、政治的）使中国成为东方强国，站到了世界强大国家的前列，中国人口第一次超过五千万是在汉朝，第二次超过五千万是在唐朝。今天中国人口过多，成为负担，古代地旷人稀，人口繁衍，是国力昌盛、生产力发达的标志。

秦汉封建大一统的局面一直维持到鸦片战争，两千多年来中华民族的凝聚力不断加强，表现在以下两个方面：

第一，民族的融合

民族和国家是两个不同的概念。秦汉以后形成了中华民族，它既可以指生活在中国的各民族共同建造的国家，它又是在中国领域内汉、藏、蒙古、维吾尔等五十六个民族的总称。这种看法已被全国各族人民所接受。

中国的历史也可以说是中国境内各民族不断融合的历史。汉朝就融合北方、南方各少数民族，纳入民族大家庭。比如汉武帝和北方匈奴族打过仗，他对居留在内地的匈奴族没有歧视，武帝老年把八岁的小儿子（汉昭帝）托付给三位大臣，委托他们保护幼主，安抚天下，三大臣中有一位是匈奴人金日磾（是从养马的下级官吏提拔到中央一级的）。

隋唐时期，皇族的血统有一半属于北方少数民族（如独孤氏、长孙氏）。北朝魏孝文帝从平城（今山西大同）迁都到洛阳，禁胡服、改汉姓，号召学习汉文典籍，这是少数民族主动向中原地区文化融合。10世纪，北方辽国（契丹族），皇帝要奉孔子为圣人。金朝对汉文化的接触比辽更多，元朝把孔庙修建到云南及边远地区。清朝（满族）也自称为炎黄后裔。秦汉以后，民族不断融合，两千年来使中华民族形成一种共同心理、共同的民族意识。这是一种极可珍贵的精神遗产。平时可能在民族内部有些小摩擦，一旦大敌当前，民族存亡危难关头，中华民族的敌忾同仇、团结对外的力量就会爆发出来。鸦片战争以来，中国人民反侵略、争自由的行动就是明证。

第二，文化思想的融合

秦汉两朝统一全国，在统一政权管理下，全国范围内颁布了一系列统一措施，统一货币（如汉的五铢钱）、统一计量单位（长度的尺，重量的斤、两，容量的斗、升），统一全国道路宽度（规定车轮轨距），统一文字（国家制定全国通用的方块汉字），统一伦理道德规范（忠孝、三纲原则）。特别是后两项的统一（文字统一和道德规范统一）成为后来历代政权长期统一的有效保证，汉字和伦理道德规范直到今天还是海内外中华民族的主要凝聚因素。中国地域辽阔，民族众多，方言隔阻，如果不是靠文化思想和文字为联系纽带，中国不知道将要分裂成多少个独立小朝廷。

中华民族对外来文化从来不采取盲目排斥，而是有选择地吸收、改造，使之为我所用。势力最大的佛教，传入中国，被中华文化所吸收，使它变成中国传统文化的一部分，从而丰富了中国文化，使它沿着中华文化发展的道路发展。秦汉到清末，改变了若干次王朝统治者，但中华民族的文化没有随着王朝政权的更替而中断，没有随着政权转移而改变方向；相反，倒是朝中华民族的既定方向前进。中间也遇到不少艰难险阻，甚至经历了生死存亡的考验，但是终于靠自己的力量克服了困难，改正了错误，继续前进了。与世界各民族、各国家的历史相比较，中华民族的这一特点和优点是十分明显的。作为中华民族的一分子，我们每一个成员应感到自豪。

《中华民族优秀传统汇典》 读后 *

　　《中华民族优秀传统汇典》是天津社会科学院继《中国历代文献精粹大典》之后，组织编纂的又一部大型工具书。这是一部汇辑阐释民族优秀传统的著作。

　　我国各族人民共同创造的民族传统，经过悠久岁月的淘洗磨砺，早已深深渗入到社会各个领域，形成一种强固的精神力量。作为历史的产物，中华民族传统随着时代的发展，也不断地变革着以适应新的形势。由于文化发展具有连续性，文化传统是不可能割断的，它必然对现代社会发生影响，并影响着中华民族的未来。也要看到，民族传统有优秀的，也有落后的，作为一种精神力量，优秀文化对社会的推动作用，落后文化对社会的阻碍作用，都不可低估。我们对于民族传统的研究，正是为了发掘其积极因素，消除其消极成分，以适应社会主义现代化建设的需要。所以，必须采取科学的态度，谨慎细致地加以筛选剔取，吸取精华，去其糟粕，把有价值的东西继承下来，改造利用。那种全部接受或全盘否定的态度都是不可取

---

　　* 据《人民日报》1991 年 12 月 10 日第 8 版。《中华民族优秀传统汇典》，天津社会科学院出版社，1991 年 4 月版。

的，也是办不到的。恩格斯在谈到如何对待黑格尔哲学时曾经说过，对于"像这样对民族的精神发展有过巨大影响的黑格尔哲学，是决不能靠简单地置之不理的办法就可以排除的"，只有在其"本来意义上'扬弃'它"才是可行的。这也同样适用于我们对民族传统的批判和继承。江泽民同志《在庆祝中国共产党成立七十周年大会上的讲话》中，谈到文化建设时，强调指出，"对民族传统文化要取其精华，去其糟粕，并结合时代的特点加以发展，推陈出新，使它不断发扬光大"。这是我们进行民族传统文化研究的原则。

我以为，《汇典》是努力朝着这个方向去做的。

《汇典》是专门汇辑阐释民族优秀传统的，因此，本书的编者首先需要对民族传统中的优秀和落后部分加以区别，这是一件十分艰巨而复杂的工作。《汇典》以毛泽东同志关于民族优秀传统及其内涵的论述，作为统括全书的总纲；同时，又以具有"一种内在的凝聚力，一种推动本民族向前发展的推动力"作为判断民族优秀传统的两条标准。根据这两条标准，编者们为四百多余万字的文字工程构筑了框架。他们力图将民族优秀文化传统置于长远的历史进程中和广阔的地域范围内，进行考察比较，以求更深刻地认识它、揭示它。从繁富的文献资料的排比归纳里，不难体会到编者既想充分体现中华民族所独有的性格、气质和文化特征，又想努力反映中国人民对全人类的进步所作出的巨大贡献这样一种意图。《汇典》从爱国、勤劳、智慧、勇敢、重德、革命几个侧面，汇辑和阐释中华民族优秀传统的基本特征、具体表现及其产生、发展的情况，以及对于当前社会的影响和作用。当然，如何判定优秀传统，还可以作进一步的研究。况且，《汇典》在材料的归纳上，也确实存在着各编之间相互交叉兼容的情形。编辑这样一部大书，是很难避免的。

《汇典》选材不限于古代、近代，也加强了现当代部分。它不仅在爱国、勤劳、智慧、勇敢、重德诸编中收录了现、当代的材料，还将中国共产党的优秀革命传统专门列为革命编，其中又分为理想、奋斗、作风、情操、纪律五类，近百万字，约为全书的四分之一。《汇典》明确地表达了这样一种认识：中国共产党在长期的革命斗争和社会主义建设中形成的革命传统，是马克思列宁主义与中国革命实践相结合的产物，是民族优秀传统的继承发展和集中体现。党的革命传统既植根于中华民族的深厚沃土，又具有强烈的时代精神。编者用丰富的事实证明了中华民族的优秀传统与马克思主义之间的衔接关系。建设具有中国特色的社会主义，不止经济结构、政治组织，也包括文化结构。缺了文化这个环节，"中国特色的社会主义"就不完整。江泽民同志在"七一讲话"中，论述关于"有中国特色社会主义文化"的基本要求时，强调指出"必须继承发扬民族优秀传统文化而又充分体现社会主义时代精神"。《汇典》是符合这个要求的。

《汇典》除了大量辑选文献外，还有多篇纲领性的论说。它们从不同方面探讨了民族优秀传统的特征和内涵，对如何科学地批判继承也有所阐述。各编总论的作者，多为有较高造诣的专家学者，撰文每有创见，深刻而不艰涩，能给人以启迪。各编之下，"类"有评说，较总论更为细致："目"有述要，可为导读之用。这些论说，是众多作者对民族优秀传统的审视和阐扬，是深层次的理论探讨。《汇典》采取典论结合的方法，对于少数专门研究者来说，可供交流切磋；对于广大读者，则便于把握文献（特别是古代文献）要旨，便于理解。因此，堪称雅俗共赏之作，对专门家和广大读者都有用处。

《汇典》是一部兼有学术性和实用性的著作，它的出版，对于增强民族自信心和自尊心，振奋民族精神，对于思想道德建设，对于推动民族传统文化研究，都是很有意义的。

历史的使命与政治的变革*

一

中华民族是一个历史悠久、文化根基深厚的民族。

历史的使命是关系到全民族每个关键性的历史阶段的奋斗方向和发展前景的大事。历史的变化,似乎有意识又似乎无意识,有时像前进,有时像徘徊,有时又像倒退。当时的参加者,好像在密林中旅行,走的路径对不对,当时看不清楚。等到走出密林或登上高山,回头看看走过来的路,才能做出清醒的判断,中华民族确实是沿着既定的方向走过来的。

中华民族的先辈开拓者从西周起,即凝聚力量、总结智慧、积累文化资料,用了七八百年的时间,在广大的黄河、长江流域形成了华夏文化。春秋战国时期呈现了群星灿烂、百家争鸣的盛况,把华夏文化推到了前所未有的高度。尽管在生活习俗、语言等方面有些地区差异,但整体上属于同一的文化共

---

* 据《任继愈学术文化随笔》。原载《北京图书馆馆刊》1992年第1期。

同体。秦汉以后的中华民族文化是华夏文化的延伸。华夏文化对中华民族的影响正如古希腊文化在欧洲的作用一样。

中华民族的历史使命，从春秋战国开始提出了新的目标，要建立统一的中央集权的封建专制国家。战国中后期，有识之士从各自不同的角度（代表不同利益集团）提出建立统一中国的种种设想。先由少数人提出方案，然后有更多的人去推动这一方案的实现。战国时期，通过兼并战争逐渐消灭掉世袭诸侯割据的局面，借助诸侯国当政者贪婪的欲望，推动着兼并战争，最后由秦国统一了全国。秦之后的汉朝继承了秦的事业。

秦汉的统一不能简单看作秦始皇、汉武帝雄才大略、个人野心的产物。早在秦汉统一二三百年前，已经有不少有识之士先后提出过许多统一方案。秦始皇、汉武帝使设计图纸变成了建筑物，起了建筑师的作用；真正指导他们产生行动的力量是民族的历史使命。

春秋战国时期历史使命要求结束群雄割据的局面，建立"四海一家"的统一大国。秦汉创业者顺应了潮流，运用政治变革手段，完成了这一历史使命。中华民族登上世界历史舞台，屹立于世界民族之林，应当从秦汉算起。中华民族对全人类有所贡献，应当说是从秦汉开始的。

历史使命是一个长期的任务。为了实现历史使命，必要进行政治变革。政治变革是为了完成历史使命而出现的措施。史家每称汉承秦制，秦统一六国后很快又陷入了混乱，汉朝结束了秦末混乱局面，完成了秦朝的未竟之业。从秦到汉完成的是同一个历史使命——建立大一统的封建王朝。

近代中国历史上出现了鸦片战争、太平天国、戊戌变法、辛亥革命、五四运动、北伐战争、土地革命、抗日战争、解放战争、新中国成立等一连串的重大的政治变革。回顾一百多年来的这些政治变革，有的使人惊心动魄、有的令人扼腕叹息。这些政治变革都体现着一个共同的任务，即如何使古老的中国走向现代化道路。政治变革在一步步完成这个历史使命。政治变革好像接力赛跑，接力棒从不同的运动员手中逐个传递着，沿着固定的跑道、向着既定的方向前进。

因为中华民族有深厚的文化根基，民族的自我意识比较成熟。从鸦片战争起，有识之士就提出自强、维新、天演、竞存，抵御外国侵略势力，摆脱贫困落后的境地，最后推翻外国殖民势力和本国封建势力、建立新中国、实现现代化。政治变革的领导者不断改换，但历史前进的大方向却未曾改变。

历史发展有没有规律，史学界有不同的观点。有人认为历史有盲目性，有人认为历史有目的性；有人认为有规律可循，有人认为无规律可循；有人认为历史在进步，有人认为历史只有变化而无所谓进步。事实上，进入文明时代的人类已不愿回到"穴居野处""茹毛饮血"的原始生活；有了文字及传递信息的工具，已不愿采用结绳记事的方法。这种变化，确已包含着进步和提高，而不是无意义的场景变换。

中华民族的历史使命，从秦汉到清末可以分为两大阶段：由秦汉到唐末五代为第一个阶段，由北宋到清末为第二个阶段。

第一个阶段的历史使命是建立、巩固中央集权的专制制度，融合中华民族为一体，寻找为中央集权服务的政教体系——三教（儒教、佛教、道教）合一，为期约一千年。

第二个阶段的历史使命是完善、巩固中央集权的专制制度，建立大一统的新经学，完善政教合一的新儒教，使它完成自我调节统治国家的机制，使极端分散的小农经济与高度统一的政治制度达到和谐、融洽。民族、宗教、文化、教育、政治制度都从各自的岗位发挥协调作用。

如果透过政权转移的现象，不难发现，历史前进确有规律可循。如宋、元、明、清，王朝几度更迭，而中华民族的历史使命却按照既定的航向前进。宋亡于元，明亡于清，有多少爱国志士认为是"天崩地解"。值得引起注意的是作为社会政治制度来看，后一朝代的许多政治措施和文化思想体系，却直接沿袭着前朝的轨道，继续前进。不但没有中断，而且在前朝的基础上还有所发展。儒教在宋代建立，北宋国势不振，南宋偏安于一隅，儒教没有普及的地区还很多。元朝取代宋朝，把儒教的影响推到更边远的地区，像云南各州县的文庙即建立于元朝。元儒成了宋儒的直接继承人，许衡、姚枢、耶律楚材都是儒家正宗。女真族入关后，为了巩固其政权，曾大兴文字狱，有过种族歧视，但宋元明以来的儒教思想体系继续为清朝承袭，三纲、五常等封建宗法教条，仍被清朝全部继承下来。宋、元、明、清四朝遵循的立国原则和思想体系竟是一脉相承的，从而使中华民族的文化更加成熟、定型化。小农经济一直占着统治地位，致使明清时期有几次在个别地区发生过资本主义萌芽，但终未得到孳长的机会。

封闭时期，中国封建社会完全可以自给自足，无求于人，这也是中华民族长期自我满足、自高自大、目空一切的一个原因。

二

鸦片战争以后，中国长期的封闭状态被打破，中国被迫走向世界。在世界激烈竞争的形势下，中国处于被动的劣势，面临着危亡的境地。中华民族的历史使命是要生存、要发展，与过去两千年（从秦汉到清末）的形势有所不同。两千年来的历史使命是维护小农经济的生存，完善封建体制，增强社会自我调节能力，巩固中央集权。鸦片战争以后，中国受到外来资本主义势力的冲击，不自强就灭亡。外来资本势力在于打破小农经济（自然经济）的体系，为资本开辟道路。小农经济（自然经济）一旦打破，长期形成、行之有效的统一格局也受到挑战。不管自愿不自愿，必须打破小农经济自给自足的封闭状态。这种总趋势是不可抗拒的，也是无可奈何的，这是鸦片战争以后中华民族面临的历史使命。

打破小农经济的封闭状态，有两种结局，一种是变成殖民地，一种是建设现代化的国家。二者必居其一。中国人不愿亡国，力争奋发图强。因为中华民族是一个文化根基深厚的民族，在前进的道路上，开始不完全自觉，进而开始自觉。从鸦片战争开始到新中国成立，发生过若干次重大的政治变革。这些政治变革，细分起来，有许多主客观原因值得深入剖析，但是从历史的宏观角度考察，这一系列的政治变革体现了一个共同的目的或趋势，即破除小农经济的束缚，推动中华民族走向现代化，建设独立富强的新中国。

中华民族是一个重视历史传统的民族，与其他古老民族相比，这一点尤为明显。我们的历史典籍，形式多样（编年、纪事……），总的看来，多属于政治史、王朝史，统治天下经验的总集，给人们的印象是政治变革的历史。如果站在更高的高度，开阔视野，回顾中华民族的历史，不难发现秦汉以来的两千多年，中华民族对多民族融合，对科技发展，文艺创作诸方面都有贡献。作为历史任务，中华民族很成功地协调了政治高度统一与经济极端分散（小农经济）的基本矛盾，在小农经济的社会结构下，使生产力得到较充分的发展。通过政府的协调，统治者善于利用广土众民的优越条件，集锱铢为丘山，把有限的社会财富集中使用，使其发挥最大的效益。如漕运、边防、水利、文教建设、以丰补歉的救灾经验等，给后人留下大量精神财富。

鸦片战争以后，形势起了极大的变化，中国几千年的旧经验不能应付新局面，与中国竞争的对手是代表新生产力和生产关系的新兴阶级，比封建制度高出一个发展阶段。两种文化相撞击，中华民族显然处于劣势，遇到了"千古未有之奇变"。有识之士提出了多种对策，并进行了多次政治变革。这些变革，构成了中国近代史的主要内容。政治家、思想家、史学家，对每一重大历史事件做了大量的研究。后人从中看到前人的失误，有的化险为夷，有的坐失良机，有的由于颟顸，有的出于鲁莽，但算一笔总账，不难看出每一政治变革都是中华民族在实现他的历史使命，每一政治变革都是在推动中华民族向现代化迈进，都是在促进中国小农经济的进一步解体。每一次思想变革，都是历史使命的体现。

历来有不少领导政治变革的领袖人物（或集团、政党），希图毕其功于一役，总想亲眼看到太平盛世从自己手中实现。追求短期效益，往往失败在急于求成，正所谓欲速则不达，想快，反而慢了。

鸦片战争以后，中华民族的历史任务是实现现代化。现代化是一个复杂的系统工程，比如发展工业技术、完善政治机构、改进行政效率、沟通民意、普及教育、提高国民道德素质等，都是不可缺少的内容。但是一个广土众民的大国，这样一项前所未有的历史任务，困难很多，有外部的干扰，也有内部习惯势力的惰性形成的阻力。

中华民族近现代的历史使命是推进现代化。在这个伟大历史使命中，有人高度评价了五四运动，认为它发挥了冲击旧思想堡垒的作用，有人认为它没有达到它所号召的民主、科学的目的，有人认为它偏激、片面，中断了文化传统。各种不同的理解，出于对历史使命和政治变革性质的混淆。一个民族的历史使命是它长期奋斗的方向，它要通过许多政治变革的措施来逐步实现，有时要几代人，上百年甚至几百年的努力，才可以显示出它的实效。五四运动只是走向现代化的一个中途站。

还要看到，推动历史使命的人物与参与政治变革的人物是两种类型，不能一身二任。杰出的哲学家、思想家是历史使命的指路人，但他们往往不具有参与政治变革的能力，有时由于不具备政治变革的条件。如孔、孟、荀、老、庄、韩非、董仲舒、二程、朱熹等人，都以各自的角度指出当时的历史使命，对中华民族大一统的巩固和发展提出了极有价值的见解和理论。杰出的政治变革家，如秦始皇、刘邦、刘彻、李世民等人，能把哲学家、思想家设计的图纸变成建筑物。董仲舒是汉武帝统一王朝的设计师，为了一件小事，董仲舒几乎死于汉武帝之手。程朱是巩固宋王朝的设计师，却遭到严重的政治迫害。从根本上看，董仲舒与西汉王朝，程朱与宋王朝的统治者血肉相连，目标一致。

知识分子的伟大作用在于为民族的历史使命设计蓝图，指出方向。到主客观条件成熟时，将有另外一些人把图纸变成大厦。大厦落成时，当年的设计师们骨肉已朽。许多深沉博大、高瞻远瞩的哲学家、思想家，往往命运多蹇，这也有它的必然性。因为几十年甚至几百年以后的事，往往不被当时的大多数人理解，甚至遭到误解。但是，必须看到，知识分子的神圣职责，不在于他自己是否看到他的理想的实现，而是看他们的理想是否符合民族的历史使命。有抱负、有理想的中华民族知识分子，不应妄自菲薄，要为促进中华民族的历史使命而尽力。
当务之急是推动中华民族的现代化，既包括"五四"时期提出
的民主与科学，还要充实社会主义的新内容。为了使中国走向
现代化，经历了辛亥革命、北伐战争、共产党领导的土地革
命、抗日战争，直到新中国成立，这都是完成历史使命所经历
的政治变革，建设具有中国特色的社会主义新中国，是中华民
族近一百年来不断追求的目标，这就是它的历史使命。新中国
成立还不到五十年，当务之急是解决几千年未能解决的吃饭问
题，先要生存，然后是温饱，再就是发展。要求一个早上使旧
中国彻底改观是不现实的。道路是漫长的，只要全民族对此引
起重视，全力以赴，总是可以达到目的的。

原《中华文化》发刊词 *

远古以来，以黄河、长江为中心，繁衍生息着众多的民族，在这块广阔的土地上，又经历了周秦汉唐数千年的经济开发，文化陶冶，形成了中华民族。它屹立于东方，拥有众多的人口，创造了华夏文明，推动了世界历史的进程，以刚健、坚定的步伐为人类文明做出了伟大的贡献。

中华民族既古老又年轻，它经历了无数劫难，终于靠自己的力量，克服了困难，继续前进。中华文化曾长期居于世界文明前列，为人类文化创造了精神财富。世界上的文明古国都曾对人类文化做出过贡献，但随着历史的前进，它们多衰落了，曾代表着先进文化的中心，转移到别的民族和新的地区。也有的民族，近代煊赫，其古代渺茫难考。唯有中华民族一脉相承，历久而弥新。中华民族是世世代代生活在九百六十万平方公里土地上的五十六个民族的总称，它是以汉民族为主体，与境内众多兄弟民族长期融合形成的共同体。中华文化的发展有高潮，也有低潮，甚至出现过暂时的倒退，但总的趋势是在发展，前进。

---

* 原载《华夏文化》1994 年第 1 期。

文化是人类创造的精神财富的总称。按内容可以分为生活文化和观念文化。生活文化，是每一个民族都有的，如衣、食、住、行、婚、葬、礼俗、音乐、歌舞等等，它们是凭感觉可以直接把握的表层文化。陌生的旅游者，踏上一个新的游览区，都可以对当地的生活文化得到鲜明的印象。观念文化是潜层文化，这类文化包括道德观、审美观、哲学世界观、权利义务观等等。它不像生活文化那样绚丽多姿，却是一个民族的精神支柱，不但影响到当时人们的生活文化，还能传递到后世，在一个民族的文化传统和民族精神中居于主导的地位。

这两个方面的文化，即生活文化与观念文化，或称为表层文化与潜层文化，有些民族并不是两者都完备的，有的民族只有生活文化而缺乏观念文化。而中华民族在这两个方面都有独到的地方。

学术界习惯把世界文化分为三大类型，即欧洲型、印度型、中国型，也有的分为东方文化与西方文化两大体系。不论是三分法还是两分法，都缺不了中国文化，中国文化在世界上有着举足轻重的地位，是毋庸争辩的事实。

随着世界经济、文化的交流日益频繁，生活文化的民族差异逐渐趋于混同，如服装、饮食等等，有些生活文化内容已不再成为区分民族文化的主要标志。但涉及生活理想、价值观、宗教观、鉴赏尺度、人道主义、民主观念，东西方确实存在着明显的差别。随着日益频繁的交流与融汇，这些差别也将逐渐缩小。但这些潜层文化的界限不是一朝一夕可以消除的。根据中国的经验，两种不同的文化，如果水平旗鼓相当，互相竞争、融汇、吸收的过程，可能要长达几百年以至上千年。

今天的世界，已进入全球文化相互渗透，不可分开的时代。经济交往已具有世界性。表层文化到潜层文化，都在相互影响、渗透，交流、撞击。面临这种新的局面，中国需要了解世界，世界也需要了解中国。

还要看到任何民族的文化都有它的精华和糟粕两大部分，这两者又经常纠结在一起，共同发挥着影响。特别像中华民族文化有着丰厚的历史积累，要发扬其精华，向全世界广泛介绍，批判其糟粕，清理它的消极影响，为建设社会主义精神文明扫清道路，这需要更多的关心中华文化的人士努力探索和研究。

从历史发展的规律着眼，中国历史绵长，从未中断，有许多经验具有中国特色，值得向全世界介绍。

从每个历史时期的横剖面来考察，每个历史时期的生活文化和观念文化（表层文化和潜层文化），都有丰富的内涵有待开发，有很多文章可做。

文化的表层现象和潜层现象，从来不是互相分割，互相孤立的。古人说"道"与"器"总是互相依存的。我们研究中华民族的绘画、音乐、舞蹈、生活习俗，又往往与当时的哲学、宗教等意识形态深处的世界观分不开。只有深入理解中华民族的观念文化，才有可能更深刻地理解中华民族的音乐、绘画、艺术等的内在意义；也只有更广泛地接触中华民族的生活文化、表层文化，才能把中华民族抽象思维的真实精神领会得准确无误，如实地介绍给读者。

文化从来都是发展的，变化的。中华民族在今天的历史使命是实现现代化。科学地整理和总结中华民族的优秀文化遗产，使之在新的历史时期发扬光大，正是为了建设中华民族的新文化，迎接中华民族文化新高潮的到来创造条件。这是我们共同的事业，也是我们义不容辞的责任。

本刊的宗旨在于全面、深入、科学、系统地研究、介绍中华民族的优秀文化。因此，生活文化中的文化现象，观念文化中的文化精神，都是本刊研究、介绍的主要内容。希望能为所有关心、爱护中华文化的人士所接受，并得到广大读者的支持与帮助，使她茁壮成长，为海内外读者服务，为促进中华民族文化的繁荣发展，开创新局面，尽自己的一份力量。

寻文化之根[*]

中华民族有两千年政治统一的历史，政治统一可以形成中华民族的凝聚力，这是外因；足以形成中华民族凝聚力的内因，则是共同的道德观、价值观、哲学世界观，和长期培育而成的民族意识。秦以来有全国共同的汉字（"书同文"）、有各族共同遵循的道德规范（"行同伦"），广大人民不受方言隔阂，不受山川限阻，聚拢在一起，形成中华民族的共同体。中华民族博大深厚的文化传统，对坚强、持久的民族凝聚力的形成，起到了十分巨大的作用。

中华民族有自己的文化传统，有自己的根；西方国家，比如欧、美诸国，也有他们的文化传统，有他们的根。中外交往日益扩大，不同文化接触，有时兼容，有时抵牾。像近年来关于"人权"问题，就成了中西交往经常争论的热点。如果双方探寻一下各自的文化传统，就比较容易找到造成分歧的根源。虽不能彻底解决分歧，至少可以增进互相了解。

中国传统文化把个人、家庭、国家以至世界（天下）看作和谐的整体。古代中国以小农经济立国，小农自然经济以家庭

＊ 原载《寻根》1994 年第 2 期。

作为社会的基层细胞。一家一户是生产单位，同时又是消费单位。千千万万个家庭在高度统一的中央集权政府管理下进行活动。政治上的高度统一与经济上的极端分散成为长期并存的一对矛盾。这是秦汉直到鸦片战争两千多年的中国国情。两千多年来，中国的哲学不论什么流派，基本上都致力于论证政治集中与经济分散两者协调的问题。传统中国哲学都在论证个人与集体的一致性，不但利害关系一致，而且在理论上个人与整个宇宙是不可分割的整体——天人合一。

农业小生产者的世界观，认为世界像生物机体，人在自然界中的地位像田园诗那样和谐稳定。个人、家庭、国家是和谐的整体。中国传统文化中理想的人格——圣人以拯济天下人的饥寒为己任。理想的社会原则与天道一致，都是"损有余以补不足"。"先天下之忧而忧，后天下之乐而乐"，把个人的忧乐消融在天道之中。

中国人民今天正建设着有中国特色的社会主义，继承中华民族的优秀文化传统，把消灭贫困放在第一位。首先解决十二亿人的温饱问题。个人利益服从集体利益，集体居先，个人居后，对每一个中国人来说，这是无可争辩的真理。

西方文化，从古希腊以来，即强调权利与义务的关系。为了摆脱中世纪神权统治，进入近代社会，把个人自由放在突出地位，强调"天赋人权"。用人权对抗神权，这在西方社会也认为是无可争辩的真理。

中国文化传统与西方文化传统的歧异，使双方观察问题的方式和标准也产生了不同。中国传统文化对待民族关系，不大重视种族的血统、肤色的差别，而以传统文化为标志，将文化的认同看得比种族血统的认同更为重要。即使在中国强盛时期，也很少用暴力对待不同种族。"四海一家""民胞物与"，成为中华民族历代王朝执行民族政策的准则，而不会把关心监狱中罪犯的伙食摄入热量放在社会集体的安全感之上，用集体的不安全换取个人为所欲为的"自由"。

这里无意评价中西方文化的优劣得失，只是意在说明，文化寻根这个大题目，值得深入发掘。这个题目如果做得好，不但有益于中华民族的自我发现、自我认识，而且对于开拓世界文化交流的前景也会有所帮助。

寻　根[*]

——族姓之根与文化之根

中华民族屹立在亚洲东方，创造了灿烂的中华文化。中华文化哺育的中华儿女遍布全世界，可以说世界上几乎没有华人没有到过的地方，连千万年来冰雪覆盖的南极，近年来也矗立起华人的考察站。

祖国的繁荣昌盛，举世为之瞩目。中华儿女，当年由于多种原因，离乡背井，在异国他乡开创了生活道路，在不同的生活领域展示了自己的才华，建立各自的事业。中华民族是文化根基深厚的民族。华人离开故土千里万里，经历了几个世代，总是对故国寄予深切的萦念。"月是故乡明"，这是每一个文化根基深厚的民族共同的感情。缺乏传统文化教养，或文化基础薄弱的民族往往缺乏这种民族凝聚力。

人口的流动，在人类历史上，中外古今，屡见不鲜。有的

---

[*]　据《任继愈学术文化随笔》。

由于大的政治变动，如东晋南渡，大量移民中有上层官员，也有大量百姓及依附的部曲，这是由北向南的人口变迁。军事戍边屯垦，他们的后代留居在屯戍地区。这是由南向北的人口变动。他们定居，带着自己的知识、生产技能，丰富了当地物质生活和文化生活。

种姓迁徙，有时涉及重大历史事件，有的则属于个人遭遇。比如地区战乱、水旱自然灾害造成的人口迁移，往往是大量的。也有在异乡为官、为商、子孙留居不返的，也有趋避政治迫害、落籍他乡的。这些复杂现象，如果留意寻考，小则可以丰富地方志、族姓谱牒，大则可以弥补史书所失载，裁正国史的阙失。关于这方面的工作，尚未引起国内学术界广泛注意，大量方志、族谱、出土碑志的文献资料还未得到充分运用。我们无妨把视野再扩大一些，中华民族、汉民族的根也值得寻一寻。

现在中华民族总人口数约十二亿，其中汉族占绝大多数。事实上中国没有纯粹的汉族。秦汉统一以前，华夏与夷狄的界限已不大划得清楚，华夏人放弃其传统文化即是夷狄；夷狄接受中原传统文化即是华夏。《论语》说"礼失而求诸野"，中原地区没有保存下来的典章制度（礼），在边鄙还能找到。孔子已认为商周以来的传统文化与边鄙地区文化早已趋同。唐朝韩愈继承了孔子这一观点，说"诸侯用夷礼则夷之；进于中国，则中国之"（《原道》）。

中华民族博大深厚的文化传统，形成了坚强、持久的凝聚力。中华民族把文化认同看得比种姓血统认同更重要。

中华民族是众多民族长期融合的结果。历史上大的民族融合共有五次。第一次在春秋战国，第二次在魏晋南北朝，第三次在10—12世纪宋、辽、金、西夏及蒙古早期，第四次在元朝，第五次在清朝。中国历史上汉唐为盛世，而唐朝繁荣超过汉朝。史书记载隋唐皇家为汉族（李唐自称老子后裔），实际上他们是汉族与北方民族混血的后裔。两朝开国皇后长孙氏、独孤氏都是北方少数民族。上自帝王将相，下至商贾百姓，胡商胡姬与中原地区各族人民长期共同杂居、互相影响，互通婚姻，共同创造了隋唐文化。唐代文治武功，文学、艺术、音乐、歌舞，各方面的成就都达到当时世界先进水平。唐代广大人民性格开朗、豪迈奔放、能歌善舞，与当时国际交流正常开展，国内民族平等，不存在种族歧视有关。

中华民族有两千年政治统一的历史。政治统一可以形成中华民族的凝聚力，这是外因；足以形成中华民族凝聚力的内因是它具有共同的道德观、价值观、哲学世界观、长期培育而成的民族意识。秦以来有全国共同的汉字（"书同文"），有各族共同遵循的道德规范（"行同伦"）。靠了这两条，不受方言隔阂，不受山川限阻，广大人民聚拢在一起，形成中华民族的共同体。中华民族（包括五十六个民族）不论民族大小，都为中华民族的发展、进步出了力。中华民族今天的成就是全国各族人民共同的功劳，汉族人数最多，多做些贡献也是应该的。

中华民族有自己的文化传统，有自己的根；西方国家，比如欧、美诸国，也有它们的文化传统、有它们的根。中外交往日益扩大，不同文化接触，有时兼容、有时抵牾，像近年来关于"人权"问题成了中西交往经常争论的热点。如果双方探寻一下各自的文化传统，就比较容易找到造成分歧的根。虽不能彻底解决分歧，至少可以增加互相了解。

中国传统文化把个人、家庭、国家以至世界（天下）看作和谐的整体，古代中国以小农经济立国，小农自然经济以家庭作为社会的基层细胞。一家一户是生产单位同时又是消费单位。千千万万个家庭在高度统一的中央集权政府管理下进行活动。政治上的高度统一与经济上的极端分散成为长期并存的一对矛盾。这是秦汉直到鸦片战争两千多年的中国国情。两千多年来，中国的哲学不论什么流派，基本上都致力于论证政治集中与经济分散两者协调的问题。传统中国哲学都在论证个人与集体的一致性，不但利害关系一致，而且在理论上个人与整个宇宙是不可分割的整体——天人合一。

农业小生产者的世界观，以它的生活实践体会认为世界像生物机体，人在自然界的地位像田园诗那样和谐、稳定。个人、家庭、国家是和谐的整体。中国传统文化中理想的人格——圣人以拯济天下人的饥寒为己任。理想的社会原则与天道一致，都是"损有余以补不足"。"先天下之忧而忧，后天下之乐而乐"，把个人的忧乐消融在天道之中。

站起来的中国人民正建设有中国特色的社会主义，继承中华民族的优秀文化传统，把消灭贫困放在第一位。首先解决十二亿人的温饱问题。个人利益服从集体利益。集体居先、个人居后，对每一个中国人来说，这是无可争辩的真理。

西方文化，从古希腊以来，即强调权利与义务的关系，为了摆脱中世纪神权统治，进入近代社会，把个人自由放在突出地位，强调"天赋人权"，用人权对抗神权，在西方社会也会认为是无可争辩的真理。

由于中国文化传统与西方文化传统发生歧异，双方观察问题的方式和标准也产生了歧异，互相交流中产生了隔阂。中国传统文化对待民族关系，不大重视种族的血统、肤色的差别，而以传统文化为标志。即使在中国强盛时期，也很少用暴力对待不同种族。"四海一家""民胞物与"，成为中华民族历代王朝执行民族政策的准则。而今天号称"人权"发达的某大国，自称关心个人自由，关心监狱中罪犯的伙食摄入热量，而不关心社会的稳定，枪杀、暴力、抢劫、吸毒、艾滋病蔓延成灾，老百姓购买自卫枪支，比到邮局发信还方便，社会集体并没有安全感。用集体的不安全换取个人为所欲为的自由，高喊"人权"的某些国会议员们对此见惯不惊，熟视无睹。这里无意评价中西方文化的优劣得失，只是揭示出，文化寻根这个大题目，值得深入发掘。人类自以为上知天文，下知地理，对自己却所知甚少，难道不应当引起重视吗？

文化寻根，比起种族寻根更有现实意义和学术意义。这个大题目如果做得好，不但有益于中华民族的自我发现、自我认识，对于开拓世界文化交流的前景也有所帮助。

生生不息　其命维新[*]

中国是世界上少数几个文明古国之一，中国有文字可考的历史至少有五千年以上。秦汉以后，在多边交往中，中国有机会接触多方面外来文化，中国文化注入了新的血液。

中国传统文化几千年不中断，保持发展，这是世界文化史的奇迹。因为几个文明古国，多半有头无尾，历史舞台中心不断转移，舞台主要表演者常常改变。唯有中国这个文明古国，几千年来，始终未离开这个舞台，演员始终以中华民族为主角，表演的历史剧，剧情连续，一幕连着一幕，越来越精彩，从蒙昧走向文明。

中国传统文化的历史为人类的文明史提供了证明，它展示了一个活生生的人类进步的实例，从古老到现代的必由之路。中国文化有条件来做出这样的论证。从古到今，几千年来，政治中心、经济中心、文化中心始终没有离开过黄河、长江流域，在这块九百六十万平方公里的土地上，朝代更迭了十几代，主持这块土地的民族有汉族，有非汉族，也有汉族与非汉

---

* 据《任继愈学术文化随笔》。原载《中国青年报》1994 年 9 月 27 日。

族混血的民族，这个多民族的统一大国，不管哪一个兄弟民族当权，都是现在中华民族共同体的一部分。几千年来，全国各族有共同使用的文字（汉字），有共同遵奉的"三纲五常"为最高准则。我们中华民族的文学家、哲学家、政治家、重大发明家包括中华民族的各个少数民族。中国的官方正史（二十四史）尊重历史事实，虽然汉族人数占绝对多数，并没有以汉族为中心。

儒、佛、道三教经典是中华民族文化的载体，世代相传的经典，像儒家的《五经》《四书》，字句从古到今没有变化，但《五经》《四书》传播的思想却随着时代的变迁而发生变化。变化的实质充分表现在历代的诠释中。有些不了解中国传统文化的学者，看到孔子的《论语》为历代儒生诵习，便以为儒家孔子思想影响了中国两千多年。看到老子的《道德经》五千言流传不断，便以为老子的思想影响了中国两千多年。看到佛教传入中国的几部主要经典千年不变，就认为佛教经典的精神几千年不变，表面现象确是如此。但历代学者对孔子、老子、佛教思想的理解，由于时代不同，解释则大不一样。从汉初到清末，关于《论语》《道德经》的注释，汗牛充栋，使人目不暇接。有的注释是孔子、老子原来的思想，也有的是注释者引申、发挥的，还有一些是孔子、老子本来不存在的思想，完全是不同的历史时期注释者强加给孔子、老子的。佛教经典的注释也有同样情况。

中国传统文化基本上是借用注释的方式，在继承旧传统中注入新内容。中国传统文化与时代步伐相配合，变化着，前进着。抓住这个特点我们就不难理解中国传统文化的既古老，又年轻，上接几千年的旧传统，它还活着，具有强大的生命力，没有成为考古对象。中国古代文化是在传统名义下随时补充新的内容。外来的思想也要接受中国的注释，才能站得住脚。古代的佛教经典，凡是发生过广泛社会影响的教派、典籍，没有不经过中国学者注释改造的。直到近、现代，中国人吸收外来文化，也还是沿着这条路前进的。

所谓结合中国实际，既包括社会经济结构的实际，也包括传统文化的实际，这两种"实际"，都是培养新文化的基础和土壤，缺一不可。善于结合中国的实际的措施，与中国这个历史文化悠久的文明古国的国情相适应、相衔接，就有了群众基础，容易收到实效。古人说"周虽旧邦，其命维新"，就是在旧的经济、文化的基础上建立新制度、新文化，这样的文化年轻而不会衰老，永远进步而不会停滞。我们正满怀信心地继承过去的优良传统，创建未来的新文化。

中国传统文化的继承与发展 *

　　中国是世界上少数几个文明古国之一。中国有文字可考的历史至少有五千年以上。但中国被世界所认识，引起世界的瞩目，是秦汉以后的事。

　　秦汉建立了大一统的国家，丝绸之路开辟了欧亚大陆的通道。公元 7 世纪，中国的造船航海事业兴起，开辟了海上丝绸之路，增加了东南亚以至非洲的海路。在多边交往中，中国有机会接触多方面外来文化，有选择地对外来文化吸取、改造，充实了中国古代文化，给中国文化注入新的血液。

　　随着社会发展和历史的需要，中国文化也随时改变着自己，使自己不断发展、壮大。

　　古代中国传统文化有"三教"，这三教是：儒教、道教和外来的佛教。佛教虽是外来宗教，但它一到中国，即与中国的传统意识形态相结合，接受了中国的"三纲"说，承认忠君、孝顺父母是出家人必须遵循的最高原则。佛教传入中国后，已不同于原来的精神面貌，它变成了"中国佛教"。道教出自中

---

　　* 原载《齐鲁学刊》1994 年第 6 期，亦刊于《百科知识》1994 年第 12 期。

国下层社会，起于农村，后来成为官方宗教。这三教从不同的角度为统一的中央政权服务，有时有矛盾，但最后趋于融会贯通。10世纪后，形成了新儒教。新儒教吸收了佛、道两教的心性修养方法，建立了自己的思想体系，佛、道两教看起来似乎被削弱了，但佛、道两教的宗教思想方法和宗教修养训练，被儒教吸收。儒、佛、道的思想融为一体，这种状况一直持续到鸦片战争，才开始了新的变化。

中国传统文化几千年不中断，保持发展，这是世界文化史的奇迹。因为几个文明古国，多半有头无尾、历史舞台中心不断转移，舞台主要表演者常常改变。唯有中国这个文明古国，几千年来，始终未离开这个舞台，演员始终以中华民族为主角，表演的历史剧，剧情连续，一幕连着一幕，越来越精彩。世界上从来没有几千年不变的社会，从蒙昧走向文明，社会的变革有制度上的、生活方式的、文学的、艺术的，也有思想和哲学的。

中国传统文化的历史为人类的文明史提供了证明，它展示了一个活生生的人类进步的实例，从古老到现代的必由之路。中国文化有条件来做出这样的论证。从古到今，几千年来，政治中心、经济中心、文化中心始终没有离开过黄河、长江流域。在这块九百六十万平方公里的土地上，朝代更迭了十几代，主持这块土地的民族有汉族，有非汉族，也有汉族与非汉族混血的民族。这个多民族的统一大国，不管哪一个兄弟民族当权，都是现在中华民族共同体的一部分。几千年来，全国各族有共同使用的文字（汉字），有共同遵奉的"三纲五常"为最高准则。我们中华民族的文学家、哲学家、政治家、重大发明家包括中华民族的各个少数民族。中国的官方正史（二十四史）尊重历史事实，虽然汉族人数占绝对多数，并没有以汉族为中心。

儒、佛、道三教经典是中华民族文化的载体，世代相传的经典，像儒家的《五经》《四书》，字句从古到今没有变化，但《五经》《四书》传播的思想却随着时代的变迁而发生变化。变化的实质充分表现在历代的诠释中。有些不了解中国传统文化的学者，看到孔子的《论语》为历代儒生诵习，便以为儒家孔子思想影响了中国两千多年。看到老子的《道德经》五千言流传不断，便以为老子的思想影响了中国两千多年。看到佛教传入中国的几部主要经典千年不变，就认为佛教经典的精神几千年不变。表面现象确是如此。但历代学者对孔子、老子、佛教思想的理解，由于时代不同，解释则大不一样。从汉初到清末，关于《论语》《道德经》的注释，汗牛充栋，使人目不暇接。有的注释是孔子、老子原来的思想，也有的是注释者引申、发挥的，还有一些是孔子、老子本来不存在的思想，完全是不同的历史时期注释者强加给孔子、老子的。佛教经典的注释也有同样情况。

汉儒注经有神学倾向，宋儒注经有禅学倾向。汉初制定与民休息的政策，自称来源于黄老，张鲁创五斗米教，利用《老子》五千言，教人讽诵，用来治病、消灾。王弼注《老子》，构建了魏晋玄学体系。同一部《老子》，有的当作兵书，有的用来炼丹，有的用来治国、养生。中国传统文化基本上是借用注释的方式，在继承旧传统中注入新内容。中国传统文化与时代步伐相配合，变化着，前进着。像儒家的《礼运·大同》篇，本是对古代历史、社会的追述。清末康有为的《大同书》，借用《大同》的名义，传播中国资产阶级政治改革的主张。康有为的《大同书》与《礼运》的大同思想根本是两种体系。

"五四"时代有些进步思想家反对孔子。他们反对的并不是先秦时代的孔子。先秦的孔子是开创儒家的思想家，是教育界开风气的伟大人物。"五四"反对的是经过宋儒改造、思想僵化、反对新生事物、禁锢个性发展的"孔子"。"五四"时代，孔子不幸成了保守思想的替身。抓住这个特点，我们就不难理解中国传统文化既古老，又年轻，上接几千年的旧传统，它还活着，具有强大的生命力，没有成为考古的对象。中国古代文化是在传统名义下随时补充新的内容。外来的思想也要接受中国的注释，才能站得住脚。古代的佛教经典，凡是发生过广泛社会影响的教派、典籍。没有不经过中国学者注释改造的。直到近、现代，中国人吸收外来文化，也还是沿着这条路前进的。社会主义本是西方的思潮，在中国要建设有中国特色的社会主义，就是要用中国人所能接受的方式来建设社会主义。从前也曾生搬硬套地学习西方的社会主义，实践证明，它脱离中国的实际，所以成效不大，推广不开。

所谓结合中国实际，既包括社会经济结构的实际，也包括传统文化的实际，这两种"实际"，都是培养新文化的基础和土壤，缺一不可。善于结合中国的实际的措施，与中国这个历史文化悠久的文明古国的国情相适应、相衔接，就有了群众基础，容易收到实效。

古人说"周虽旧邦，其命维新"，照我们的解释就是，在旧的经济、文化的基础上建立新制度、新文化，这样的文化年轻而不会衰老，永远进步而不会停滞，我们正满怀信心地继承过去的优良传统，创建未来的新文化。

发扬传统道德的途径在于
提高人民群众的文化素质*

中华民族有五千年的文明史，有许多值得称道的美德，如自强不息、不畏强暴、济困扶危、尊老爱幼、关心天下兴亡等等，还可以举出一些。中华民族的这些传统美德并不是生来就有的，而是随着中华民族的发展、成长，逐步充实完善的。

据考古学、人类学的研究，以及在全世界范围的社会调查，可以证实，生产落后，文化不发达的地区，道德水平也比较低下。有些文化极端落后的地区的居民，只有"大小""好不好"等应用性的概念，他们没有高度抽象的名词，如"仁爱""忠孝"等道德观念。这个道理不难理解。

《礼运·大同》中说过：

> 大道之行也，天下为公，选贤与能，讲信修睦。故人不独亲其亲，不独子其子。使老有所终，壮有所用，幼有所长……货恶其弃于地也，不必藏于己；力恶其出于身也，不必为己。是故谋闭而不兴，盗窃乱贼而不作，故外户不闭，是谓大同。

＊　原载《群言》1995 年第 7 期。

历史上确曾有过上述情况，但不能据此断定古代社会的人都那么大公无私、道德高尚。古代原始社会，集体劳动，共同分配，没有私人财产，大家自然不为自己打算。在群婚制度下，没有固定的家庭，当然没有属于某一家庭的子女，才能"不独亲其亲，不独子其子"，子女是社会公众的子女。在生产力十分低下的社会中，没有更多的剩余产品，为了保持部落群体的延续生存，对老年丧失劳动力者，要统一安排，使他们"老有所终"。《礼运》只讲到"老有所终"①，而没有讲像后来所常讲的"老有所养"。后人对这一句注释，常常以今拟古，硬说古代社会有养老院之类的养老机构，这与实际不合，不可信。只有社会生产比较发达，科学比较昌明，才有可能兴办养老、敬老的设施。

人类从第一次开发了能源，发明用火，就改变着自然、改变着社会，参加了改造世界的活动。从此打破洪荒原始状态，人类有了与天地并存、共生的资格，号称"三才"（天、地、人）。古书上说，人能"参天地之化育"，这话不算夸大，因为符合事实。

人类创造了文字，是发明用火以后又一重大突破。从此，扩大了信息传递的质和量。人类能把一时、一地的实践经验变成异地、异时的知识财富，人类的本领更大了。文字带来的好处说不尽，同时也要看到文字也带来写错别字，文字写出了有用的好书，也写出了不好的书，连带产生了诡辩术，讲歪道理

---

① 生物学家达尔文青年时期，参加生物考察队，周游世界，在南美洲考察时，亲身看到过一个部族把六十岁以上的老年妇女杀死，煮了吃掉的风俗。当地的青壮年，没有感到不人道，觉得没有什么不应当。

的伪劣作品。给社会带来新的混乱。这类新的混乱，创造文字以前不可能发生。有了机动车，方便了交往，提高了世界的文化、学术、经济交流，也带来了机动车造成的车祸，其危害程度，比牛车、马车车辆倾覆造成的伤亡大得多。有了电脑，推动了高科技的迅速发展，也随之产生了电脑犯罪案件。

新情况带来了新的问题。于是不断有人发出"道德沦丧"，"今人狡诈，古人纯朴"的慨叹。近人章炳麟提出过"俱分进化"之说，他认为社会上好事进化，坏事也进化，同步发展。章氏这种观点，有他的道理，但这种见解是片面的。

今天的中国，面临着前所未遇的新局面，社会上确实出现了不少假冒伪劣产品，有物质产品，也有精神产品（伪科学、文学、艺术等），这应当看作正常现象。说它正常，不是说它正当、应当存在，而是说这种现象的出现，有规律可循，不足为怪。因为人类社会就是经历了若干万年、从与不利于社会发展的现象做斗争，战胜了不利于社会群体的力量，扶持了有利于社会群体的过程中走过来的。

由于历史无法倒退，只能顺应历史趋势，因势利导，兴利除弊，不能因发生写错别字，而取消文字；不能因机动车肇祸，就回到牛车、马车时代。

我国近二十年来，与国际商业往来增多，金融犯罪案件逐年有所增加。同样在这个地球上，在西方发达国家，这类诈骗得逞机会较少。不能说中国人这几年道德沦丧，而是我们经贸财会管理制度不严，漏洞较多造成的。

当前令人关心，并引起人们担忧的道德败坏现象的出现，不能仅仅从道德中找原因，应当从更广阔的视野来考察。

继承优良文化传统，建立新的道德规范，根本途径是提高全民族的文化、科学素质。当前第一步先要消灭文盲，使人民普遍受到应当受到的教育。在提高民族文化、科学素质的同时要健全法制。法制是防止道德崩坏的堤坝。道德是社会成员文化素质在行为方面的体现，没有文化的民族，或文化素质不高的民族，道德水平必然是低下的。

谈继承中国传统道德问题 *

　　道德不是从来就有的，它是人类社会发展到一定阶段才会产生的社会意识形态。人类的生存和发展是靠了群体的力量，单凭一个孤立的个体，在严酷的自然条件下，是无法战胜外来的各种侵害的。在群体生活中，自然形成了社会习俗，为了种族的繁衍，为了群体的发展，逐渐形成了许多规定和禁忌，习惯性地约定哪些行为可以做，哪些不可以做。比如婚姻问题，族内杂交是最早的群婚习俗，不存在道德问题。在群婚条件下，发现长期近亲繁殖，对种群不利，这才制定了部落内部不许婚配。近亲不婚也还不是出于道德问题的考虑。后来，随着社会进步，才有了近亲不婚的理论，就是古人所谓"礼"。"礼"是对已发生的事实，在理论上做出了近亲不婚的解释。社会发展总是行为在先，理论在后，形成系统的理论更晚一些。

　　在地球上，人类占主要地位，主要由人类处理个体与群体的关系。人的社会关系十分复杂，主要的关系是个体与群体的关系。个人与群体的协调关系就是"道德"的范围。处理个体

---

　　*　据《念旧企新》。

与群体关系的总原则是使个体的生存发展适应群体的生存发展，而不是相反。因为削弱了群体，个体也无法发展，甚至无法存在。所以，每一个社会成员不能只为个人打算，而要对整个社会群体有所奉献。旧社会学和新社会学都企图解决这个问题，虽然理论各有不同，归根结底是关于个人与群体的学问，古人称为"义利之辩"。"义"一般指符合群体利益的思想言行，"利"一般指符合个人利益的思想言行。摆正义和利的关系，即符合道德规范。人们根据自觉的判断，采取行动，有选择的自由。但一定的社会中存在的道德规范，不能自由选择，只有遵循。只有自觉、全面、深刻地认识这种关系，道德才能逐步趋于完善，以道德教育人民，社会才能更健康地往前发展。

今天，道德问题被提到议事日程上来，主要的原因就是今天的中国面临着一个改革开放的时代。历史上，每一次大规模的社会变革时期，道德都是先受冲击的一个部门。社会变革之后，人际关系发生变化，从社会发展的角度看，人类交往日益复杂和频繁。中国传统的自然经济，一家一户间极少交往，后来商品经济发展以后，出现了新的道德问题。例如中国传统的"孝"的观念，就与小农经济的生产方式有直接的关系。一个家庭的主要男劳动力维持着整个家庭的生活，养老育儿，他拥有生产权和财产分配权。经济关系决定了非有家长制不可。"孝"的观念在中国如此之深，就是由于小农经济社会维持的时间相当长，直到鸦片战争时还是这个格局。当小农经济的社会发生变化时，就相应地出现了新的道德问题。随着社会交往不断扩大，社会分工不断发展，个人自食其力，原有的家庭成员之间的关系自然就会有所疏远。现代社会"孝"的观念的淡薄与人的生活方式与社会变革有关系。养育老人，抚育幼小，过去完全由家庭承担，今天有一部分责任转移到社会保险承担。社会变革只能是向前发展，不会倒退回去，所以不能简单地说"现在人心变坏了"。

在不同的历史阶段，因为有不同的社会需要，也就会有不同的道德规范。中国封建社会关于君臣、父子、夫妻关系的传统道德规范"三纲"，对于维持小农经济为基础的封建社会是必须的，在当时的历史条件下对于维护社会的稳定、发展生产，是有一定历史进步作用的。但在进入新的历史时期后，原有的封建主义道德规范就会成为社会进步的阻力。社会主义时期，应该有社会主义新的道德规范。

进入近、现代社会以后，道德观念必须与法制观念相配合，共同推动社会发展，同时也有助于道德自身的发展。道德观念与法制观念在总的精神上是一致的，都是强调个体与群体关系的和谐，要求个人维护群体的整体利益，接受群体观念的约束。真正的法律是符合道德精神的。道德是内在的，它的标准是要求人们自觉地对集体有所奉献。法律是外在的硬性规定，它强制性地要求个体不得危害群体的利益，否则就要加以处罚和限制。既然是强制性的，即使有人不懂法，一旦触犯了法律，也要受到法律的制裁。而道德因为是指导人类行为的内在要求，哪些事该做，哪些不该做，对违反规范的人，道德多采取宽容、教化的态度。这是道德与法律的区别所在。道德观念与法制观念是相辅相成的，过去中国封建社会也把"礼"与"法"两者并提。只有法律，不讲道德，人完全是被动的，在法律没有规定的时候就会无所适从；道德如果没有法律的辅助作用，也不能够有效地推广，为多数人所接受，也会造成讲理的人吃亏，不讲理的人占便宜的情况。道德与法律就像双轮车的两个轮子，缺一不可。我们提倡社会主义新道德的同时，也要大力倡导加强人民的社会主义法制观念，普及法制教育，提高人民知法、守法的水平。

要有效地普遍提高道德水准和国民的整体素质，从根本上讲在于文化教育的普及。教育是立国之本，教育水平上不去，其他一切都无从谈起。科技要靠教育，经济要靠教育，道德、法制观念的普及也要靠教育。愚昧的民族谈不上有什么道德问题。世界上有些原始民族的语言中，有大小、长短、好坏等名词，但没有仁义、道德等名词，没有这些词就是没有这种观念。衡量一个人的行为是否符合道德精神，要看他是不是有道德观念并且自觉地遵守，否则即使做了，其道德价值也不大。原始的、绝对的"纯朴"不属于道德范畴，价值有限。过去有人向往夜不闭户、路不拾遗的上古三代，事实上是无法再现的。在当今物质文明、精神文明相当发展的社会中，我们应该普及教育，在广大人民群众文化水平普遍提高的基础上，反复进行道德教育，自幼灌输道德观念，养成一种自觉的道德习惯，而不是靠强迫。爱国主义、集体主义教育都是道德教育中很重要的内容，这些都要靠文化教育来提高认识水平，要靠平时长时间的培养、训练，不是一蹴而就的。

中国是世界上几个文明古国之一，她拥有五千年以上的辉煌灿烂的古代文化传统。这笔极其宝贵的文化遗产，内容是很丰富的。儒、佛、道"三教"是中华传统文化的主要载体。以前人们看到《论语》为历代儒生诵习，便以为儒家孔子影响中国文化几千年。中华文明固然多得力于孔子，但光讲孔子是不够的。比如，在讲到人类群体生活与自然环境的关系时，孔子讲得少，老、庄反倒讲得多些。他们认为，人类取之自然应该有个尺度，掠夺性的征服自然不行，既要发展自己，又不能损害自然。再如舍生取义、吃苦耐劳等道德，墨子讲得比较多，老、庄讲得少。这些都是我们宝贵的文化财富，是中国传统文化、道德的精华，应该努力吸取，同时要抛弃其中封建性的糟粕。

在继承、弘扬中国传统道德的过程中，也要注意对外来优秀的道德文化观念加以鉴别和吸收。中国古代汉、唐两代号称盛世，就是中华民族先后开通陆上和海上丝绸之路，在与外来文化的交流中择善而从，充实、发展了自己。在古代产生社会影响的佛教典籍，都是经过中国学者的注释和改造。现在我国正处在改革开放的新时代，中外往来更广泛、更频繁，视野广阔，超过历史上任何时代，不但有经济交流，还有深层次的文化交流。外国道德传统中有些好的东西值得我们学习，比如公平竞争的观念、进取精神、不吃祖宗饭等等。这些方面，西方讲得多些，我们东方讲得少些。中华民族历来有善于交流、融合外来文化的传统，现在对于西方的道德文化也应如此。

在改革开放的新时代，我们宣传继承、弘扬中国传统道德，就是要在继承旧传统中注入新的内容。中国传统道德与时代步伐相配合，不断发展变化，所以中国优秀的传统道德文化既古老，又年轻，上接几千年的传统，又有强大的生命力，永远进步而不会停滞。我们正满怀信心地继承过去的优良传统，创建未来的新文化。

为建设中华民族的新文化创造条件[*]

——《中国文化大典》序言

我们伟大的祖国在几千年漫长的发展中，创造了丰富、灿烂的古代文化。中国文化是中华民族延续和发展的精神支柱，它曾长期居于世界文明的前列。为人类的文明与进步做出了贡献，是世界文明史上的巨大财富，世界上文明古国都曾对人类文化做过贡献，但随着历史的前进，它们大多衰落了。只有中国和中国文化屹立于世界之林，一脉相承，历久而弥新。

中国文化有生生不息的活力，有广泛的凝聚力，有丰厚的创造力。

中国民族的文化没有随着王朝政权的更替而中断，没有随着政权转移而改变方向。相反，倒是朝中华民族发展的既定方向前进。中间也遇到过不少艰难险阻，甚至经历了生死存亡的

---

[*] 《中国文化大典》，山西教育出版社，1999 年版。本文原载《文献》1993 年第 3 期。

考验，但是终于靠自己的力量，克服了困难，改正了错误，继续前进了。与世界各民族、各国家的历史比较，中华民族的这一特点和优点是十分明显的。

中国文化是发展的、历史的范畴，具有包容性与持续性；除了时代差异外，尚有着地域与民族的差异性。它是在连绵几千年中，以华夏民族为主体的中华民族各地域文化（包括中原文化、齐鲁文化、荆楚文化、巴蜀文化、吴越文化、岭南文化、闽台文化等）和各民族文化（包括壮、满、蒙、回、藏等中国五十六个民族的文化）长期的、不断的交流、渗透、竞争和融合的结果。在这个意义上说，中国文化的发展是具体的、历史的、多地域、多民族、多层次的立体网络；其次，中国文化是起源于上古贯穿到现在，在黄河、长江及其周围地域形成并延续至今的中华民族共同文化、共同的社会心理与习俗的结晶。

继承中国文化遗产，并不是对古代文化毫无选择地一概接受，而是要继承其优良传统，摒弃其封建糟粕。

我们要继承发扬中国文化优良传统的基本精神，是指刚健自强的革新进取精神，注重道德教化，强调民族凝聚意识，以及其重视历史智慧等几个主要方面。

今天，中国正处在向现代迈进的新时期。了解过去的优秀文化，正是为了创造未来的新文化。这对提高民族自信心、增强民族凝聚力，有着极为重要的意义。本书为了适应新时代的要求而编写的，希望我们这部《中国文化大典》向广大群众介绍中国文化的辉煌历史与优良传统，给爱国主义提供思想基础，为建设中华民族的新文化创造条件。

科教兴国　千年大计[*]

　　处在千年之交，回顾一千年前，中国正当宋朝真宗咸平二年（999）。当时中国文化、科技处于领先地位，印刷术与先进的造纸术相结合，发展了出版业，火药用于武器，指南针用于航海，中国文化对世界做出了贡献。

　　此后一千年的前一半，中国还处在领先地位，到了后一半，16 世纪以后，逐渐呈现滑坡趋势。只是祖宗遗产丰厚，即使败落，也还能支撑一阵子。到了最近二百五十多年前，中国乾隆皇帝接见英国使臣马戛尼时还是以天朝自居，最近一百五十多年前，与外国侵略势力面对面地发生冲突，才呈现出明显的劣势。千年间的兴衰，一言难尽，国家兴衰的总根源系于科教的兴衰。

　　20 世纪，中国被迫从闭关自守的状况卷进世界大潮，经历了一百五十多年的奋斗，取得独立、自主的地位，由贫弱走向富强，引起全世界的瞩目，也受到应有的尊重。

　　21 世纪是沿袭 20 世纪的道路走过来的。20 世纪的后半段，科技发展日新月异，年年有新发明、新创造。西方大国多年科

　　———————

　　＊　原载《中国文化研究》2000 年春之卷（总第 27 期）。

教兴国的业绩收到效果。科学落后，必然挨打，受制于人。中华民族要想跻身于世界民族之林而不被淘汰，只有紧抓科教兴国这个大纲不放，坚持下去，我们就会取得更大的成就，目前已取得的辉煌成就不过是万里长征的开始。

上一个世纪，列强争夺的是土地、自然资源，这个世纪列强争夺的目标除了以上的资源以外，还增加了一项人才资源。人才资源与天然资源不同，它是开发不尽的，越开发越兴旺，我国近百年来的经验，也证明了这一点。有了现代化建设人才，才能有现代化建设的成就。

我国有十二亿人口，从消费的标准看是一种负担。如果把科教兴国这个方针贯彻下去，肯花力气，这十二亿人口的智力发挥出来，将是无比的财富，我们的综合国力将永远立于不败之地。

我们有爱好和平、与人为善的传统。中国的强大，必将成为安定世界、造福人类的积极因素。

看准了的事情就要下决心干下去，科教兴国是百年大计。像中国这样的多民族的统一大国，十二亿人口的聪明才智用在正道上，造福于人类，对世界做出新贡献，我们有能力做到。

中国前程远大，但须共同努力。

中国传统文化的光明前景*

1840 年以后，中国被迫打开国门，卷进世界大潮流；西方文化涌进中国，中国的经济、政治被迫改变，思想、文化也随着发生变革。近二百年来，向西方学到不少东西，有我们本来缺少、需要的，也有不少是西方列强硬塞给我们的，选择的余地不太大。新中国以后，特别是近二十年来，我们主动地、有选择地引进外来文化，从生活文化（衣、食、服务等）到观念文化（文学、哲学、艺术等），有的在中国生了根，变成本土文化的组成部分。回顾新中国五十年来的经历，值得认真总结。

面向 21 世纪，我们的思想文化界要赶上世界新的进展，与世界发展同步，我们还有不少事情要做。因为文化有地区性，有继承性、融合性。地区性带有生活环境的特点、民族风俗习惯的特点、语言表达的特点。继承性是指文化不是停止凝固的，它有发展，中国今天的文化与几千年儒教文化有关，西方今天的文化与西方古代基督教文化有关。文化的融合性表现在它的优良部分与糟粕部分总是纠结在一起，密不可分。如何区

---

* 原载《中国文化研究》2000 年冬之卷（总第 30 期）。

别、萃取、提纯，简单外科手术的办法无法做到，要用相当的人力、时间去消化、吸收。还要通过社会实践来检验，然后决定取舍。物质文明建设，如工业设备等比较容易鉴定。社会制度、法制建设、管理制度等文化的鉴定，取其所需，必须实行后才能分辨清楚。精神文明建设，要有一个时间考验过程。这都是我们进入21世纪的文化建设的责任。

历史经验表明，即使完全正确的理论，如果只被少数先进者发现，而未被群众所接受，真理也会被当成谬论，像地动说、生物进化论都曾遭到反对者的磨难。

中国传统文化有无限光明的前景。但是，光明前景还要群策群力，积极争取。第一步，把文化中的精华有效地区别出来。第二步，向广大群众介绍推广，公诸大众，使它成为群众共同的精神财富。作为世界文明古国、世界人口大国的中国，有责任将人类文化之菁华扩散到世界，以期对世界文化宝库有所贡献。

向全世界贡献我们的优秀文化，丰富人类精神库藏。资料共享是好事，只有在今天，21世纪来临之际，才有可能。因为20世纪的前半段，中国在世界发言权不多，到了20世纪的后半段，中国站起来了，国力开始壮大了，才引起全世界的关注。今天，中国的综合国力蒸蒸日上，不再穷困落后，我们讲的道理才会引起世界各国的注意倾听。

一百年前，严复曾号召"开民智"，今天看来，这个号召还未失效。知识经济、信息时代，民智就是国力，民智就是财富，脱贫先脱愚，世界大势所趋，稍有懈怠，不可掉以轻心。

认识封建社会的农民 *

　　解放后多年来。我国史学界把中国古代农民反对朝廷的军事行动一般称为农民革命，是正义的。中国历史长久，农民起义的次数多，起义成功推翻旧王朝建立新王朝，叫作改朝换代。农民起义成功的刘邦、朱元璋，这两个朝代统治时间长；其余不成功的，如陈胜、吴广、项羽、李自成、张献忠及清初的白莲教等。

　　农民当了皇帝以后，照旧按过去的帝王将相的成规行事，老百姓依然处在被奴役的地位，并没有得到多少自由。每次开国之初的几十年，由于战乱以后人口逃亡，土地荒芜，农民有土地可耕种，土地问题暂时得到缓和，百姓的生存权得到舒缓。

　　农民起义为了团结、号召广大农民参加起义队伍，其领袖人物能抓住当时农民的最迫切问题，以资号召。如陈胜起义，以摆脱劳役相号召，刘邦起义，基本队伍也是一群劳役征调的农民，延误了报到日期要被处死才造反的。明末天下大乱，原

---

　　* 据《竹影集》。原载《群言》2001 年第 1 期，题为《中国农民的革命性与局限性》。

因是纳税太多，于是李自成提出"迎闯王、不纳粮"，天下闻风响应。

起义未成功的，正史一律称为"匪""盗""寇"。成功地成为开国皇帝，史书由他的人来写，称为顺应天命、吊民伐罪的圣君。我们新中国建立了新史学，开始用阶级分析方法，用历史唯物主义站在农民被压迫的立场上说明历史。我们把当了皇帝又重新压迫农民的新王朝领导人，称他们背叛了农民阶级的利益，篡夺了农民革命的胜利果实。这种看法、说法与事实并不相符。

所谓"背叛"，其前提是当初有过诺言，宣称是为了农民革命的根本利益，起义成功后建立了农民当家做主的政权，不为农民办事。从陈胜、吴广发难，到刘邦以至朱元璋的起义，都没有对农民做出过为农民利益打天下的诺言。他们起义的目的，是说指责当权的皇帝无道，我要取代他。如刘邦看到秦始皇巡行时浩大的仪仗队的气派，不胜羡慕，慨叹"大丈夫当如是也"！项羽看到秦始皇巡幸江东时，直截了当地说"彼可取而代也"。他们起义的一开始就是要当皇帝。

刘邦当了皇帝，定都长安，把全家搬到长安，志满意盈，一次半开玩笑地对他父亲说，早年您老人家总嫌我不治产业，现在你看看，我治的产业比起二哥治的产业，谁的产业大？听了他的话，父子"相顾大笑"。

明末清初黄宗羲的《明夷待访录》指出君主专制世袭制度的罪恶：

> （君主）是以其未得之也，屠毒天下之肝脑，离散天下之子女，以博我一人之产业，曾不惨然，曰"我固为子孙创业也"。

刘邦就是这样做的。他当了皇帝以后，向天下宣布"非刘氏而王者，天下共击之"，他认为天下是刘家的产业，别人不得妄想占有。黄宗羲所指的正是刘邦、朱元璋之类的皇帝。

最早向秦王朝发难的陈胜、吴广等人，在他们未得志时，在田间耕种、休息，与穷哥们儿相约"苟富贵，勿相忘"。

农民起义的共同倾向是早日脱离恶劣的生活环境，改善自己的地位。野心大的，想当皇帝，野心不大的，所向往的目标是求得富贵，不当佣工，盼望有一天也能雇佣别人为自己当佣工，自己当地主。随着起义形势的胜利发展，陈胜等跻身于反秦军的一路诸侯，财富增加，生活优裕，思想也开始变化，以当年贫困出身为可耻。昔日一同种地的穷哥们儿谁要提起当初鄙贱地位的经历，就把他杀掉灭口。

郭沫若的《甲申三百年祭》文中，说到李自成军队进入北京发生的变化，很为李自成丧失当初革命意志而惋惜。这篇文章是成功的，曾引起毛泽东同志的欣赏。事实上，李自成起义军进北京后的变化是自然的、必然的，因为李自成的农民军就是摆脱贫困，向往富贵。农民当年无端受地主官僚的拷打，逼租，逼债，进了京城，抓到当年骑在农民身上作威作福的皇亲贵族们，也以其人之道还治其人之身。刘宗敏拷打京城官员，逼交赃银，在农民军看来完全正常。

马克思曾说过，农民不是一个自觉的阶级，古代还没有出现先进的阶级，农民不是先进社会力量的代表，农民的力量汇集起来，可以爆发出巨大力量，推动历史前进，也能创造人类奇迹，但要有组织、有领导。与农民并存共生的是地主阶级，地主阶级比较有知识优势、文化优势，经常起着支配作用。当社会旧秩序不能维系时，地主阶级中也有人与农民合流，共同推翻旧政权，刘邦、朱元璋阵营中不乏读书人，给他们出主意。他们打天下成功后，又有人出来帮他们出主意、治天下。

由于农民不是自觉的阶级，他们反对坏皇帝，拥护圣明天子；他们反贪官污吏，拥护清官；他们反对使他们活不下去的不公平的社会，他们并不反对封建制度，从来不会想到反对封建制度。因此，我们不能说农民起义领袖背叛农民。有一个当皇帝的，就要有亿万人民当臣民；有人想富贵，不过佣工生活，就要有更多的人当佣工，替地主种田交租。不然，哪儿有富贵阶层。因为富贵与贫贱并存共生。

中国农民革命最后一次是洪秀全领导的太平天国革命，提出的口号"有田同耕，有饭同食，有衣同穿，有钱同使。无处不均匀，无人不饱暖"（《天朝田亩制度》）。从这个纲领看，它超过了过去所有的农民起义，反映了农民的愿望。但是，当时中国没有先进的阶级，资产阶级尚未出现，现实存在着的仍是并存共生的地主与农民两大阶级。太平天国的理想归理想，缺乏可操作性。推行这个理想缺乏具体机制。其政权组织，仍是旧王朝的模式，一朝天子一朝臣，起自民间的新贵族代替了清朝旧贵族。太平天国各级官吏、宫廷后妃、皇子、公主一整套的封建等级制度原封不动地被继承下来，有些地方还变本加厉。太平天国农民革命如果成功了，仍将纳入改朝换代的旧循环轨道。

辛亥革命学习了西方的民主共和制，终于打破了历史轮回的怪圈。由于旧的习惯影响深入人心，每当遇到新问题不易解决时，又幻想走回头路。帝制推翻了五年，袁世凯改元称帝。几年后又出现张勋复辟。主张走回头路的既有大城市的著名学者改革派，也有穷乡僻壤的不识字的老百姓，他们盼望真命天子拯救混乱的世道。

在 21 世纪的门槛上，我们承担着建设有中国特色社会主义现代国家的历史重任，要在几十年内走完西方发达国家已走过的几百年的路程。我们面临着各种阻力，有外部的也有内部的。内部阻力有出现的新问题，也有旧问题。旧问题中农民意识、小农思想，阻力相当严重，比如只顾眼前近利，稍富即安，进取心不强等等。这些障碍一一排除，才能大步前进。"前事不忘，后事之师"，对国际国内都是可贵的箴言。

中华文化走向世界*

　　20 世纪的后五十年，中国文化和世界各国的文化接触越来越频繁。世界各国比过去更需要了解中国，中国也比过去任何时代更需要了解世界。中外文化交流随着经济利益的驱动日益开展。我们的国际友人日益增多。根据我们过去的经验足以说明这种事实——需要（包括个人的、群体的、民族的、国家的）是一切学术最有力的推动者，汉学研究的兴旺势头正方兴未艾。只要看看东方、西方以及南方各国的各种学校开设课程和学习汉语人数增长这一现象，可以想见汉学研究正处在大潮高涨的前夕。21 世纪的前景将比 20 世纪的后半期更繁荣。汉学将成为世界的显学。

　　大家都生活在同一个世界，由于地缘关系，历史原因，形成了不同的民族和不同的国家。民族的人口有多有少，国家管辖的范围有大有小。这种差别是历史形成的，其结果是文化的多元化，政治的多元化。不管人们喜欢不喜欢，这种现象总归是事实。这个多元文化的世界在交流中，只要互相尊重，互相学习，取长补短，大家就会从中受益。

----

　　* 据《竹影集》。原名《迎接汉学研究的新高潮》。

　　汉学研究主要是我们学术界的事，是汉学研究专家学者的事。但是我们可以预言，汉学研究的效应和影响，将会远远超出汉学研究的学术范围。它将增进世界各国系统地理解中国的昨天和今天，把中国文化有价值的部分融入世界文化思想宝库，成为世界文化财富的一部分。如果从长远着眼，从大处着眼，汉学研究对世界和平的进展也将会发生积极作用。

　　我是研究历史和哲学的。文化现象的研究是认识社会的一个途径。每个民族都有自己的文化，文化的特色也是民族的特色。文化有两个层面，一是生活文化，二是观念文化。生活文化包括饮食、服饰、住房以及音乐、舞蹈。这是每一个民族都有的，每一个旅游者到一个陌生的地方很容易发现这种民族生活文化的差别。至于观念文化，它处在思想观念的深层，这是一个民族抽象思维能力高度发达的精神产品。观念文化的出现至少要有完备的文字、一定发达的科学，有丰富的文学、哲学著作。可见，观念文化不是每一个民族都具备的，它是一个民族高度发达的文化的产物。大体说来，观念文化成形于文化发达的文化区。如欧洲的古希腊、古埃及、古巴比伦、古印度文化，都对人类做出过贡献。

　　现在我们讨论的是汉学，这里只说中国。据历史文献记载及考古的证明，中国文化以黄河、长江流域的广大地区为基地，有文字可考的历史有五千年以上。这种文化是多民族共同创造的，它的五千年历史没有中断过，持续发展直到今天。

　　认识中国文化的特点，汉学研究就是它的切入点。今天的中国是从古代中国演变来的。研究汉学必须从生活文化入手，这是第一步。但中国文化不仅是生活文化，还有更深层次的观念文化。衣食住行，这些方面容易看到，也容易理解。比如近半个世纪，中国人的饮食习惯、住房、交通，变化很快，几年不到中国来，再来就会感到诧异。但是观念文化方面却是另一回事。比如中国文化的价值观、伦理观、家庭观、宗教观诸多方面，以及关于自由、平等、民主的理解，中国人与西方社会的差异十分明显。做到真正了解，深入交流，并不是一朝一夕可以完成的。

因此，我们汉学研究首先是语文桥梁建筑师，架通语言交流的桥梁。国际汉学经过我们汉学家上百年几代人的努力，达到今天的大好局面，成绩显著。随着汉学研究的深入，我们不能不深入到观念文化领域，接触到中国文化的核心，必然涉及中国的哲学、文学、宗教许多领域。这是21世纪对中国文化深入了解的必由之路。

反过来考虑，中国学者了解西方的过程，对我们汉学研究者不无可供参照之处。"五四"时期中国学术界关心"西学"。当时人们关于"西学"的意义相当含糊，既包括欧洲的文学、哲学、宗教，也有社会学、政治学，以及自然科学。中国学者从但丁、荷马、莎士比亚以及托尔斯泰、康德、黑格尔、马克思的著作，中国对"西学"的理解逐渐具体、深刻。"汉学"研究范围有多大，学者们的理解并不一致，正如当年中国学者对"西学"一样。随着研究的开展，对中国观念文化越来越具体，"汉学"研究范围必将会自然解决。因为中国文化历史长、方面广，无论从文学、哲学、宗教、历史学诸多领域可供研究深入开展。不必作更长期的推测，21世纪最近五十年，必将出现一个前所未有的高潮。我们愿意和全世界汉学研究者携起手来，把这门学问推向更高的阶段。这一光荣而艰巨的任务给我们提供了充分发挥聪明才智的舞台，将有极精彩的节目呈现给全世界关心文化、爱好和平的人们面前。

中华五千年的历史经验*

　　今天我讲的题目是中华五千年的历史经验。说是五千年，实际上越往后，咱们知道的事情越多。这五千年中间，越往后，对我们的关系就越深。从古代联系到现在，这个问题可以看得更清楚。我们常说"事后诸葛亮"，这是个贬义词，过去的事情发生了，事后你才提。如果从全面的角度理解这句话，也有很深的道理。因为总结经验，就是事后才能总结，当事情进行中间，你反倒看不清楚，事后冷静下来，看得才更清楚。古代有一个诗人说，"睫在眼前常不见"，就是说睫毛离眼睛最近，你反倒看不见它，越近的，越不一定看得清楚，就是这个道理。我们回头看一看五千年是怎么走过来的，因为正在走的时候，你看不清楚。我们上山最有经验，正在爬山的时候，只顾眼前那一点，看不清楚，可是到了一定的高度，在高处，回头望望你刚才走过的路，哪个地方有点弯路，哪个地方走错了，或是走不合适了，越到高处，看得越清楚。学习历史就有

　　* 原载《部级领导干部历史文化讲座・2002》，国家图书馆出版社，2003 年 3 月版。系作者 2002 年在中央国家机关工委、文化部、中国社会科学院共同主办的"部级领导干部历史文化讲座"的讲话内容整理而成，出版时经作者审定。

这么个作用，事后让你总结，回头看看，让你增加些知识，总结经验，吸取教训。这五千年我们走过来的路，有成功的，也有失败的，总起来说，成功的多，失败的少，所以才取得今天的成就。如果失败的多，成功的少，那么五千年越来越萎缩，就没有今天的局面了。

最近我看媒体和一些书刊，对历史有些埋怨情绪，说当初要是辛亥革命以后，袁世凯不叛变多好，再往上推，戊戌变法要是成功多好，甚至抱怨五四运动，说五四运动否定得太多，现在看还得重新估价，诸如此类。这个看法我觉得是非历史的看法，也是不科学的。历史本身不会有什么错误，世界上发生的事情，就是客观事实，事实是不可改变的，也不可能按照你的意志来改变。但人在历史中间，处理问题的时候，对待历史所采取的措施会发生错误。这个错误不是历史本身造成的，这点应该说明。

我们现在从民族的、经济的、政治的、文化的四个方面来谈谈这五千年。

中华民族，这是个统称，细分下面有五十六个民族，汉族是其中之一，汉族以外还有五十五个民族，汉族的人数最多，占百分之九十以上。这五千年是怎么走过来的，我们全部的历史也不能说详细，也不可能说得清楚，我们就拿几个大的变化时代来看。汉族，中华民族，它的形成，我想可以分成五个时期：第一个时期是春秋战国时期。春秋战国时期，是个民族大融合时期，融合交流，通过战争，经济交流，政治交往。第二个时期是魏晋南北朝时期，前后将近三四百年，也是个大的融合时期，在第二个时期里，很多民族共同向封建化进步。五胡十六国变化，是北方少数民族接受封建文化，特别是汉文化的一个过程。魏晋时期佛教来了，道教也有了，意味着宗教影响了民族文化的融合。第三次民族大融合就是隋唐时期。这个时期民族的融合又深入了一步，从南北对立的两个政权合成一个，隋唐统一了，合成一个统一的大国。这个时候的民族关系更深了，融合得更多了。比如，唐朝的皇帝，他的身份是汉族，其实他是个混血儿，他的母系是少数民族。窦氏、独孤氏、长孙氏都是北方的少数民族，皇族本身就是一个混血的家族。隋唐时代政府的重要官员，像将军、官吏，好多都是少数民族。我们看农村里过春节贴门神，门神挂的两个像，一个是尉迟恭，一个是秦琼，门神尉迟恭就是新疆少数民族人。尉迟，从这个姓就知道是少数民族，唐太宗重用他，做禁卫军的领袖。隋唐时候，文官、武官不分种族，一律对待，升官一样的升，处分也一样的处分，融合得比较好。第四次是元朝，元朝是蒙古族统治，蒙古族人当皇帝了，可下面也用大量的非蒙古族的各级官员和士兵，蒙古族军是少数，大量的还是汉族及其他民族。元朝是皇帝改朝换代，皇帝换了，可是指导治国的方针及治国的思想，完全继承了宋朝的，甚至是宋朝以前的一些制度。元朝在全国地方州县普遍建立孔庙，云南有孔庙是从元朝开始的，继承了宋朝，奉孔子思想为治国最高准则。根据孔府的档案，从元朝开始，孔府的档案保存得较完好，没有遗失，中国的档案保存最完整的其中一个就是孔府。第五次是清朝，清朝满族入关，是一次大的融合。

　　汉族是一个很优秀的民族。汉族有一个特点，那就是各族中间的通婚关系不是像别的民族限制得那么严、那么死，远缘通婚的比较普遍。我们从遗传的角度来看，近亲繁殖违反优生原理。古代早已发现近亲结婚子孙繁衍得不好。云南滇西地方的一个寨子，世世代代在小范围里内部通婚，据统计它那个地方痴呆症占百分之十，男人身高最高的是 1.6 米，历次招兵，体格检验都不合格。所以，一个族群封闭起来不和外边来往，近亲繁殖，就越来越退化，越来越退步。汉族不是这个情况。因为汉族有这么一个特点，从隋唐以后，种族歧视在中国不像世界上别的国家那么严重。

大家学过历史，知道犹太族是最顽强的一个民族，谁都消化不了它，它是独立的，经历也很艰难，失去了祖国，经过很多波折，不过最终还是存在下来了。以色列是第二次世界大战以后，通过联合国新建的国家。犹太族也有一部分流浪到了中国，宋朝的时候在开封就有一支，以后就消失了。最难与别的民族融合的犹太族，只有到了中国就消失了。这么一个顽强的民族，怎么到了中国就不见了呢？可见中国民族政策的传统没有什么歧视。因为中国有科举制度，许他科举，许他读书、考秀才、考举人，做了官，世界观慢慢地就一致起来，接受教育，改变了宗教信仰，接受中国的汉文化，流浪到中国的犹太族就不见了。

那年我到尼泊尔去，尼泊尔人说，北京白塔寺是尼泊尔的工程师建筑的，他们很关心这位工程师，问他的后裔还有没有，我说早已无从查询了。明朝到现在五六百年，与当地华人通婚，慢慢地就成了中华民族成员了。中华民族，从春秋战国、南北朝、隋唐，到宋、元、明、清，经过几次大的民族的交融，犹如河流汇合，慢慢地融成一个多民族的海洋，总称为中华民族。全世界许多地区，民族纠纷非常严重，可只有中国，不能说没有，可比有些国家的问题和矛盾少多了。所以，我们说中华民族是各个民族共同创造的，长期的几千年的交流融合、取长补短、互相交往这么过来的，形成了中华民族。

下面从经济方面来看这个问题。地缘关系，越在古代占的比重就越大，因为人控制自然的能力有限，所以在古代，受地区的影响就大一点。中华民族的活动范围，一个是长江流域，一个是黄河流域。根据史志文献记载，黄河是我们的母亲河，中国的黄河流域是中华民族的摇篮，这当然不成问题。近年来，我们将考古发现与历史文献、古代传说相结合，可知长江流域也是中华民族的摇篮。传说，禹会诸侯于涂山，涂山就是现在的绍兴一带；舜南巡到苍梧，苍梧就是湖南一带；周穆王南巡，死在汉水，也是到南方；舜死后，娥皇、女英也死在湖南。可见，从传说尧、舜、禹开始到现在的长江流域，是我们中华民族共同活动的区域。因为历史朝代不同，有的朝代辖区向外扩展一点，有的朝代向里收缩一些。我们中华民族活动的舞台，生活栖息的地方，范围就是以长江流域、黄河流域为中心，向东北可延伸一点，向西也可延伸一点，再远就有沙漠限制了，再往西有大山挡着了，几千年来，就在这个范围里头，经济上有它的互补性。三千年前从春秋战国开始，荀子的《富国篇》就提到铁出在北方，皮毛也出在北方，盐是出在东方，木材出在南方。经济上的互补，各个国家都不能自己独立，都要求加强交流，大家互相受益。所以，经济上互相交流、互相补充，迫使我们中华民族的交流越来越密切，国家与国家的交流、人群与人群之间的交流越来越密切。比如春秋战国时期，人才流动非常频繁，学有专长的人，从这个国家跑到那个国家，从那个国家跑到这个国家。古时候的国有点像城邦的意思，不像现在的国家这么严格。孔子、孟子都曾周游列国，这个国家不用，那个国家可以用。希望能做官，实施政治上的抱负。互相补充、互相需要、互相满足，也是促成我们这个中华民族发展的动力。这是从经济上来说。虽然古代的经济不像现在的经济交流这么频繁，可是也需要互相交流。

再从政治上来看五千年我们是怎么走过来的。最早国家很多，像禹有 3000 个诸侯，武王伐纣有 8 个，然后几百个诸侯参加战争，一个国家就一个部落，一个群体，头儿很多。经过发展，国家的数目越来越少了。到了战国时期，就剩了 7 个大的、强的国家，称战国七雄，最后就统一到秦了。这个统一是秦始皇个人的野心呢，还是什么原因呢？我看不能这么看，因为从民族交流来看，从经济的交流来看，已经有这个需要。所以，我们看春秋战国，百家争鸣，诸子百家都在提出治国平天下的方案，那方案中间各个学派都不一样。孔子也提出统一，以周天子为主。孟子也讲天下要定为一，要统一天下。荀子也要统一天下，韩非也要统一天下。老子、庄子好像没有讲到统一天下，可是讲到小国寡民。这个小国寡民，你仔细看，不是讲的国家要那么大，讲的是地方单位，基层组织要小，不是国家要小。因为老子、庄子都讲圣人治天下，这个圣人，不是一个村子的圣人，而是对天下来说的。在百家争鸣的不同中间，我们看到一个共同的地方。哪个共同地方呢？就是要求我们把天下怎么合在一起。有这么一个愿望，方法不同，手段也不一样。可是统一这个要求是一致的。思想家能看到历史的潮流，历史前进的方向，就是要统一。统一后，才可以避免好多没有统一前的毛病。

原先讲秦始皇"焚书坑儒"，说秦始皇比较粗暴。后来秦朝实际的措施，以及地下发掘的资料来看，我看秦始皇没有真正地"焚书坑儒"。他坑的那些儒生是什么人呢，就是帮助秦始皇求长生的那些人——方术上的儒生，不是孔孟之道的那些儒生。儒家的书，秦朝还保留了，不但保留了，而且还学习它，用来教育秦始皇的子弟。历史记载，秦始皇死的时候，赵高给胡亥出主意，唆使幼子胡亥假借秦始皇的口气，让太子扶苏自尽。扶苏接到赵高他们这个假诏书，当时与扶苏同时镇守在北方的一个大将蒙恬，说这个诏书可能是假的，你是不是再去核实核实，问问是真是假。扶苏说这个不能问，这事不需要问。按忠孝的原则父亲交下的任务只能完成，不能怀疑，一定要遵守，用不着问。可见秦始皇教育子弟，用孔孟的思想来教育他们，不是用法治。赵高又劝胡亥，说你可以当皇帝，你可以继位。胡亥说我有兄长，我替他，不合理，我不能越过他去继位，违反孝道，废兄而立弟，这是不义。可见胡亥也是接受孔孟之道的教育，《史记》上，司马迁有明确记载，有他们的原话。

这么一个大国怎么实行有效统治？从政治上看，要有理论指导才行，就是秦始皇开始已经采纳了"孝""忠"，忠君，孝父母，用这个观念统治全国，统一思想。因为这么大块地方，要直接管理很难，必须统一思想才行。总的格局是中央权力要集中，分散的农民要安居乐业。秦汉以后就是这么一个总的局面，一直维持了两千多年，就是政治上要求集中，这是个总的趋势。秦朝亡国很快，秦始皇统一了十几年，国家就亡了。后来对秦始皇的评价不是太公正，说秦始皇是暴君。因为秦朝的历史是汉朝人写的，汉朝人代替了秦朝，它打倒了秦朝，它就把秦朝说得坏些。怎么看出秦始皇没那么坏呢？就是秦朝那些法律，汉朝很批评、很抱怨的法律，到了汉朝得了天下二十多年以后，还实行秦朝的法律。比如，秦始皇不准带着书，书不能传播，这是秦始皇定的。可是汉朝到了汉惠帝的时候，还用这条法律，还没有废，可见秦朝的法律汉朝还在执行。如果说是暴虐，汉朝和秦朝是一样的，继承了它。从政治上看秦朝大变革，就是由中央直接管理全国这么大的地方，就是长江流域、黄河流域这么一大块地方。

这个新体制的变化很复杂，在今天就是一个系统工程，很难的一个事情，管理经验也不足，所以十多年就失败了。刘邦继承后，认为秦朝失败可能与没有分封他的子弟有关系，所以刘邦就纠正秦始皇这个问题，他的子弟都封王，分兵把守各省，还公布"非刘氏而王，天下共击之"。后来又传了两代，他的子弟自己起来造反，反对汉朝的中央政府。汉朝一看这个不行，又放弃了分封的办法，这是汉朝变更秦朝制度的一次反弹。秦朝亡得快，主要是经验不足，统治这么个大国经验不足。统一六国以前，秦朝在国内行之有效的一些办法，要推广到从长江到黄河流域，一大片的地域，就很难行得通。比如出工，秦国原来以陕西咸阳为中心，国土面积小，老百姓给国家干活，他自带干粮，干完一个月就回家了。统治全国以后，国土面积扩大了，从广东、福建调民工到咸阳来做工，要自带干粮，就算服劳役一个月，那路上的耗费就不得了，那怎么受得了呢？秦朝灭亡就是劳工带头造反搞起来的，是刘邦利用征调的民工起义。民间有孟姜女哭长城的传说，流传很广。虽不能断定实有其人，但确可断言，必有其理。当时是天怒人怨受不了。秦汉这一代是建立多民族的统一的大国，有成功，也有失败处。

怎么样把这个多民族的统一大国巩固下来，进行有效管理，是很困难、很麻烦、很不容易的。经历了差不多一千年之久的探索，才找到一个路子把它稳定下来，有效地统治起来。关键在哪里？最大的困难在于中央政府要绝对地统一，没有绝对的权力，它不能支配这个全局。这么大个面积等于整个欧洲，欧洲现在还统一不起来，还在争论，何况中国这么大面积？要有效地控制实在不容易。另一方面，还要老百姓维持生活，要保证生产，才能维持小农经济的正常发展。小农经济非常脆弱，一家一户，是生产单位，又是消费单位，经不起风吹雨打。一有天灾人祸，这个家的主要劳动力一生病，一下就垮下去了。既要维护、保证小农经济的生产，又要维持中央政府的绝对统治，这一对长期的矛盾当中，怎么取得平衡，让它有效地运转？找到这条有效的道路，差不多找了一千年。直到唐朝中期才开始找到这条道路，而从理论上提出则是《大学》这个书。《大学》字数不是太多，是《礼记》的一篇，唐朝就把它单独提出来，着重地讲《大学》。这个《大学》，主要讲什么呢？它就讲一个人从个人的思想活动、家庭关系、社会关系，一直到国王治国平天下，分八个步骤、八个阶段、八个层次。修身、齐家、治国、平天下，这是一个步骤。对内，是正心、诚意、格物致知，内心修养叫一个人从内心到行动都要纳入这个大一统的国家的要求范围之内。唐朝韩愈总结了《大学》的这个思想以后，宋朝就接受了。在唐朝以前，考试主要是考"五经"，宋以后"四书"代替了"五经"的地位。"四书"包括《论语》《孟子》《大学》《中庸》这四部书，宋明以后考试都用这"四书"，这是思想方面有这么个变化。

再从政治体制上来看，君臣之间的关系、地位也在变化。在汉唐的时候，皇帝和宰相坐而论道，坐下来互相讨论问题，几乎是平等地讨论问题，君臣之间的关系，不像后来离那么远。汉光武帝写信问他的大臣：你的夫人对你很好，是不是给你挠挠背，抓抓痒。再一个就是汉朝皇帝的姐姐新寡，皇帝看上一个大臣宋弘，忠厚正直，想把宋弘介绍给他姐姐，让他姐姐与宋弘结婚。皇帝有一天找宋弘谈话，说，听说富易交、贵易妻，有这个话吗？意思是说，富了以后可以换一换朋友，做了大官，地位变了，可以换换老婆，有这话没有？宋弘说：我只听说"贫贱之交不可忘，糟糠之妻不下堂"。皇帝一听宋弘的态度很明朗，他姐姐就在屏风后面很近，他回头对他姐姐

130

说："事不谐矣"，事情办不成了。可见君臣之间很自由，不像后来地位那么悬殊。到了宋朝以后，宰相与皇帝之间讨论问题时，皇帝坐着，宰相大臣站着。朱熹是南宋的著名学者，给皇帝讲书，皇帝不喜欢朱熹这个老师，于是就赶他走，给他下了个条子，说天气冷了，我看你岁数大了，站着讲书也很累，就不要讲了，你回去吧，就给辞退了。可是再往后，明朝、清朝君臣关系又进一步拉开距离，君臣之间对话站着也不行，得跪着。试想一个人坐着，一个人跪着，根本没法讨论问题，只能一个发指示，一个接受命令。

所以从历史上看，这几千年来中央政府的权力越来越重，皇帝的权威越来越大，人民的地位越来越受限制。这个变化说明，君权越来越重。所以，有人说中国向来有民主的传统，这话不符合事实。孟子说过："民为贵，君为轻，社稷次之。"那个"贵"的意思，不是民比君主还贵重，而是说农民问题很重要，民心的向背很重要，孟子没有民比君还尊贵的意思。从政治上看，五千年来中央权力越重，人民和臣的地位越低。

从文化上来看，这五千年来也很有变化。文化，就是中国的长期统一，中央政令不受隔阂，一直通行无阻。靠的是什么呢？一个是靠工具好，中国有统一的汉字，这是很了不起的，在全世界是绝无仅有的。你看古希腊文，也是古文字。有一次在雅典图书馆，见有一个人在借柏拉图的书，当然是用古希腊文写的。我就问那个借书的人，我说你看这个？他说我看不懂，我是来查字典的。我说你是教什么的？他说我是教希腊语文的老师。就这个语文老师，看不懂柏拉图用古文写的书。可中国这个汉字怎么样呢？你们看从甲骨文到现在，文字没有中断，你写吃的那个鱼、马，没有死亡，现在还认得出、看得见，它不是考古的对象，它还活着。这汉字起作用太大了。我们到福建、广东出差，语言不通，说话很困难，可是你拿着《人民日报》就通行无阻。完全可以看得出，中国的长期的凝聚力与这个古汉字大有关系，而且秦始皇统一做了很有功劳的一件事。前几年发现在湖北楚墓的竹简，那些字我们有些不认识，怎么才能找到认识的途径呢？里头有些书是北方的书，有的是《老子》的，有的是《论语》的，对照着看，对着上下文猜，这是什么字，那是什么字，而且还认不全。我们现在的楚文字还认不全，这是发现楚国有文字，别的国家也有各国文字，北方也有各国文字，不过没有发现，那没法推论了。

语言的统一，也有记载。北京话，咱们在北京住这么多年，从北京往西走，走到门头沟，这个语言就跟北京话不一样。再往东走到天津，北京话和天津话显然就不一样。河北省也有不一样的地方。北京话这个区域里从什么时候开始出现北京官话呢？明朝的笔记记载，明朝是太监专政，说着官话，穿着华贵的衣服，骑着大马，到这里来的就是朝廷来的，是北京派来的。明朝开始已经出现了以北京语言为中心的变化，清朝就更普遍了。这个北京话，科举考试，除了考他的文章以外，还有一个口试，这个口试不一定考别的，就让他讲一段书，拿一段书让他讲一讲，念一念。广东人也不能用广东话来念，福建人也不能用福建话来念，只能用国语普通话来念，语言的统一已经在做这个工作。总的来讲，对民族的统一起到了巨大的作用。这一点欧洲还远远没做到。这是从语言、从工具、从文字来看。

我们再从信仰来看，也看出我们中国文化的统一也很早。3世纪时候，五胡十六国，北方正在乱，有一个大臣就劝国王，说信佛没什么好处吧？佛是外国人。那个国王就说，正因为他是外国人我才信，我也是外国人嘛。那个时候皇帝自己不是汉族。又过了若干年，到了 10 世纪的时候，或者 9 世纪末，辽国与宋对立，南边是宋，北边是辽。辽国国王对大臣说，咱们要提出一个信仰，让大家共奉，才有一个中心，你想想信什么好？大臣说，当然信佛了，大家都崇拜佛。辽国王说：不，我想，信孔子好，这孔子治国平天下，对我们辽国有好处。从辽开始就信孔子，儒家的思想。这种思想，这种意识，就在少数民族里都有接受，也不是强迫它，是自己选择的。后来战争这么多，孔庙没有焚毁过，一直保存较好，各个民族都尊重它、供奉它。就是说文化上也有这种条件，有一个倾向，就是有一个共同喜欢的中心的东西。

清朝乾隆皇帝，自觉地保持满族的传统，说我们这个骑射、尚武精神不要丢掉，他从心里很欣赏、佩服汉族的文化和礼教。乾隆曾经让人画过《行乐图》，也就是现在的生活照，画有山、水、竹林、七弦琴，乾隆穿着晋人的衣冠，不带辫子，未穿箭袖袍服，这说明乾隆心里觉得中华文化很可爱，很愿意学习，而且接受了中华汉文化的伦理标准。咱们都知道，清朝顺治的母亲改嫁过，改嫁给多尔衮，在清朝入关前风俗就这样，哥哥死了，嫂子跟小叔结婚，社会认可，没什么奇怪的，不存在问题。接受汉文化以后，采用了汉文化的伦理标准，清朝历史就有意回避这一段。北大孟森教授，是研究清史的专家，他为这个事情辩护，说没这回事，是汉人造谣中伤。胡适有信和他辩论，说你举的理由都没有说明没有这回事情，你只是推断说不可能、不应该，还没有证明来否定这个事情。可见从辽到清都认为这个汉文化很深厚，值得学习，值得信奉，因此接近它，认同它。所以从文化上讲，中华文化的认同感大家也是很明确，也是自觉自愿接受的。

这是从四个方面来讲，说起来是为了方便。实际上，这四

133

个方面是混融的，交替的发生关系，绝不是单独的发生关系。中华民族这五千年，整个是共同走过来的。在这个过程中，有文化的、民族的、经济的、政治的，各方面的综合，造成了越融合越近，越融合越密切，形成共同的一个机构、一个组织、一个意识。这个意识，变成牢不可破的一种意识，就是认为中华民族的统一是正常的，不统一是不正常的，统一是应该的，不统一是不应该的。这个意识也不是后来才有的，就是从分裂开始，就有这个倾向。三国时候，诸葛亮要恢复汉室，他要统一；曹操的赤壁之战，他要打孙权，他也为的是统一；到了淝水之战，五胡时代的苻坚打晋朝，在安徽合肥附近打了一仗，苻坚打败了，他打仗也是为了统一，当然也有他的政治野心，从理论上说他要统一天下；南朝也有几次北伐，像刘裕也打到过洛阳，打到过北方，也要统一。这说明什么呢，就说统一是中华民族的正常状态，应该是统一，不应该是分裂。我们看中国历史实际情况，也是这么一种情况。我初步把这个分裂与统一的年代算了一算，分裂的时间从秦汉以后占中华七分之一的时间，七分之六是统一时代。

统一给我们国家和民族带来什么好处呢？我初步地想一想，有这么几个好处：

第一，消灭了内战。我们看历史，战国时代没有一天不打仗的。这个战争，打败了就不用说了，当了奴隶，当了俘虏，打胜的也是灾难重重，吃亏的也是老百姓。比如：战后的瘟疫、灾荒，一定会有这些事情。但战争也锻炼了人，提高了战争的理论。比如说，《孙子兵法》那个书就是战争的总结，是战争理论的总结。有一个朋友说《孙子兵法》是春秋时期完成的，后来没有发展，是不是后来不行了。我看他问得有道理，事出有因，实际上也很自然，因为秦汉以后没有大战争了，没有大战你总结什么呢？所以说中国的兵书自《孙子兵法》以后就没有新的大的发展，就是因为战争规模也小了，时间也短了，经验自然也不足嘛。有些地方有过水战、火器，那只是补充，但战略思想没什么变化。损失就是这个兵法没有继续发展，可好处就太多了，不死人了，百年繁荣发展生产，老百姓安居乐业，这是天大的好事。消灭了战争，是内部战争，如果有战争，那是外边来的。农民起义是另外一回事，农民起义是政府力量控制不了，农民起来了。那时也有战争，不过地方之间的混战没有了。

第二，兴修水利，防止水害，没有统一的国家不可能实现。像前几年长江大水，要不是全国力量，光是局部力量，湖北治湖北，江西治江西，那就治不好，永远不可能治好。有了统一，可以除水害，兴水利，有统一的规划，这个是显著的好处。特别是像黄河这种河，这种害河，要不在统一的国家，不治，老百姓要遭大殃。

第三，全国统一还有一个显而易见的好处，就是中国这么大，总是有荒年，不是这里旱灾，就是那里涝灾，就是那里虫灾。有了统一的国家，它可以统一调拨、调剂，以丰补歉，可以免灾区的赋税，施行救济。唐朝还有一个规定，可以易地避荒灾，政府允许逃荒。唐玄奘就是混在逃荒的队伍里跑出国境的。要是没有统一的国家，就没有这个措施，就不可能，有个界限管着，你怎么能随便流动呢，不可能。

第四，统一还有一个好处，就是防止外在方面的侵略。因外来的侵略是从一个方面来的，从局部来的，过去中国历史上从北方来得多，从山西大同、河套、绥远来得多，要不是统一的话，谁挨着边界最近，首当其冲，它就受损害，别人也不管。统一就不一样，统一后，你打山西，可广东、河南都来支援你。所以，后来抵抗外来的侵略，统一的政府有这个条件，有这个能力，要不是统一，没有这个条件，也没有这个能力。抗日战争咱们记忆犹新，日本并不是首先占领南京，它是先占的东北。我们不承认，不认可，非跟它打不可，后来占了华北，还不行，还要打，一直打到最后，我们把日本的人力、财力给耗光，结果它失败了，我们胜利了。欧洲就不一样，欧洲不统一，欧洲希特勒打捷克，别国不管。所以这个多民族的统一大国，给中国人民带来了实际的好处，这是亲身感受得到的。

第五，统一带来的好处，一直到最近。比如咱们增加内需，要不是统一大国的话，别国没有资格提这个条件。新加坡的经济学家很多，日本的经济学家也不少，它就不能用增加内需来解决国内的经济困难。我们有这个条件，这就是沾统一大国这个光，没有统一就不可能有这个条件。

第六，多民族统一大国还有一个好处，就是我们大规模的物质文明、精神文明的建设，要靠全国的人力、财力来完成，靠局部完成不了。比如说我们的运河，牵扯到好多省。我们修长城，也是牵扯到好多省，这是物质方面的建设。精神文明建设就更多了：我们修书，如明朝的《永乐大典》、清朝的《四库全书》。《四库全书》用钱不是很多，纸张书籍用不了很多钱。可是精神产品光有钱是做不到的，要有人才，要有专家，要有人力，人才绝不是有了钱就可以解决的。今天我投入2亿，明天你就给我多少人才，没有这回事。人才要从全国选拔才行。前几年，台湾的经济比大陆平均发达得多，可是台湾编个像样的书就编不出来。人才就那么多，就两千万人，你选拔人才，能选出多少？选不出来。所以它们向大陆盗版的很多，就是这个道理，它没有。修《四库》有多少人才？来自安徽的戴东原，来自江苏的王念孙，河北的纪晓岚，还有各省的专家。所以人才的集中，不是全国选，选不出来。不论物质文明建设，还是精神文明建设，靠全国的人才来完成，这就是多民族的统一大国给我们带来的好处。正因为有这么些好处，所以，政府改朝换代换了多少次，皇帝有汉族，也有非汉族的，可这个多民族的统一的体制始终没有变，而且维持得很好，全国各族人民接受了这种体制。

那么，也有人会怀疑，怎能说明中国的老百姓拥护这种制度呢？这个问题，孟子就答复过，孟子说，尧传给舜，舜传给禹，这是天命。那个孟子的学生也很调皮，问天命是怎么告诉你的？是怎么知道的呀，孟子说："天不言，以行与事示之而已。"人民有了问题找谁，他找禹还是找舜的儿子呢？最后还是到禹那里去告状。他们主持祭祀，被天接受了，他们主持国家事务，被老百姓接受了，服从了，这就证明是天命，这是民意，这是一种很自然的表示同意、不同意的方式。这个方式是低级的、初步的方式，动物也有，不光人有，不顺从它就不干。比如你驯服一匹马，它不听你的话，不让你骑，也是它的意志的表现。老百姓也是这样，他不给你好好干活，证明你违反了民意，违反了天意。其实就是这么个道理。成立人民公社那时候，我正在大兴乡下，当初还认为老百姓觉悟不高，这样的通向共产主义的好事，你怎么不赞成呢？后来实践证明，这是民意不同意，不但是北京大兴农民不同意，别的地方的农民也不同意，所以他们采用不合作、不给你好好干来表示。公社干部来检查，就派人去放哨，看到有人来检查就干，没人来检查就躺地上睡觉，这就是民意。中国，这个统一的多民族的大国，不管改朝换代怎么变，始终维持多民族统一这个形式，这是民意愿意采取这个方式，所以这个方式就维持两千年之久。

所以说中国两千年的国情，就是"多民族的统一的大国"。我们从历史上看国情，这就是我们的国情。这是摸索了若干年才找到的道路。长治久安、抵抗外来侵略、防御自然灾害、从事建设都离不开这个体制。人口多，有它的好处，比如一个人拿一块钱，凑齐了就是十二、十三亿。一个人两块钱二十多亿就出来了。这是一个了不起的综合力量。这个条件举世无双，只有中国才有这么个条件。印度人口跟我们差不多，也是10亿以上，它的民族问题始终没解决，而且很矛盾很尖锐。俄罗斯国家也很大，民族问题也没解决。欧洲更别说，迄今仍是列国林立，统一不起来。民族之间绝对没有问题那也不可能，亲兄弟有时还吵吵闹闹，夫妻还有离婚的。总体来看，民族关系在中国处理得是相当好的。

中华民族共同生活、共同组成这么个国家，这么大一个范围的集体，长治久安，维持几千年不断发展，克服了很多困难，而且最后站起来了，前进了，靠的是什么呢？靠的是我们多民族的统一的大国，这个条件是很了不起的，是买不到的，是长期积累下来的丰厚的遗产。如果要不是这么一个大国，清朝道光以后，连割地带赔款，割到最后我们还剩九百六十万平方公里（我们以前是一千三百多万平方公里）。只有这么一个统一的、多民族的大国，才能抗得住沉重的磨难，没有被摧垮。

一直到今天，我们的国力也不算很强大。可是，就连不喜欢我们的列强，也不敢轻视我们。是什么原因呢？我看主要的原因，不是我们强，是我们大。这个大是买不来的条件，它不是现在变大的，是从来就大，几千年了就这么大。我们这个国家，在世界来说是唯一五千年持续不断发展的大国。你看历史上没有啊，埃及历史比我们早一点，中亚那边也比我们早一点，两河流域巴比伦也比我们早一点，赫梯比我们早一点，他们都中断了。希腊也是古代文明古国，后来也不行了。到过雅典的人，看到很残破的一些旧殿宇，给人以破落户的印象，风景很好，就是败落。那些大殿都是破烂的样子。从古到今几千年维持不断，持续发展，唯一的国家就是我们中国。要充分地认识这个国情。这是我们考虑问题，选择方向、道路的依据，这是个出发点，也是落脚点。我们对过去的优点、长处要给以足够的认识。这就说明封建文化给我们创造了举世无比的、丰厚的遗产。我们中国这么多的科学家、文学家、艺术家，很多成就都是在两千多年来的封建社会里完成的。比一比欧洲封建社会，它也有成就，比起中国来就差得太远了。就是中国共产党产生的历史与西方的共产党也不一样。咱们学过的马克思主义三个来源，三个组成部分，那是根据欧洲情况讲的。在我们中国，马克思主义的来源在哪里呢？我看就一个来源，就是爱国主义。它是从救国救民的真理，从这里来接触了马克思主义。有识之士为了这个多民族的统一大国不受肢解，不当亡国奴，自强独立，走现代化，才找到马克思主义。中国从一开始就是要走自己的道路，所以有些西方国家不了解中国的国情，认为苏联一垮，就跟多米诺骨牌一样，都倒了。国情不一样，它不会跟着倒，这个话毛泽东也说过，先进的中国人寻找救国救民的真理，这样接受了马列主义。封建社会给我们留下了丰厚的遗产，这个一定要把它讲够，要认识够。

今天我们面临一个新问题，这个现代化的任务摆在我们面前。我们了解过去，在过去的基础上，怎么样才能不被目前激烈的竞争所淘汰，立于不败之地？这个现代化的道路还很艰难，不能躺在古人的成就上，躺在祖宗遗产上来过日子。我们应该做些什么？封建社会给我们带来好多实惠，好多好处，让我们避免了亡国，克服了灾难，创造了灿烂的文化。可是，同时也要看到，在我们走向现代化的今天，这个封建主义思想的残余对我们起到什么干扰，起到什么阻碍，也要充分地认识到、认识足，才能迈开步，要不然很容易变成复古主义，说我们祖宗样样都好，一直都是好，好到没法再前进了，这行吗？显然是不对的。

有哪些封建残余到现在还有影响呢？比如说家长制。家长式的不民主影响到各级政府，影响到党内，党员对民主精神也不是了解得那么透。家长制在过去有它的根源，小农经济需要家长制，一家的生产计划、劳力安排都要听家长的，家长有绝对的权威，他有支配权。所以封建社会需要有家长制，要没有家长制这个生产就不能维持。家庭是个生产单位，也是个消费单位，没有家长当家怎么行呢？所以说家长制的产生是必然的，非有不可，它立过功。可是现在过民主生活，家长制要继续起作用，人民之间没有平等讨论的机会，一个人说了算，这个显然是不行的。再比如小农经济的生产，它生产的产品，不是为了交换，是为了自己消费。小农经济不存在成本核算的意识，它也不需要成本核算，一家一户过日子可以行得通。如果把这种思想带到企业里，管理一个企业，管理一个国家的财政，成本核算的观念不强，甚至不懂得成本核算，不计成本，这个企业非关门不可，它不适应现代化。再比如，小农经济很容易看重近期效益，不看长远，眼前利益看得很重。从我们多年经济建设看来，各地方的领导官员，近期效益看得非常重。五年之内你能拿个什么成果出来，十年之内又怎么样，再远就没有了。成绩做在本届政府当任上最好，不能太遥远。中国教育为什么不发达？因为教育，特别是中小学教育，普及教育，对象是青少年，十年八年看不见效益，有了效益也不是你在任的时候看得出来的。初中孩子毕业，在二十年以后才起作用呢，你培养得再好又怎么样呢？我们现在历届政府抓大学抓得多，抓中学抓得不够。有的小学老师欠薪打白条，大学就好得多。大学校长容易见成绩，我有多少多少发明，开个展览会，一五一十地摆出来给人看。我在大学教了十多年书，我感觉大学教育现在比世界发达国家有差距。大学上不去，就是中学没上去。各地方、各政府、各级官员看重近期效益，投入到中小学看不见近期效益，没有回报，所以就不往这里使劲，欠薪，教员缺额，小农意识对我们的现代化影响有多大！

　　小农经济的另一个特点，就是直接经验看得多，看不起书本知识，认为书没用。其实书本知识，就是前人的直接经验的记录。如果书本知识不重要，光看直接经验，那么就狭窄得很，有限得很。直接经验只能对你当前有帮助，它具有限制性。把一个人的经验变成千万人的经验，要靠间接经验，靠传播媒体的普及、传播、推广。没有文化，知识贫乏能行吗？建设现代化国家，要提高国民文化素质，就是要扫文化盲。这个文化盲不是说不识字，而是文化素质不够，只看近的，不看远的，只看眼前，不看将来。欣赏能力也跟文化有关，古典音乐不是每个人一听就懂的，外国的朋友对于交响乐，也是学习、学习，欣赏、欣赏才听得懂的。媒体公布的犯罪的官员狂嫖乱赌，一个晚上，连一个工厂输掉的都有。文化素质不高，他认为赌博是享受，是快乐。18世纪末19世纪初法国曾经流行享受主义，追求快乐，大吃大喝。人的肚子是有限的，吃饱了就不能再吃了，屋角放上只桶，用羽毛探进嘴里，引起呕吐，吐光了，回头再接着吃，这种"享受"，算享福吗？一个文化素质欠缺的人他就喜欢这个，停留在低级的消费、低级的刺激上。报上公布的赖昌星拉干部下水，无非拉这些文化素质不高的人。

中国的家族观念很强，这也是小农意识的体现。我看好多现代企业用人，特别是农村乡镇企业用人，第一代发展得很好，后来发展不下去了，因为什么呢？因为任人唯亲！美国有个王安电脑公司，是一个很不错的企业，但王安的儿子把事业给毁了。我们的企业，私人创业的有多少是传给他的亲属、家属、家族的，看董事会、董事长、理事长有多少都是亲属的！这都是封建主义的残余带到现代社会的。外国人很少靠他的父亲，外国人看重的是自己创出来的，不是靠祖先。就说中关村，这个现代企业的核心地方，有人初步统计一下，那些管事的人，跟家族血缘有关系的人很多，如果属实，这就限制了现代化的发展，现代化不能这样做。家族意识、小农意识，不放手家族以外的人。从消极方面来说，贪污腐败，也是以家族为单位。正面的、反面的都有，说明封建残余的势力是造成我们今天现代化的障碍，而且还在起作用。我们农村干部的选举，如果这个村姓张的多，这个书记如果不是姓张，是个外姓的，你就办不通。这说明封建残余思想已经阻碍现代化。这是长期以来留下这么个观念。我们有时骂一个人，说这个人不好，六亲不认，其实真正秉公办事，六亲有什么非照顾不可的呢？五四运动是革命行动，北大打个大旗，说曹汝霖卖国，是曹操的后代，不是好人。曹操变成坏人是宋朝以后变的，不是以前变的。曹操在唐朝还有一个很好的名声，杜甫《丹青引》头一句就是"将军魏武之子孙"。曹操的后代变成卖国贼了，坏人就是曹操的后代，显然是封建思想在作怪。

农村包围城市，共产党从此逐步取得全国胜利，就因为是封闭型的自然经济。我们当初革命根据地大大小小好几十块，延安这块是最大的，南到海南岛都有，当年靠小农经济积蓄了革命力量。今天我们走现代化，应当突破那个范围继续前进才对。看事物的利与弊，往往是纠缠在一起，当初你沾了它的光，如要继续前进，就要摆脱小农意识，实现大同世界，达到共产主义，那时没有国界，没有国家，消灭政党。

国家是保护一个群体最基本的单位，也是最有效的一个单位。中国、外国、大国、小国都一样。国家的作用绝对不能忽视。爱国主义在今天来说，绝不是过时的东西。因为现在，国与国没有一个有权力的机构能够仲裁它，虽然有个国际法庭，有个联合国，但那是个讲坛，没有行政力量。所以一个国家若是不强大，科技不发展，就要挨打，事实已经证明这点。爱国主义没有过时。世界要和平最好都放下武器，可也要注意一点，要同时放下武器，不能你首先放下武器，就像宋襄公那样仁义之师，那蠢事，不可学。我们中国今天所以有发言权，就是因为我们有一定的综合国力，有这么多的人力、物力，还有我们的核武器。我们收回香港就是一个很明显的例子。"二战"结束后顾维钧代表中国就提出香港何时收回的问题，丘吉尔说以后再说吧，这一句话就过去了。国力强盛以后，香港就收回来了。50年代，陈毅外长到北大讲话，跟老师、学生见面，他说科学技术发达后，我这个外交部部长也好当，就是这么个道理。所以说爱国主义一定要坚持、要抓紧。爱国，就是爱我们这个多民族统一的大国，要爱这个社会主义国家。

从反面来看更能说明爱国主义的重要性。外国敌对势力企图使这个多民族国家分裂，支持台独、达赖集团的分裂活动，还有"东突"活动。我们要搞多民族的统一，敌对势力就反对这个统一。他们反对多民族的统一，说明这个存在是应该的，而且是必须的。我们说科学，自然科学落后，要挨打，这个已经为多数人所接受了。文科，社会科学落后，要挨打，还没引起足够的注意。如果忽视这个问题，不去重视，同样也要挨打，甚至还要给国家造成极大的伤害。近代一位史学家讲，"亡人之国者必先亡其史"。日本占领东北后，成立一个伪满洲国，它不让学生学中国历史，一学历史就知道这是霸占，日本侵略就站不住脚。日本占领了台湾就重写台湾的历史。李登辉受的教育就是日本教给他的历史。越南被法国占了之后，办了一些专科学校，学工程可以，学技术可以，学医可以，学文科不行，更不能研究越南的历史。这从反面来说明，亡国必定亡它的历史。日本政府官员多次参拜靖国神社，就是军国主义的爱国主义，不光是东条英机，凡是为国战死的都放在那里。所以爱国主义对于今天来说非常重要，决不可忽视。

为了我们国家的兴旺发达、繁荣昌盛，我们要加强爱国主义教育，特别是中小学生的爱国主义教育尤其重要。现在南京的中学生中知道南京大屠杀发生的地方的很少，甚至不知道，这怎么可以呢？日本广岛第二次世界大战中遭过原子弹的轰炸，他们让客人去参观，以受害者的身份，述说当时的历史。广岛死的人和南京死的人数差不多，南京死难的人是日本人跑到我们国家来，用刀砍杀的，日本广岛挨炸与南京大屠杀不属于同一性质，不可以类比。所以爱国主义不能不讲，教育好下一代，是百年大计。我觉得中小学的历史教科书爱国主义讲得不够。电影讲乾隆皇帝讲得多，可是当前的爱国主义讲得很少。希望爱国主义要抓紧、抓好，中学青少年更重要，21 世纪全靠他们了。

我们也有光荣的传统不能丢，有孔子、孟子、庄子、老子以及后来一系列科学家、文学家，多得很。同时也要放开眼光，外国也有一些他们的英雄人物，我们也要学习，也要知道，光看到我们也不行。我们中华民族是一个勤劳、勇敢的民族，可是外国（比如欧洲）也不都是懒惰、愚昧的，他们也有他们的长处。我们胸怀要大一点，真正放眼世界，走向世界，要吸收一切有价值的文化，为建设社会主义所用，这才是我们努力的方向。我从事教育这么多年，深感全国上下对人文科学、社会科学，没有放在足够重视的地位上，这个很危险。人文科学、社会科学，不像自然科学那么立竿见影，好像慢性病，潜伏期很长，不治它，也不至于当时要了命。正因为这样，所以大家更要及早引起注意，早点抓抓爱国主义，让国家立于不败之地。因为国际是非，最后的判断者是以综合国力来仲裁。以前尼克松回忆录上讲过，"国际条约的有效程度，就是看双方遵守的程度"。你遵守，就有效，不遵守，就无效。因为国家没它的上级机构，上面没人管它。一国之内可以守法，有最高法院、基层法院管着它。国际上没这个，国际法是个理论的东西，不能真正解决问题。"科教兴国"是我们的国策，是根本。"科教兴国"是真理。直到大家摆脱了愚昧，才能走向富强。愚昧怎么能够发展呢？过去我们工作中的许多失误，不就是无知造成的吗？不就是只顾眼前利益，不顾后果造成的吗？现代化需要各个方面努力才行。世界很复杂，个人的见识有限，谨以个人的感受跟大家交换一下意见，这些意见仅供参考。

·古代史论·

女皇的苦闷*

武则天算得上一位杰出的政治家。这里不提她是女政治家，因为，抛开性别不论，把秦汉以后的帝王排一排队，她也应当排在中间靠前一些的位置上。她在唐朝的地位应在唐玄宗之上。封建正统派史学家不喜欢女人当政，也还得承认她的"明察善断，当时英贤亦竞为之用"。相形之下，她的丈夫李治（高宗）却相当昏庸，多亏了这位内当家的协助，才使得唐太宗开创的基业得以继续开展。高宗与武后共治时期，当时社会上称他们夫妇为"二圣"，不无道理。

除了她与李治共掌天下的时期外，武则天独自掌权时间共二十三年。这期间，她统治着三千万人口的大帝国，高踞在权力的顶峰，富有天下，贵极人寰，但她也有权力达不到的领域，给她带来了极大的苦闷困惑，一直到逝世。

秦汉以后，中国即形成大一统的封建王朝，为了适应这个封建大国的需要，经历了若干世代的努力，建成了一套越来越

---

* 据《任继愈学术文化随笔》。原载《群言》1988 年第 4 期。曾收入《任继愈学术论著自选集》。

完整的"三纲"体系，它构成封建社会的核心。从天地万物，社会结构，政治秩序，家庭生活，人际关系，无不被纳入"三纲"体系。从董仲舒开始构造了天人感应，阴阳五行学说，创立"天尊地卑"，"阳贵阴贱"，天为阳，地为阴；君为阳，臣为阴；君为臣纲，父为子纲，夫为妻纲，男主外，女主内，这一系列的规范成了理所当然，不容怀疑的真理。

社会风气、社会舆论，形成了一堵无形的墙，像武则天这样有才略的皇帝，也难冲破它的包围。

据李商隐《宜都内人》记载：

> 武后篡既久，颇放纵，耽内习，不敬宗庙，四方日有叛逆，防豫不暇。时宜都内人以唾壶进，思有以谏。后坐帷下，倚檀机与语，与语问事。宜都内人曰："大家知古女卑于男邪？"

> 后曰："知。"

> 内人曰："古有女娲，亦不正是天子，佐伏羲理九州耳。后世娘姥有越出房阁断天下事者，皆不得其正，多是辅昏主，不然抱小儿。独大家革天姓，改去钗钏，袭服冠冕，符瑞日至，大臣不敢动，真天子也。然今内之弄臣狎人，朝夕进御者，久未摒去。妾疑此未当天意。"

> 后曰："何？"

> 内人曰："女，阴也，男，阳也。阳尊而阴卑，虽大家以阴事主天，然宜体取刚亢明烈，以销群阳。阳销，然后阴得志也。今狎弄日至，处大家夫宫尊位，其势阴求阳也。阳胜而阴亦微，不可久也。大家始今日能屏去男妾，独立天下，则阳之刚亢明烈，可有矣。如是过万万世，男子益削，女子益专，妾之愿在此。"

这位宜都内人的劝诫议论有多少真实性且不论，她在逻辑上确实陷于矛盾。武则天作为女人，就应属"阴"类；作为皇帝，她身居阳位应属"阳"类。她宠幸的狎人弄臣们分明是男人应属"阳"类，宜都内人把他们归于"阴"类。

面对这些矛盾，一时说不清楚，够武则天头痛的。武则天用她坚强的个性总算顶住了。比如武则天最早想当皇帝，有人劝阻她，认为从服装到行礼的仪式都有困难。妇女行礼，须敛衽、低眉、俯首，行女儿拜还是行男儿拜，曾引起争论。武则天用极大的勇气，抛弃钗钏，执大圭，袭袍服，祭天地宗庙时，自己为主献，儿子为亚献，完全采用男性天子的仪注。

最使她困惑为难的是皇位继承权的归属问题。武则天是李家的主妇，先当皇后，后当皇太后，亲生的儿子不姓武只能姓李。武则天当了皇帝，为武后先祖立七庙，硬把武氏的祖先追封为皇帝，她用行政命令办到了。企图把以男性为中心改成女性为中心的封建宗法制，社会不认可，就办不成。下一代皇帝姓武还是姓李，武则天对此无能为力。

大臣们（如狄仁杰）向她提出武氏子孙只能奉祀武氏的祖先，不可能给出嫁的姑奶奶立庙奉祀。这就是说，武则天如果一意孤行，背离了社会传统，她死后，她的灵魂将无立锥之地。深受封建传统文化教养，又有浓厚宗教迷信思想的武则天自然不甘心死了以后断了香火——不血食。

武则天在位期间，更换宰相人数最多，任用酷吏残杀亲生儿子，残害大批宗室、贵族，大臣数百家、杀戮宣布的罪名都是"谋反"，可见她虽在高位心里并不踏实。中国历代皇帝改元次数最多的也是武则天，从光宅元年（684）废太子为庐陵王起，她掌权期间二十多年间改元十七次①，从年号命名不难看出这位老年妇女心虚胆怯的一个侧面。她祈求天下不出乱子（如长寿、如意）求神佛保佑。

武则天雄才大略，有权势，但在男子为中心的封建社会却无法解除妇女的孤立处境。本领再大，也拗不过社会的大趋势。她有权决定天下百姓生死富贵，却无力实现其传位的意图②；贵为天子，富有四海，而无法克服其内心自卑和精神空虚。19世纪英国女王维多利亚也享有高寿，她统治时间也很长，在位期间也遇到不少麻烦事，但未曾遇到女人当国王不合法的指摘，这一点，她比武则天幸运得多。

说到底，英雄人物的本领再大也没有时代潮流的势力大。能善于顺应时代潮流，干一番力所能及的事业，就算英雄了。

---

①　武则天用过的年号有：光宅（684）、垂拱（685）、永昌（689）（十月为载初元年正月）、天授（690）、长寿（692）、如意（692）、延载（694）、天册万岁（695）、正月为证圣元年、万岁通天（696，腊月改万岁登封）、神功（697）、圣历（698）、久视（700）、大足（701）、长安（704）。

②　"太后春秋高，虑身后太子与诸武不相容，壬寅（702）命太子、相王、太平公主与武攸暨等为誓文，告天地于明堂，铭之铁券，藏于史馆"。（《资治通鉴》圣历二年）

中国古代宰相的职能 *

　　秦汉以来，中国已形成大一统的封建专制国家，它的主要职能是组织全国的农业生产，安定社会秩序。这样一个大国，统一政权要求政治上的高度集中。封建小农自然经济，它的特性则为极端分散。集中与分散的一对基本矛盾，贯串着中国秦汉以后两千年的历史。如何有效地协调其矛盾，也成了历代统治者的重大课题。主要负责人当然是处在统治最高层的皇帝和他的助手们（宰相）。

　　雄才大略的皇帝秦始皇，喜欢大权独揽，每天批阅定量文书（"以衡石量书"。阅读文件用秤称过，不到一定数量不休息）（见《史记·秦本纪》），虽设有宰相（秦称丞相），权力有限。这个办法并不太成功。秦亡，刘邦当皇帝，他注意选择文武统帅人才，给他们实权，经他选用的大臣宰相都很称职。刘邦在用人方面比秦始皇更高明，他与秦始皇比，更像个皇帝的样子。

　　汉初第一位宰相萧何，主要致力于建立规章制度。萧何不

---

　　* 据《任继愈学术文化随笔》。原载《群言》1989 年第 1 期。曾收入《任继愈学术论著自选集》。

愧为汉代第一名相，他抓住了国家政治建设的重点，建立法制。设有一套规章制度，光靠打天下时积累的那些经验，用打天下的办法来治天下，没有不偾事的①。秦朝用武力来征服六国，统一全国后，继续用武力震慑天下，很快失败，就是因为不懂得"逆取顺守"的道理。萧何等人制定的规章制度，今已不可详考，他的继任者曹参完全照他的规章去办，取得安定社会的效果，百姓歌之曰：

> 萧何为法，颟若画一；曹参代之，守而勿失。载其清静，民以宁一。

"萧规曹随"后世传为美谈。汉初天下初定，百姓需要休养生息，不好大喜功，不生事扰民，是当时唯一可行的治国方针。宰相抓住这个总政策，抓到了点子上，所以取得成功。人们称赞曹参不是称赞他"不干工作"，而是称赞他用少生事、少扰民作为施政方针，不干事就是干了最好的事，它符合社会发展的需要。

汉文帝平定诸吕，任用周勃、陈平为宰相。周勃为第一首相（右相），陈平为第二首相（左相）。有一天文帝问右丞相周勃：

> "天下一岁决狱几何？"

> 勃谢曰："不知。"

> 问"天下一岁钱谷出入几何？"

> 勃又谢曰："不知。"汗出沾背，愧不能对。

文帝又问左相陈平。

> 平曰："有主者。"

---

① "陆生时时前说称《诗》《书》。高帝骂之曰：'公居马上而得之，安事《诗》《书》？'陆生曰：'居马上得之，宁可以马上治之乎？'"（《史记》卷九十七）。

上曰："主者谓谁?"

平曰："陛下即问决狱，责廷尉，问钱谷，责治粟内史。"

上曰："苟各有主者，而君所主何事也?"

平谢曰："主臣。陛下不知其驽下，使待罪宰相。宰相者，上佐天子，理阴阳，顺四时，下育万物之宜，外镇抚四夷诸侯，内亲附百姓，使卿大夫各得任其职焉。"

孝文帝乃称善。①

所谓"理阴阳，顺四时"，即关心天时。因为小农经济社会生产只能靠天吃饭。皇帝和宰相的头等大事即农业生产，要关心自然灾害的发生和补救办法；对外要处理好邻国关系；对内要安抚百姓；选用各级官吏的适当人选。

从高帝建国，萧何、曹参为宰相到汉文帝，中间又过了几十年，国家仍然贯彻与民休息的政策，但随着社会的发展，需要积累更多一些的管理经验。因为当时的社会情况与汉初大乱之后，疮痍满目，社会残破的状况有所改善。陈平这些人，根据当时的情况，明确宰相与百官的职责，有见地，很高明。

古人这种认识，颇有岗位责任制的味道。中央到地方，分层管理，分层负责，人各有事，人各有责。这一领导方式，得到中央的认可，也应用到地方政府。后来汉武帝命汲黯为东海太守，"黯多病，卧闺阁不出，岁余，东海大治。"（《史记》卷一百二十）汲黯为治，"弘大体不拘文法"。作为太守，可以不管那些细小的事，只要掌握大原则（弘大体）就行了，不可能设想，该郡大小官吏都"卧闺阁不出"，如果那样，就不能达到"大治"的目的。

---

① 《史记》卷五十六，中华书局版。

东汉末，天下大乱，朝廷名存实亡，宰相也不能起什么作用。于是出现了三国鼎立的局面。

三国最有名的贤相，首推诸葛亮。他有才干，道德品行受人尊敬，西蜀在他的管理下，很有起色。他事必躬亲，不辞劳苦。"鞠躬尽瘁，死而后已"的作风，传为千古美谈。

史传记载，诸葛亮治蜀，管的事情太具体，太琐碎，应当交给下级人员办的事，他总感到不放心，大小事要亲自过问。作为一个国家的宰相，不敢放手用人，不敢分层放权，永远把自己摆在工作第一线。国家大事小事，一日万机，怎能照顾得周全？亲细务多了，顾大局就少了，将有害于国家的宏观管理；工作时间过长，休息时间就少了，必有害于身体健康。司马懿看透了诸葛亮的这个弱点，专和他打时间消耗战，坐待他劳悴以死。

中国是个小农经济的大国，个体农民的意识渗透到每一个阶层，小农意识的一般特点是眼光短浅，事必躬亲才放心。陈平的地位远不能和诸葛亮相提并论。陈平个人的历史比起诸葛亮来，也显得不怎么高贵，他曾遭到"受金、盗嫂"的指责。诸葛亮世代贵族，隆中高卧，一生清正廉洁，生活作风无可指责。但用宰相的职能和办事作风来衡量两人的高下，陈平管大事不管小事，诸葛亮大小事一齐抓，陈平更像个大国的宰相，诸葛亮的管理方法低了一个层次。陈平的时代人才辈出，宏大而不琐细，体现了汉代大一统的开国气象，给后代留下几百年活动的余地。诸葛亮逝世不久，蜀国后继无人，旋即灭亡。西汉的兴起，西蜀的灭亡，有多种因素，不是陈平、诸葛亮的责任。诸葛亮其人可敬，其志可嘉，其情可悯，其遭遇可悲，是个悲剧性的英雄人物。"出师未捷身先死，长使英雄泪满襟。"有的诗人把他比作萧（何）、曹（参），实际上他比不上萧、曹。后人崇敬他，怀念他，偏重同情他的悲壮遭遇，失败的英雄更能引起人们的关注。

封建社会后期，中央集权的势头越来越大，政府权力集中到皇帝一个人手上，宰相的制度也取消了。明清两代的内阁大臣成了皇帝身边起草文件的秘书班子，不再具有"佐天子理阴阳、顺四时"的职能。明中叶，有个张居正，主持中央政府十几年，很有成绩，明代名将戚继光是在他的全力支持下，才得以成功，全国吏治整顿也有成效，真做到令行、禁止。这是在皇帝年幼、太后委托信任的特殊条件下有所成就的。太后死了，小皇帝长大了，发泄了对这位"张先生"积压了多年的宿怨，张居正死后遭到抄家问罪的报复。明清内阁大臣，不都是低能，而内阁大臣不具有汉唐宰相的职能，因而无所作为。如明朝内阁首辅严嵩，多年当政，势力显赫，但每次皇帝召见他进宫，见到宫中的小太监，连忙打躬作揖，奴颜婢膝不像个宰相的样子。

清朝末年，曾国藩、左宗棠、李鸿章，拥有内阁头衔，打太平天国、打捻军，平定新疆内乱，有职有权，那是因为朝廷自顾不暇，只好放手让他们干，等到天下粗定，大权又收回到皇帝手中。曾国藩按照朝廷的指示，屈辱地处理了天津教案；李鸿章奉命签订卖国条约。封建社会后期，朝廷统治力量越脆弱，越不敢放权，结果皇帝真成了孤家寡人，孤零零地在宝座上发号施令。

辛亥革命，才结束了高度集中统治的局面。

皇帝个人统治的不断加强，说到底，是中国大一统的封建小农经济的产物。因为要维持一统，就要高度集中。尽管社会内部孕育着新的生产关系的萌芽，必然遭到政治扼杀。中国在明中叶，在世界大国行列中开始落后，主要原因是政治上君主高度集权，思想上是儒教统治，禁锢科学思想、民主思想的结果。

明以后的内阁大臣，当然没有萧何、曹参、陈平那样的揽大纲，佐理阴阳的作为。连亲细务，忙忙碌碌的诸葛亮型的作风也几乎绝迹。其中绝大多数利用他们便于接近皇帝的特殊地位，为父祖三代谋封赠，封妻荫子，为子孙置田产，身为大官，实为市侩，更不值一提。

中国古代的宦官与君主专制*

从秦汉开始，在这块土地面积约相当于欧洲的东亚大陆上建成大一统的王朝。由中央直接发号施令，真正做到车同轨、书同文、行同伦，地方政府官吏任命，财政收入，都由中央支配。分封的一些世袭贵族，按规定只有食俸的特权，却没有地方财政、人事权。这是从政治管理方面说的。其经济结构，则是一家一户为生产单位和消费单位的小农经济。小农经济的特点是封闭型的，是个体的、分散的，商品交换范围很小。政治上的高度集中，经济上的极端分散，构成贯彻中国封建社会历史的一对矛盾。政府要维持统治，要不断加强中央集权统治职能；小农经济的本性则不喜欢政府过多干涉。这两者的关系协调得好，就算太平盛世。太平盛世的涵义，就是中央政府正常发挥其统一的职能，令行禁止；小农经济有发展的机会，家给人足。这种盛世历史上不经常出现。

中国历史上的"宦官之祸"共有过三次，第一次在东汉，第二次在唐朝，第三次在明朝。中央政府专政的职能从秦汉以后，在不断加强。汉朝宰相权力相当大，三公与皇帝坐而论

---

　　* 据《任继愈学术文化随笔》。原载《群言》1989 年第 11 期。

道。西汉时，宰相可以管得住宦官。东汉时，政治体制基本上继承了西汉，但东汉皇帝家族可能由于什么遗传原因，出现了不少短命皇帝。小皇帝当政，是个不懂事的孩子，中央大权不得不由母后代管。青年母后没有多少行政能力，习惯地援引自己娘家弟兄协助管理国家，史书上称之为外戚干政。小皇帝长大后，不甘心当傀儡，便联合宦官驱逐外戚，新旧皇帝不断更换，外戚一茬一茬地改换，而宦官却长住宫内，其人员组成变动不大，于是宦官这个集团形成一种顽固的势力。宦官必须假借皇帝名义发号施令。宦官的权力是中国大一统局面出现后，中央权力加强的现象。

第二次宦官之祸，在唐中叶以后，持续到唐朝灭亡。安史之乱以前，唐朝政治基本稳定，中央与地方的矛盾协调得比较好。安史之乱以后，地方割据势力抬头，中央政府无法控制。玄宗以后，历代皇帝都力图加强中央政府的权力，恢复变乱以前的局面。肃宗、代宗、德宗并不像传说的那样昏庸无能。他们祖孙几代人不断努力，加强中央集权，先是太监代表皇帝监视军队的调动、指挥，后来发现地方军队难以完全信赖，开始由皇帝直接培植军队（即左右神策军）。皇帝有了自己指挥的军队即可稳定中央政权，震慑地方割据势力。唐朝的宦官有权有势有军队，比东汉的宦官的势力更大了。但宦官内部也有权力的斗争。大宦官有权有势，他们的权势有时威胁到皇帝的号令，皇帝不甘心受宦官的摆布，往往利用宦官内部矛盾，利用不掌权的小宦官除掉权高震主的大宦官，程元振、李辅国、鱼朝恩等掌握兵权的宦官都是由皇帝除掉的。皇帝在位时间总比宦官在宫内时间短，有的小皇帝是在宦官照料下长大的。宦官最能吃透皇帝的偏好、习性和性格弱点，这往往被宦官所利用。有一次唐文宗问大臣，他像古代的哪些皇帝？大臣说，他是尧舜之君。文宗说，他可以和汉献帝相比，甚至还不如汉献帝。汉献帝受制于权臣，而他却受制于家奴。

宦官们为了保住自己这集团的特权，也不断总结经验，传授给他们的同党。大宦官仇士良掌权多年，唐武宗不喜欢他，让他退休（致仕）。他的党徒把他送归私第，士良教以固权之术曰：

> 天子不可令闲，常宜以奢靡娱其耳目，使日新月盛，无暇更及他事，然后吾辈可以得志。慎勿使之读书，亲近儒生。彼见前代兴亡，心知忧惧，则吾辈疏斥矣。[1]

也有时宦官发现皇帝要罢黜他们，他们就先下手对付皇帝。唐朝皇帝被宦官暗害的竟有好几起，直到唐朝灭亡，宦官一直依附在皇权这棵大树上，最后与大树同归于尽。

汉朝宦官专权起于东汉中叶，唐朝宦官专权起于安史乱后，都在该朝代中期以后。明朝除明太祖时明令宦官不得干政外，到了第二代朱棣即皇帝位，宦官即参与政治。明朝皇帝比前朝皇帝权力更大，更集中。明太祖后期，为了把权力更加集中，不设宰相而建立内阁，内阁大臣只能为皇帝草拟诏令，而没有行政权。中央政权高度集中的制度，是从明朝开始的。过分集中的权力如不能善于运用，再遇到低能、昏庸的皇帝，宦官的权力就不受约束了。皇帝权力有多大，宦官的权力就有多大。明朝宦官不但可以盗用行政权，还拥有司法权。明朝设东厂、西厂、内厂，是皇帝特设的刑庭，既司征察，又主刑狱，权力大于刑部。遇有战事，太监出任监军，胜则争功，败则诿过。明朝打了许多败仗，多与宦官监军制度有关。

用宦官在宫廷内供驱使，中外都有过。宦官干大政，则是

---

[1] 《资治通鉴》，中华书局版，7985页。

中国的特产。中国大一统的封建社会，中央政权要有高度集中，否则就不能统一。历史表明，中国的封建政权是越来越集中，越来越专制的，到明清两朝达到顶点。最高权力掌有者是皇帝。皇帝也是人，有英明的，有平庸的，有品质低劣的，也有早年英明晚年昏聩的，如开元盛世、天宝乱世都是同一个唐玄宗的业绩。英明皇帝可利用高度集中的权力办些好事，如抵御外来侵略，平定内乱，兴修跨省区的大型水利，运用国家权力救灾荒，以丰补歉等，只有大一统的国家才能发挥出这些优势。有了大权办起坏事来，比不集中统一的后果也更严重。

宦官干政，是中央集权体制伴生的一种病变。发生在三个朝代的宦官集团，都是多年发展起来，盘根错节，难以根除。汉、唐宦官病变都是用外来力量杀绝的，明朝的宦官被永历皇帝带到了缅甸，与明朝共终始。防止宦官弄权，运用得好，可以适当限制其恶性发展，但不能根绝。宋朝、清朝宦官的权力不算大，但也利用其亲近皇帝的特殊地位干了一些坏事。封建社会的地方各级政府高级官吏虽身边没有宦官，却也有亲信干政、小书吏管大事的现象，窃权弄权，违法干纪的事屡见不鲜。这种封建社会的病毒，流毒深远，靠封建制度自身是无法制约的。

曹参、班超离任时对继任者的嘱托*

史书记载，曹参在齐国为相，听说萧何病逝，便促使家人准备行装，说他将入朝替补萧何的丞相遗缺。不几天，朝廷果然下了诏书，命曹参接任丞相。从这里可以看出当年随同刘邦打天下的丰沛集团之间有较深的默契，西汉开国时君臣之间是团结的①曹参临行前对继任者说，"以齐狱市为寄，慎勿忧也"。狱市是齐国都城内的一处集贸市场。按常情，曹参临行前，应当交代一些重大的方针政策，或急需要办的重大事项，曹参却特别叮嘱要好好维持狱市集贸市场。集贸市场内流品混杂，难免有招摇撞骗，投机取巧者溷迹其间。为维持社会稳定，应当取缔；曹参不但不取缔，反倒维持它，这是为什么？

另一个例子是东汉时驻守西域的大臣班超，因年老多病，七十岁时，请求调回内地，朝廷批准了他的请求，派年富力强的任尚去接替他为都护。任尚向班超请教关于守土治民的经验。班超告诉任尚，要"荡佚简易，宽小过，总大纲而已"。

---

① 刘邦取得政权后曾杀过不少功臣，如韩信、彭越等，那是中途结识的同路人，刘邦不放心他们，对张良刘邦也未必放心，丰沛小同乡，是刘邦的核心力量，他们之间是团结的。这也是小农意识的表现。

班超的经验可以归纳为六个字——"宽小过，总大纲"。任尚听了很失望，说"我以班君当有奇策，今所言平平耳"。

上述两例的主角都是两汉有名的人物，两人都是能征善战的猛将，后来由治军转而治民，两人的战功和治绩都很卓著，韬略很不一般。可是他们离任时对继任者的嘱托却显得很平常。曹参关注的是齐都的狱市，班超关照继任者不要计较当地百姓的小过失。似乎有点轻重不分。

千百年后，我们客观地评论这两件事，却可以说他们的见解相当高明。曹参的嘱托，想必后继者照办了，齐国的治安没有出现什么麻烦①，班超的后继者没有照办，果然引起地方的动乱，连班超经营了多年的成绩也给断送了。

曹参、班超两人见解可贵的地方，在于他们能从全局着眼，不局限眼前小是小非。在小农经济的封建社会，视野难免狭隘，重视局部，往往缺乏全局观点，没有远见。贪近利而伤害远图。曹参允许在狱市这块小范围内给少数不逞之徒留一个活动地盘，正是为了在齐国全境保持更广泛的安定。班超不计较当地百姓的小过失，正是为了维护整个西域的秩序稳定。汉代开国时建立的治国指导思想是"黄老之术"。一般认为黄老之术是"无为而治"，这是不错的。人们往往只重视了"无为"的一方面而忽视了"而治"的一方面。黄老与刑名二者是并存整套治术。黄老之术与刑名之治不能割裂，二者割裂，就不是黄老之学，非引起天下大乱不可。曹参给齐国保存着一处狱市，等于在国内设置了一个安全阀门，不使完全密闭，免得一旦失控引起爆炸。

---

① 后来吴楚七国之乱，齐国也受到牵连，那是后来的事，与曹参治齐没有关系。

班超的经验看似平平，却又是安定西域的奇策。如果过于烦琐、苛细，管得过死，难免出乱子。班超的六字诀（宽小过，总大纲）是他 30 年治民的经验，可惜任尚没有听进去，后来果然出了乱子。

后人多称道汉朝建国有恢宏、广大的气概。所谓恢宏、广大，说到底就是视野开阔，有全局观点。就是说，在小农经济占统治地位的时代，能摆脱小生产者的狭隘眼光的局限。这里所谓摆脱，只是相对地说，完全摆脱小生产者的局限，在古代是不可能的。

论韩愈的历史地位 *

——陈著《韩愈诗文系年》序

　　古今历史人物，其功业足以不朽者，大致可分两种类型。一种是代表旧时代的结束者，一种是代表新阶段的开拓者。像诸葛亮、文天祥、近代的章太炎、西方的黑格尔属于前者；像屈原、司马迁，近代的孙中山、鲁迅，西方的马克思属于后者。他们的业绩都足以传世不朽。韩愈也是我国历史上不朽的人物之一，他的功绩在于开拓新阶段。

　　安史乱后，人心厌乱，客观上要求有一个强有力的中央政府，要求消灭地方割据势力。唐以后的历史发展证明，中国社会正是沿着这一条道路前进的。韩愈所提倡的排佛、古文运动、创立道统说，与社会发展、文学发展和哲学发展的总趋势符合。我们不能说后来的文学家、政治家、哲学家读了韩愈的

　　* 原载《任继愈学术论著自选集》。陈克明《韩愈诗文系年》，巴蜀书社，1999 年版。

书，才这样去做的，这里只是指出，韩愈的许多主张，符合历史潮流。韩愈的历史地位，宋以后被抬高。韩愈的著作，在宋以后越来越引起学术界的兴趣。韩愈还是那个韩愈，何以宋以后声价大增？这不能从韩愈本身找原因，只能从社会历史中找原因。韩愈是宋代哲学、文学界的先驱，他赢得宋人对他崇拜，是理所当然的。

一 排佛

韩愈排佛是他的一贯主张。他的《谏迎佛骨表》，由于措辞激烈，不避忌讳，给他招来一场灾难。韩愈排佛的理由都是前人已讲过的，没有比南北朝人更多的新见解。陈寅恪先生认为韩愈反对佛教，重点在于反对道教，道教在唐朝为患更甚于佛教。韩愈虽未公开指斥道教，实际上也抨击了道教。这是陈先生的新解释。如果我们作更进一步的探索，我们还会发现韩愈排佛教、道教，还包含反对藩镇割据以加强中央集权的意义在内。

考察韩愈排佛，不应局限于排佛的文章的字句，更要注意排佛这一行动在当时社会环境下所起的作用。《礼运·大同》是在汉代提出来的学说。清末康有为变法，重新提出"大同"理想，撰写了《大同书》。康有为的《大同书》与《礼运·大同》思想大不一样。再比如"实事求是"这是我国古代成语，中国马克思主义者拿来为唯物主义认识论作注解，很恰当。"实事求是"对今天的中国共产党并不是一个新口号，因为已在党内讲了几十年。粉碎"四人帮"以后，党中央重新提出"实事求是"的口号，号召人们从两个"凡是"的桎梏中解放出来，打破他们的教条主义、造神主义。旧口号有了新内容，以今例古，其理不殊。

安史乱后，唐朝藩镇割据，中央政令不能在割据地区贯彻，韩愈提出排佛，目的在于维护中国封建传统文化。他从维护封建传统的立场，指斥佛教是"夷狄"之教。因为它败坏了中国传统文化（即封建文化）的纲常名教，破坏君臣、父子、夫妇的伦常，逃避了臣民的纳税服役的义务。照韩愈这个理论来衡量，当时败坏纲常名教、背离君臣大义、不为朝廷国家尽纳税服役义务的，除了佛教、道教以外，还有割据国土的藩镇军阀。他们破坏封建纲常名教，没有履行臣对君的义务。藩镇割据地方政权实行的也是"夷狄之道"。

韩愈的政治主张与他的排佛一样明确，他坚决主张削平藩镇，维护中央集权。裴度平淮西取得胜利，韩愈为之欢呼、歌颂。为了说服地方割据势力，韩愈不惜冒生命危险，与地方军阀开展面对面的辩论。可惜唐朝这个小中兴的局面没有维持多久，唐宪宗因服道士药中毒而死，唐王朝权力落在历代宦官手中，再也没有振作起来。

中国历史表明，巩固中央集权，消除割据势力，已成为唐末历宋、元、明、清的一贯发展趋势。韩愈中央集权的政治主张，在当时由于主客观条件不具备，没有做到，经过多年的努力，宋朝做到了。宋以后未曾出现过地方割据政权。与宋朝并存的有夏、辽、金诸王朝，都是独立的主权国家，不是分裂中央政权、闹独立的地方政权，与唐末藩镇割据政权的性质不同。宋以后，再未出现过地方割据政权，对今天来说，这也是相沿千年之久的中华民族的一份宝贵遗产。

二　古文运动

文学，是社会活动的一面镜子，它对社会生活有反映、描述、评论、宣传多种功能，文学与社会生活相终始，社会不停地前进、发展、创新。社会在前进，文学也在前进。文学如同长江大河，上游水系不断增加进来，增益、丰富、充实着旧水系，而不是加入了新水系旧水系即停止流动。我国最早的文学创作《诗经》多采四言形式，后来五言、七言兴起，丰富了表达方式，而四言诗并未废除。律诗起于古诗以后，当时号为近体诗。近体诗盛行，古体诗并未废除。辞赋起于战国，盛行于两汉，但辞赋经历了两千年之久，直到明清并未消亡。文化变革不同于政权更替。新政权建立之日即旧政权灭亡之时，文化则不能割断，新文化都是在旧文化的基础上产生的。

文学是文化的一个分支。韩愈提倡古文运动，扩大了古文的运用范围，使古文进入文坛，受到社会重视。古文上台，并不意味着骈文下台。唐、宋古文盛行，骈文一直是官方通用文体，凡政府公告、国家任免官吏、官僚政绩考评，甚至一般社交函札，仍用骈体。韩愈的功绩并不是打倒骈文，而在于运用文学本身的魅力，扩大了文学表现领域。

韩愈把散文这个文学工具，运用得出神入化，得心应手，用于墓志碑铭，文辞简稚；用于写事状物，能尽传神之妙；用于发抒胸臆，能无所不达；用于日常生活小品、杂文，能生动活泼，嬉笑怒骂，涉手成趣。他的《进学解》亦庄亦谐，《杂说》以小喻大，《毛颖传》寓苍凉于滑稽，当时有人不理解他，说他太不严肃。其实这是对韩愈的误解。韩愈的散文刚健清新而自然，"唯陈言之务去"，却不留斧凿痕，举重若轻。苏轼也是文学巨匠，而苏轼不免有文人夸大虚浮之气，这一点朱熹早已指出过。

除了散文以外，韩愈的诗也独辟蹊径。韩愈"以文为诗"，古今论者或以为功，或以为过。是功是过，这里不作评论。"以文为诗"，应当认为这是韩愈的特点。他打破了诗只限于抒情的旧传统，拓展诗的表现范围，这是事实。学术界一般认为唐诗宏阔，朱诗深沉。从认识史的角度来看，由宏阔到深沉，是一个发展，表明诗在前进。这一变革，不是一朝一夕之功，也不是一手一足之劳，而是靠众多作家，共同努力，顺着文学发展趋势推动促成的。众多推动者中，韩愈是重要的一员。

天地之大，品类之繁，世态变幻而恢诡，在韩愈眼下，没有不可以入文的，也没有不可以入诗的。语言这个文学工具，简直被韩愈用活了，竟做到无往而不适，无事而不宜。杜甫为诗，超逸绝伦，无愧于诗圣，但杜甫的散文的确不算高明，有时显得很不通顺。说到驾驭语言的功力，韩愈堪称超逸绝伦。

有人说韩愈诗风偏于险怪，认为这是韩愈自以为无法超过李白、杜甫，才力图以险怪取胜。这种评论是不解韩愈，也低估了韩愈的文品。

文学的价值，在于能够通过形象思维，揭示社会现象的本质，要求作家不但有语言技巧，更要看作家对现实生活的感受及理解的深度。照这个标准来衡量韩愈的文学造诣，试把韩愈排在古代伟大作家的行列里比一比，韩愈比先秦诸子、屈原、司马迁、李白、杜甫稍逊。韩愈的文学造诣仍应属上品。

评价历史人物，既要看他在本学科领域中所起的作用，又要看他本人的学术造诣，历史作用和作家本人的造诣，有时一致，有时不一致，不完全是一回事。韩愈的历史地位，有他开创新局面、推动学术发展的功劳，也有他创作的功劳。前者的功绩更大一些，因为他为后世开了风气。

三 建立道统说

韩愈在《原道》中提出了尧、舜、禹、汤、文、武、周公、孔、孟，古代圣人历代相传的道统理论。道统说的提出是针对佛教而提出的。佛教道统说的建立、推广、流行，起于隋唐，盛行于安史之乱以后。隋唐佛教建立了各大宗派，各派有自己所依据的根本经典（比如华严宗依《华严经》；天台宗依《法华经》），对所依据的根本经典各宗派有自己的解释，师徒世代相传，出现了解经的章句之学（如《法华文句》等）。这种风气颇似汉代经学、经师相传授的章句之学，我称之为"佛教经学"。"佛教经学"与佛教道统说、佛教宗派的建立，是同一事实在不同方面的表现。佛教各宗派都标榜自己得到释迦的真传。找小到文字根据的，则自称是得到"教外别传""佛祖心传"，总之，都自称是佛教正宗。除教义上争正统，还在传法世系上来证明。自己的宗派有渊源，是正统佛教。

安史乱后，佛教寺院经济遭到不同程度的破坏，僧众避乱，流动较大，经典散佚，有的毁于战火。各宗派为了保持自己宗派的纯洁性，更有强调传法世系的必要。如神会和尚在滑台召开的"南宗定是非论"，就是一次声势很大的法统之争，也就是佛教宗派中的"道统"之争。

韩愈的道统论，为后来儒教正式建立后的道统论奠定了基础。陈寅恪先生《论韩愈》中指出，韩愈的道统论受佛教的启发，乃不刊之论。陈先生根据的理由是韩愈少年颖悟，随兄在岭南，在禅宗流行地区，必受禅宗影响。韩愈少年颖悟，对社会思潮有感应，自不待言。我们还应看到隋唐时期佛教势力最大、影响深远的地区，并不在岭南，而在中原。早在南北朝时期，禅宗已盛行于嵩洛。安史乱后，中原地区佛教宗派之间的道统之争较偏远地区更加激烈。滑台之会，就发生在中原。当年惠能求法，在岭南无师可投，才奔赴湖北。韩愈生长于中原，当时佛教思潮弥漫于朝野上下，其影响不限于岭南一隅；长安、洛阳佛教宗派林立，不止禅宗一家。上有帝王、贵族提倡，下有百姓群众景从，佛道儒三家鼎立，各立门户，互争高低，构成隋唐思想界的总形势。

儒家在政治上占优势，其哲学思想、思辨分析，不及佛教深刻；业报轮回、三世因果之说，积数百年的宣传，已深入人心。儒家为了在三教中争取领导地位，力图论证儒教源远流长，得圣人真传，又由于受到佛教建立法统的启发，于是建立自己的道统论。

再进一步探本溯源，问一问佛教法统论又是从哪里来的？我看佛教各宗谱牒相传，以嫡系自诩，并非出自佛教自身，而是受了魏晋以来门阀士族谱系之学影响，世间法影响到出世间法的结果。纵览天竺佛书及有关释迦及部派传记，他们一向缺乏时间观念，也没有一代一代严格记录的习惯。而中国魏晋南北朝时期，门阀士族的家族出身，关系到这个士族成员社会声望及政治升降。谱牒之学，在南朝成为显学。政府任命官员，必以族谱渊源为根据。伪造族谱者，置以重典。宗教号称出世，出世的宗教一刻也离不开世间。佛教的传法世系，所谓法统说，正是当时门阀士族世间法在出世间法的反映。

韩愈把世间封建宗法家族谱系学，移植为学术承传的学术谱系学——道统论。道统论形成后，再与封建宗法的政治承传关系相结合，于是儒家政治上的正统与儒家学术上的道统结合起来。韩愈在这一方面给儒家立了大功。

三教鼎立时期，社会上流传着"儒以治世，佛以治心"之类的儒佛分工论。意思是说，儒教有治世的功能，佛教有感化人心的功能，说到心性修养之学，还得仰仗佛教。儒家为了夺取思想阵地，在治世这个功能之外，还要发挥"治心"的功能。道统说的实际意义，在于为儒家张目，宣布儒家不止有治世之术，儒家还兼有心性修养功夫，它有深远的思想渊源，它继承了尧、舜、禹、汤、文、武、周公、孔、孟学术嫡传正宗。道统说的建立，意味着把天下一切学术（道）都纳入儒家门下。道统说，发端于唐代韩愈，完成于宋代朱熹。朱熹接着韩愈指示的方向走到底。

解放后，对韩愈的研究开展得不多，对韩愈的评价也欠公允，粉碎"四人帮"以后，纠正了学术界极"左"倾向，贯彻了实事求是的学风，学术界出现了新气象，沉寂的学术界活跃起来。研究韩愈的专著不下十种。陈克明同志《韩愈诗文系年》是值得向广大读者推荐的一部专著。它为研究者提供了可信的背景资料，对今后研究者无疑提供了方便。

陈克明同志在中国社会科学院哲学研究所从事中国哲学史研究垂三十年。对古典文献整理工作有较深的素养，他通义理之学又好辞章之学。凭他的知识积累和勤奋的治学精神，写成了《韩愈诗文系年》，对今后研究者提供了方便。《系年》的优点，一是详备，二是谨严。凡前人及时贤的成果可采取者，尽量吸收，以期详备；诗文创作的时间一时难以确定的，存而不断，以待后人。这两个优点，整理其他古籍也同样值得推广。

若干年来，学术界有一种风气，认为资料整理不算创造性的研究，写论文才算创造性的研究。有人把夸夸其谈当作了创造性。不务实，不从第一手材料入手，那样的"创造性"经不起风雨，不值得提倡。

　　研究韩愈，现在刚刚开始，在文献资料整理取得大面积丰收之后，才可能产生高质量的创造性的研究成果。鄙薄资料工作，妄图一举写出创造性的著作，那是空想，盼望继《韩愈诗文系年》之后，对一些重要作家，写出大量有分量的著作，为后人提供资料，铺平道路，我国今后的学术大繁荣就有了指望。

武圣孙武[*]

　　文化发展的过程，标志着人类社会思维逐步前进的过程，它要通过某些领域的代表人物表现出来。这些代表人物曾经站在该时代人类认识的最前列，体现了当时人类思想的高度，把人类认识推到一个新的水平，从而奠定了他们在人类文化史上的地位。

　　文化遗产之所以宝贵，受重视，因为它是前人用极高代价换来的。哲学遗产是人类克服大量错误认识，走过许多弯路取得的；医学遗产是积累众多临床实践，用无数患者的痛苦和生死代价换来的；军事科学遗产是总结无数实战经验（小者为战役的得失，大者为国家的兴亡）得来的，也可以说是用鲜血和生命换来的。

　　孙武是春秋时期的天才军事家，善于总结古今实战经验的理论家。他活动在春秋时期，正是中国古代社会结构解体，向新的发展阶段转化的时期。以周天子为共主的金字塔式的等级秩序解体，各诸侯国争相扩充势力，天子的号令不起作用。国际出现了以力量角胜负的兼并战争，战争的规模逐渐扩大，并

　　＊　据《任继愈学术文化随笔》。原载《孙子学刊》1992 年第 1 期。

172

且越演越烈。战胜者乘机扩充领土，战败者身死国灭，如何应付日益频繁的兼并战争，已成为各诸侯国的贵族们共同关心、无可回避的问题。各诸侯国，即使不谋求兼并他国，至少也要有能力防止被他国兼并。

商周以来，统治者认为"国之大事，在祀与戎"。春秋时期，鬼神主宰吉凶的信仰有所减弱，相信占卜决定国运的逐渐减少，祭祀的地位相对衰弱，相信武力决定国运的逐渐加强，战争的作用越来越被看重，已形成时代思潮。孔子一生重视教育，提倡文治，墨子宣传兼爱，反对战争，但孔、墨两家对于军事科学都予以相当关注，孔、墨两家都曾培养出能文能武的人才。由于儒、墨两家各有自己的哲学体系，重点不在战争，所以儒家、墨家没有发展出用兵作战的理论，这一任务由孙武完成。

西周灭亡，王室的礼器文献丧失殆尽，文化中心已不在东迁以后的周王都城。韩宣子、吴季札访问鲁国，都赞叹"周礼尽在鲁矣"。实际上的文化中心转移到广大齐鲁地区。管子、晏子、孔子、孙武、墨子、公输般，都涌现于齐鲁。孙子的传统，如果往上推寻，可以追溯到管仲学派。管子把农业生产组织和军事战争组织相结合，合耕战为一体。

《孙子兵法》产生在齐鲁文化先进的环境下，虽然以兵书的面貌呈现于学术界，但它受过儒、墨传统文化的熏陶，又吸收齐文化的滋养（孙武故乡，在今广饶，为古齐地），因而视野开阔，立论深宏，开一代宗师规模，远远超出就军事言军事的兵家著作的专业范围。

由于《孙子兵法》规模宏远，它不同于一般的兵书，其思想方法已进入哲学领域。1961年，我们编写大学用的中国哲学史教科书时，为《孙子兵法》一书设有专章，集中讨论该书的军事辩证法思想，《孙子兵法》开始引进大学哲学的课堂。书中指出《孙子兵法》中的朴素唯物论和军事辩证法思想的丰富内容不局限于战争这一社会现象，在认识论、方法论上也具有一般哲学意义。它自觉地运用辩证法思想和从唯物主义观点去观察战争，是在哲学世界观指导下进行的。它是辩证法的发展、深化，涵摄范围比老子狭窄，但精密和明确程度则有所提高。老子认为柔弱胜刚强是无条件的，《孙子兵法》进一步指出，在没有转化的条件之前，弱还是弱，不是强；在没有转化的条件之下，弱不能胜强。因此，在战争中，要避免"以少合众，以弱击强"（《地形篇》），否则就会招致失败。《孙子兵法》提出"兵无常势，水无常形，能因敌变化而取胜者谓之神"（《虚实篇》）。此外，发挥主动性、争取主动的思想也有胜过老子消极被动的地方，如"善战者致人而不致于人"（《虚实篇》）。"善攻者，敌不知其所守；善守者，敌不知其所攻"（《虚实篇》）。充分发挥人的能动作用，才会"以迂为直，以患为利"（《军争篇》），变不利条件为有利。他避免了老子辩证法哲学看不到主观能动作用的缺点，达到比较深刻的结论。

《孙子兵法》说："知己知彼，百战不殆；知地知天，胜乃可全"（《地形篇》），不但是用兵作战的真理，体现了唯物主义认识论反映论的精神，也体现了从矛盾双方的特点去认识事物的辩证法思想。还要指出，古人的认识论，不可避免地受到历史和阶级的局限，所达到的高度不能不受朴素的自发的辩证法可能达到的高度的局限。他看到战争与政治、经济有密切关系，但没有分清战争与经济是什么关系，比如"战争是政治的继续"这样深刻的认识，《孙子兵法》是无法企及的。儒、墨两家都指出战争有正义与非正义的原则区别，正义的战争应当支持，不正义的战争应当反对。《孙子兵法》看不出有这样的认识。由于剥削阶级的局限，孔子、老子都有愚民政策，孔子的"民可使由之，不可使知之"，老子的"民之难治以其智多"，《孙子兵法》也有愚兵政策，如"置之死地而后生"，对兵士采取迫胁手段。他看到战争不宜旷日持久，主张速决，这与当时侵略、兼并的形势有关，却不能理解战役的速决和战略的持久的辩证关系，它只看到将帅在战争中的作用，看不到人民群众对战争的作用。这一点，比他稍后的孟子、荀子都比《孙子兵法》有更深刻的见解。如孟子、荀子都提出过，正义的战争，得到人民的支持，以落后的武器装备可以战胜有先进装备的军队等有价值的理论。

正是因为《孙子兵法》没有深层次地认识战争，不能区分正义战争与非正义战争，才有战国时期受聘用的职业兵家专门为人带兵打仗。当代人不但用《孙子兵法》的一些原则指导用兵，还有用来指导商业竞争和企业管理，指导体育比赛，也经常收到奇效。

我国用历史唯物主义观点来研究《孙子兵法》，是在新中国建立以后的事。这一领域有待于进一步开发的问题还很多，大有发展的余地。

中国古代尊奉的有文武圣人。文圣人孔子，已有定论。武圣人有两位，一是蜀汉名将关羽，一是民族英雄岳飞。"圣人"是中国古代社会人们对一个人的最高品格评价。关、岳两人，各领风骚千百年。中国历代名将中，其业绩、品格和关羽、岳飞不相上下的还有不少，关羽、岳飞都有各自的不足之处。从古代军事科学领域推出杰出代表人物，以品格、理论造诣及对后世的深远影响而论，数千年来孙武一人而已。武圣人的称号，只有孙武当之无愧。

中华民族的青年时代 *

中华民族有文字可考的历史有五千年以上。中华民族的文化与世界接触，始于汉，盛于唐。通过丝绸之路联结了欧亚大陆，中国汉、唐开展了国际交流，世界从此认识了中国，同时中国也了解了世界。汉以后，由于中原地区的民族关系没有理顺，影响了中外文化正常交流。唐朝结束了南北朝长期对立的局面，实现了中国的重新统一，中华文化迎来了第二次发展高潮。

汉、唐都是多民族共处的统一大国。各民族在统一大国的组织下，各得其所，人民富足，社会安定。中国古代人口第一次超过五千万是在汉朝，第二次超过五千万是在唐朝。地广人稀的古代中国，人口繁庶是综合国力的主要标志。在多民族统一政权管理下，有效地兴修水利，防治水害；统一政权下可以集中全国人力、物力从事大规模的物质建设和文化建设工程，集中全国专家编辑大型典籍；统一政权下可以调动全国力量抵御外来侵略，有效地保护人民的安全生产。安定统一的大国必

---

* 据《竹影集》。原为《全唐诗大辞典》（山西人民出版社，1992 年版）序。

然带来生产发展、科技进步和文化的繁荣。

汉、唐以来中国逐渐形成共同的文化传统，共同的心理状态，共同的风俗习惯、生活方式，共同的语言文字（政府统一的官方文书用汉字），共同的价值观，从而形成中华民族的文化共同体。与世界各国相比，它善于包容，善于吸取不同民族的优秀文化，变成自己文化的组成部分。从服食、器用、建筑艺术、文化生活，以至语言词汇，随处表现出多民族统一大国的风范。

诗歌文学是社会生活的反映。隋唐统一南北朝，在经济方面由国家颁布《五经正义》作为全国统一教材。南朝学风清通简要，文采流丽；北朝学风朴实，具有北方民族的刚健清新之气。在统一政权下，南北学风融铸成唐文化的新风貌。

唐朝士人多能驰马、击剑，即席起舞，饮酒赋诗，呈现出热爱生活，乐观开朗，富有朝气，对事物有新鲜感，敢哭敢笑，喜功名，不讳言追求富贵，不隐瞒自己的真实思想，发为吟咏，顺乎性情。中华民族豪迈、坦荡、健康进取的精神，在唐人诗歌中体现得比较充分。如果把中华民族比作一个人，唐代的中国正像朝气蓬勃的青少年，有点任性，不谙世故，带有某些天真和率真。

唐诗之所以不朽，就在于它正视生活，充满自信，反映了中华民族青年有为、刚健向上的精神面貌。写丧乱流离，而不消沉绝望；写挚友离别，充满豪情而不显得颓丧；写塞外荒寒，而显得不萧瑟惨淡；写男女相思而不流于轻薄柔靡。万家传唱的《长恨歌》，读者一望而知指的是唐玄宗。社会上不责备作者"不为尊者讳"，朝廷也不追究作者"诽谤先皇"罪。在古代封建王朝中唐朝的言论自由这一点真值得称赞。宋代对大臣号称宽大，苏轼却因诗获罪入狱，幸免一死。明代诛杀臣民，蔓抄株连，动辄万家。清朝几次文字狱，令士人钳口。与以前和以后的历代王朝相比较，唐朝是中华民族最少禁忌，健康向上的时期。唐诗也反映了健康向上的精神面貌，自有其永恒魅力。后来的文学诗歌自有后来的成就，而唐诗的地位是无可取代的。

从唐朝到现在，又过了一千多年。这一千多年间，中华民族的文化曾攀登过世界的高峰，也曾跌落到灾难深重的谷底。中国的造纸术、印刷术、火药、指南针，曾缩短了欧洲中世纪漫漫黑夜，迎来近代社会的曙光，大踏步走向世界。16 世纪以后，中国自己关闭了与世界交流的通道，偏重心性修养，忽视了科学探索。鸦片战争表现为军事冲突，实质上是古代文化与近代文化的较量。鸦片战争后，中国被迫在更大范围内接触到世界。

中华民族毕竟是伟大的民族，有深厚的文化根基，善于从失败中总结经验，用了一百多年的时间，走完了西方资本主义大国走过的四五百年的路程，终于完成了现代化的历史使命。

从唐朝到现在，中华民族走过了从盛到衰，又从衰到盛的否定之否定的辩证过程。它焕发了唐文化的青春朝气，又增添了饱经忧患后养成的稳健、练达。它成熟了。

今天中华民族正满怀豪情地迈进21 世纪。我们经常说的继往开来，绝不是一句空话。它继承汉唐博采众长、开拓进取的精神，开创繁荣昌盛的未来。这部书的出版，既是新中国一代学人研究唐诗的成果，也为构建新中国文化大厦奉献一份建筑材料。

齐文化的产生和研究齐文化的意义 *

齐文化的产生

文化是社会现象的一部分，每一时代的文化现象是该时代历史现象的一段横断面。只有在一定的历史条件下，来观察某种文化现象，才能看得清楚。前几年开过一次楚文化研讨会，现在又开齐文化研讨会，说明在全国经济发展繁荣的形势下，学术界也呈现了繁荣气象。这次会上，提供的一套《齐文化丛书》足以与上次的《楚文化丛书》前后媲美，也是学术界的盛事。

齐文化的产生，是外部的大环境，与齐国内部小环境相互促进的结果。

（1）大环境——春秋战国时期是中国社会的重要转型时期（史学界多数看法认为是奴隶制向封建制的过渡时期）。这里且

---

* 原载《济南教育学院学报》1999 年第 1 期，为作者 1998 年 11 月在"齐文化与中国传统文化暨《齐文化丛书》座谈会"上的发言。《齐文化丛书》，齐鲁书社出版。

不谈中国社会分期问题，只谈当时的一个总趋势。这个总趋势是诸侯割据的世袭小王国向中央集团的统一大国过渡。这个趋势春秋战国开始酝酿，到秦汉才完成。孔子尊周室，抑诸侯，孟子天下"定于一"，墨子尚同，商鞅、李悝、申韩、荀子，都不同程度地提出统一天下（当时的"天下"就是黄河、长江流域中下游广大地区）的要求。

要统一，必然要打破分散割据的诸侯王世袭制，另建一套新的统一秩序。新旧制度交替时期，原来的道德观、价值观、人际关系的许多标准产生了不同的理解和解释。

例一，晋献公宠骊姬，立奚齐，杀太子申生，重耳逃亡。从父命自杀的申生，逃亡不从父命的重耳，以及受命继承的奚齐，都有支持者，也各有他们理论的解释。

例二，孟子学生问孟子，纣是君，武王是臣，以臣弑君，是合理行为吗？孟子回答说："贼仁者谓之贼，贼义者谓之残。残贼之人谓之一夫，闻诛一夫纣矣，未闻弑君也。"

当时人们认为"天下无道"。道是规矩、秩序，新旧交替之际，两种秩序并存、并行。

处在社会大变革时期，随时遇到这种现象。本世纪60年代，农村农民不习惯做生意，认为经商是不务正业。80年代，做生意已得到大多数人的认可，同时也有反对的。西方欧洲社会转型期也有类似的情况。英国开始向远东殖民，有人发财致富，回到本土，当地人对他们并没有好评，认为他们在本土混不下去，才出去发洋财。这些人有了钱，社会地位并不高。19世纪后期、20世纪，老板、董事长、跨国公司的富豪反倒看不起穷贵族。中国、英国国情不同，社会变革的道理却是相通的。

中国社会无时不在变，三千年间剧烈变化共有两次，一次在春秋战国，另一次是"五四"开始直到现在，变革还在进行中。齐文化是中国春秋战国时期社会大变革而在齐国的产物。

（2）小环境——齐国地缘优势，在中国东方滨海，当时具有这种地缘优势的，齐国以外还有南方的楚国、西方的秦国。这三国没有后顾之忧，可专心向中原争霸，地处中原地区的韩、赵、魏及其他一些小国，处于四战之地，国力消耗均大于齐、楚、秦等国家。以上是说齐国所处的国际地位。再从齐国的国内环境来看，齐国从太公治齐以来，饶渔盐之利，管仲制定的富国富民、奖励耕作的制度，收到实效。生产发展了，带动了大城市的兴起，当时的临淄号称十万家，当时齐国物产丰盛，经济发达，确是事实。没有物质力量的支持，稷下学宫养不起大量的非生产的文人学者。稷下学宫，完全由国家奉养，高门大量，"不治事而议论"。他们不必创收，解决办学经费不足。稷下的祭酒先生（相当于校长）居然吸引了外地学者如荀子这样的大学者"三为祭酒"。当时大学者最多的可食禄万钟。孟尝君等可养食客数千人。丰厚的物质条件吸引了众多士人。

齐文化的产生，还由于内部安定。齐国有姜太公尚事功、重生产的传统，主要的是有管仲为首创立的好传统，"仓廪实而知礼节，衣食足而知荣辱"，"上服度则六亲固"，"礼义廉耻，国之四维，四维不张，国乃灭亡"。

《韩非子》说，"藏管、商之法者家有之"。韩非将管、商并提是重视生产，奖励耕战。其不同处，商鞅、韩非反对礼义、廉耻，只讲法制，只讲刑罚。

齐文化的法治思想与礼治并重，二者互为表里。后来成为汉朝的治国主导政策（杂王杂霸），认为礼与法是根本。主张民富则易治，民有产则畏法。

齐文化在春秋战国社会大变革的气候下，结合齐国自己的国情从姜太公到管仲的文化传统，再加上丰厚的经济实力的支持，所以能够吸引天下才智之士云集于稷下，成为中国东方的文化学术中心。

研究齐文化意义

注重文化的地区性，是最近几年我国学术界的新趋向。像中国这样地区辽阔的大国，纵横千里万里，风土各异，地区文化各具特色，不能笼统地谈"中国文化"。齐文化是重要的一支。此外，巴蜀文化、荆楚文化，闽粤文化、吴越文化（以太湖为中心的长江三角洲）、西北地区文化、藏文化，有的已取得可观成果，有的已迈出可喜的一步。除了以地区为对象的文化研究外，还要有以专业学科为对象的研究，如佛教文化、道教文化、儒教文化、伊斯兰教文化、少数民族地区文化，等等。外国文化也有纵向上下几千年的文化传统，又有地区文化的差别。这一工作我们国内的研究刚开始，发展很不平衡，有待进一步深化。

现在已有的成果，都可以作为构建新文化的基石、部件，但还不能作为中华民族最高指导思想，来指导社会生活、政治生活、家庭生活，形成社会共识的人生观、价值观，把它的社会功能辐射到千家万户，深入到群众的内心生活中去。好像近代西方社会的自由、平等，中国中世纪汉代的"天人感应""阴阳五行"，宋儒的"忠""孝"大节那样，成为他们当时的社会普遍准则。

近百年来，中外各国都涌现了大批思想家、哲学家，他们的著作也能言之成理，持之有故，斐然成章，却只能停留在书本上。其中有价值的著作均可作为未来新文化的原始资料，以供采撷。

文化建设比实物建设复杂得多，它需要一个漫长的融会贯通的过程。不同地区、不同民族、不同思想体系汇集在一处，要经过融会，变成统一的新体系。把不同历史时期的优秀文化取精用宏，铸成新部件，这种贯通古今（中国的、外国的古今）的文化工程不是一朝一夕短期可以见成效的。集中外文化精华之大成，形成思潮主流，不可能早于21世纪的前半期。并不是20世纪的人笨，也不是我们无能，而是构建现代精神文明大厦的条件不具备，神仙、上帝也无法超前办到。

新中国的经济发展一日千里，社会面貌日新月异，我们给时代定定位，给自己定定位，把岗位工作做好，也等于为21世纪的文化大厦作了贡献。正因为这一工程非一朝一夕所能见到成果，我们就更要只争朝夕地加紧工作，力促其早日实现。

论钱大昕[*]

清代国学大师首推段（玉裁）、戴（震）、钱（大昕）、王（念孙），他们分别被公认为文字学、哲学、史学、校勘学各个学科的领袖。钱大昕博学多艺，除金石、目录、舆地、谱牒诸学外，在史学领域贡献最多。钱氏与同时代的王鸣盛、赵翼并称史学三大家，三家造诣各有千秋。钱氏考史，尤精于校勘文字，训释名物，匡正讹误，史书中长期积存的疑难问题，一经钱氏指出，涣然冰释，遂成定谳。钱氏著作今日治史者仍列为必备参考文献。江苏古籍出版社出版《嘉定钱大昕全集》，广搜博采，为迄今最佳版本。

---

* 本文为作者对《嘉定钱大昕全集》的评论。原载《中国典籍与文化》1999 年第 2 期，题目为《近代学术之源泉——当代学者谈〈嘉定钱大昕全集〉》。本标题为编者所加。

长江文化与黄河文化不可分 *

郭店楚墓竹简的发现，引起海内外研究中国古代思想的学者的极大关注。研究者经过多方努力，取得了令人瞩目的成绩。特别值得提出的，有湖北荆门博物馆几位学者的辛勤劳动，北大裘锡圭教授的功劳尤不可没。如果不是他们的功劳，今天大家来开会，即使拿到竹简实物及照片，恐怕也难以开展深入的讨论，因为有些字很难辨认。楚简的整理者为今后的研究提供了继续前进的基础。作为这批竹简的读者，在这里对竹简的整理者给以诚挚的感谢。

这次盛会，群贤毕至，有海内外的英彦、专家，有很多有价值的论文，为大会生色，预祝大会成功。我是楚墓竹简的读者，借此机会，提出个人的、不成熟的意见，供指教。

一、重视地区文化的研究。我国疆域辽阔，民族众多，是个多民族共处的统一大国，这是我们的国情。历史事件、文化现象有它的特点，如民族、语言、风俗习惯都是研究者必须关注的因素。按照我的分法，荆楚文化与北方的邹鲁文化、燕齐

---

　　* 据《皓首学术随笔》。原载《中国哲学史》2000 年第 1 期，题为《郭店竹简与楚文化》。曾收入《竹影集》。

文化、三晋文化，南方的闽粤文化，西方的巴蜀文化，各有特色。其中历史长、造诣深、层次高的是荆楚文化与邹鲁文化。过去研究得不够，由于材料少，依据不足。新中国建国后，不断发现埋藏多年的文物，为我们提供了新资料，为研究提供了动力。20世纪发现了千佛洞，出现了敦煌学，已发生世界影响。随着长江流域的建设，已发现的曾侯乙编钟，包括包山竹简，长沙马王堆帛书，长沙走马楼三国吴简，使人们大开眼界。荆楚文化的竹简带有地区特征，如"天一生水"，《老子》对水的重视，决非北方黄土高原的产物。楚地巫术盛行（北方也有巫术，那是有北方的特点，如燕齐文化的表现），与文学、宗教联系来考察，可以更好地理解屈原的思想。如结合三峡工程建设发现的巴文化，将有助于楚文化研究的进一步深入。

二、楚竹简的启示。竹简内容，反映了战国中后期的社会。再过约百年，即秦汉统一，结束了战国纷争的历史，从此中国进入一个新阶段。统一前夕，各地区先知先觉的思想家、有识之士，都在自己的地区为统一天下勾画蓝图。竹简也反映了这一统一天下的理想。这里讲的"圣人""治天下"是从楚人的角度提出的。这一时期，各国各学派都有他们的设想，方法不同，目标则一致。

当时有资格统一天下的大国，西方有秦国，南方有楚国，东方有齐国。楚国的国力不在秦以下。秦楚之战，秦国投入了全国的兵力（六十万人），孤注一掷，打败了楚国。当时楚国君主昏庸，朝臣离心，就被消灭了。如果由楚国统一全国，统一后的古代中国，文化面貌当与现在不同。当然，历史只能讲事实，不能靠假设，这里只是随便说说，不必深论。

三、地区文化的研究，虽从局部地区入手，但胸中要有全局。接受传统，但不迷信传统，"五四"以来的古史辨派，提出疑古之风，对过去大胆怀疑，这是历史的产物。"五四"时代，这种疑古还是必要的。经过猛烈的冲击后，才有可能为今后的新史学留出一片空地。对长江流域的文化重视不够，还有一个原因是文献不足，包括考古材料少，今后随着考古发现，还会有更大的收获。

楚文化有个性，也还有华夏文化的共性。楚墓竹简以老子学派为主导，同时也吸取黄河流域的文化，特别是邹鲁文化（也可以说是传统周文化）。很多文章讲到，有道家文化和儒家文化。这个看法我认为不大确切。因为先秦有儒墨，没有道家，道家是汉初司马谈记述西汉当时的学术状况而创立的名称。楚墓主喜欢老子及其学派，同时也喜欢孔子学派的思想，是兼容并蓄，重老学，也不排斥儒学。以己为主，兼收别派的长处，这是中华文化发展的优良传统。

四、已公布的有关楚墓竹简的文章，都正确地指出《老子》主旨在讲明无为，贵柔，而不反对仁义。史书记载，孔子对老子虽不赞成，却还尊重。相互敌对，势成水火，那是学派造成以后的事。参照佛教禅宗史，当初北宗神秀、南宗惠能是两派，但并不对立，理论上也有相同处。敦煌写本中，神秀语录与惠能语录相去不远。

五、竹简的"天一生水"是一种天地生成论，或称万物起源论。已发表的文章，都想给以合理的诠释，这种研究是有益的探索。不论哪一种诠释，就我所看到的，都有不圆满的地方。我认为这是自然的，也是合理的，这种学说本身无法讲得圆满。公元前三四世纪，东方、西方哲人（古希腊、古埃及、古印度）都在企图给天地万物起源讨个说法。他们的努力取得可观的成果，在人类认识史上树立了里程碑，但只能做到这种粗糙的程度，因为人们无法超越自己的时代。幼年时期的民族，认识世界总要带些天真和幻想，带有不成熟性。我们后来人，不必过多地替古人完成本不圆满的设想。宇宙生成论，世界哲学史上没有一家讲得圆满的。后来为本体论取代，不再有人提出"天一生水"，这是合理的现象。魏晋时期杨泉提出《物理论》，是一种低水平的重复劳动，水平落后于玄学，所以后来逐渐被遗忘。

六、研究楚墓竹简，还要多识楚字。楚国的文字，使用范围限于楚境，秦统一后"书同文"，通用的文字有的保留，有的改写，与原来的文字不尽相同。我们现在有的字还不认识，有的字有了诠释，但未取得共识。个别关键性的字，更要认得准确无误，下面的发挥、解释的根据才立得牢。现在对竹简的考订、训诂，还没有达到清人王念孙等人对古汉语训诂的熟练程度。我们凭借《老子》《管子》《礼记》等古籍，与楚简对照，据上下文义给以填充，这是阅读古籍方法的一种。研究楚文化必须认识楚文字，不能含混。

如果能像许慎那样，把一个字的结构、组成、本字、假借字、形声字、象形字、会意字，整理一遍，使字无遁形，那时，我们的研究将会提高一步。

认识楚文字，难度很大。汉代许慎所整理的汉字是政府公布、通行多年的规范汉字。楚文字早已废弃不用，而且留存在今天字数较少，人们经常利用的统计归档的方法不占优势，不易操作。研究楚音、楚韵，我们的音韵学专业人才有待成长。秦汉统一后通用汉字本字、假借字是否也是楚文字的本字、假借字，双方不相衔接。楚语习惯用语，省略用语有它的特殊性。这一领域，对我们现在的人来说，也是一片生荒地，开垦起来很不易。为了把地区文化的研究推上一个新台阶，这一步再困难也要跨过去。过了这一关隘，我们研究的天地就更宽了。久已不用的文字，如吐火罗文、回鹘文、西夏文，都要有人研究。如有人甘于寂寞，不怕困难，不求速效，投入精力，把楚文字吃透、认准，真是莫大的功德。我们翘首以待。

颇见史识　要言不繁*

　　我认为《清通鉴》是一部传世之作，是继《资治通鉴》《续资治通鉴》《明通鉴》的又一部编年体史书。此书的材料的选取也颇见功夫。凡是有关国计民生的，如关于生产、治河、漕运、外交等大事都没有遗漏。关于明清战争的叙述，则比较客观。关于民族关系，讲得也比较全面客观。看得出来，《清通鉴》的字面功夫下了很多，要言不繁。特别是，此书的"考异"也特见功夫，而不是繁琐的考订，这一点尤其体现了新中国史学家与老一辈史学家的不同。通鉴这种体裁，虽然不是研究专著，但它给人一种历史的全貌、能给人以整体的概念、印象。这一点，是其他体裁所不能代替的。如康熙时期，在南方发生"三藩之乱"的时候、北方也在与俄国进行交涉。如果单线条地看历史，就不可能全面，而《清通鉴》向人展示的是当时历史的全貌。不管如何，此书会一直传下去，研究清史的人也非看它不可。

---

　　* 据《中国图书评论》2000 年第 5 期，系作者在《清通鉴》出版座谈会上的发言摘录。《清通鉴》，山西人民出版社，2000 年版。

在《清史》编纂座谈会上的讲话*

　　这个工作的时机已经成熟了。前期工程做得很多、很好，包括外国的著作在内，也都可以作为前期工程。我以前在这里（按：指中国人民大学逸夫会议中心）参加过一个《清通鉴》的会，那是很成功的著作，也是我们前期工作的一部分。清代人物传记也做了很多。把这个算进去，我们的开工不是从今天开始，早已经做了很多。再一个好的条件，我们的手段比清代先进，以前收集资料、抄抄写写很费时间。现在有了电脑，节省好多时间。再就是过去收集外地的资料很难，现在有了网络，海内外交通方便，就很容易了。在这些好的条件之下，我期望这个书尽快出来，定一个期限，如果不定一个完工期限，成为一个胡子工程，这很不利。《四库全书》这么多，也就是十年的光景，当然有些粗糙了。我们不能比这个再长，当然太急了也不一定合适。以十年为期，不要再长了。少于十年也不一定妥当。已出版的大型的书都是十来年的样子。

　　历代修史都有个重点。以前一代灭亡为鉴，以此来修新史，总结以前的历史经验，来修现代史。司马迁的思想以道家

---

　　* 据《清史研究》2001 年第 3 期。

为主，综合儒墨名法等，为统一做思想准备。这个指导思想很明确，《史记》很成功，时代潮流抓住了，抓了个"统一"，方向看准了，有了生命力。汉代对司马迁并不厚道，对不起他。司马迁歌颂汉朝。大史学家真了不起，不以个人恩怨来对待这个时代。再者，司马光修《资治通鉴》是在唐末五代之后修史，重点也放在统一，统一思想、统一制度，中央集权是重点，讲治乱。欧阳修的《五代史》也讲加强统一、加强中央集权，宋元明清都讲中央集权，防止这么大的国家分裂。我们编清史也要有重点，我们总结些什么？我初步想，鸦片战争以后，中国的方向是走现代化的道路，这是个历史的趋势。现代化的道路上，哪些经验值得总结？过去有哪些妨碍现代化的东西，最大的障碍是什么？我们要理清楚。鸦片战争后的部分，要考虑我们的遭遇。鸦片战争后我们的遭遇是：国土被肢解，主权丧失，争取民族的独立，反抗帝国主义的侵略。这是一个重点，要写清楚。我们的现状就是多民族的统一的大国，这是国情，凡是能维持这个多民族的统一的大国的措施、办法、经验就肯定；凡破坏这个多民族的统一的大国的，就否定；我们就从这里下手。这是一个主线。

清朝的成功经验也值得大书特书。过去的新疆，汉朝、唐朝都不像清期这么巩固。西藏更是这样，元、明时不像清朝管得那么具体。这都是好的经验，以史为鉴的经验，太重要了。解放初大军进藏的时候，双方采取什么仪式，有过争论，后议定采取清代驻藏大臣方式，接受了。再有，清朝科举制度，各地区都有名额的规定，有一定比例。对中央有向心力。再说回避制度。官员异地做官，避免了巴结、盘根错节的关系网。很有好处。这是成功的办法。

对外开放有教训。听我中学英文老师讲，清朝快亡国的时候，五大臣出洋考察，外国代表团唱国歌。咱们没有国歌。唱什么呢？几个大臣唱民间小调："光棍哭妻。"很庸俗的。这不见正史。不能说完全没有。后来程砚秋到法国交流，演戏，外国人唱国歌，他唱"荒山泪"。那时对外交流，隔膜、落后，清朝犯了很大错误。

编清史有比前人难度大的地方。比如鸦片战争这么大的事件，一方面我们的资料要齐，对方的资料也要齐。过去注意不够。英国的议院怎么讨论，这样写出来，价值就更高了。我看过俄罗斯的材料，记载中国与俄罗斯划界这件事，写到中国代表崇厚，说"幸亏"中国代表团不懂外文，不懂得利用地图，据理力争。《马关条约》也是这样。我们不仅要搜集中国史料，也要搜集外国史料。这是有别于过去二十四史的。要达到世界水平不是关起门来写自己。

戴先生提出舆图作为一部分很好。清朝疆域广大，超过以前。而元朝是一个空架子。

过去编写大型图书由政府主持。但过去是终身制，今天政府几年一届。最好定计划立项，像"863计划"一样。

另外参与编清史的应待遇从优，这样人才才能留下来。

洛阳龙门石窟*

——中华文化的里程碑

中华灿烂文化是生活在中华大地多民族长期交融、互相学习、取长补短、共同创建的精神财富。没有春秋战国长时期的民族大融合，也就没有隋唐盛世。

北魏孝文帝由平城迁都洛阳，其意义的重大、影响的深远应当给予充分认识。它把高度发达的中华文化注入刚健清新的活力。从政治、经济、文化、社会开创新生面。龙门石窟艺术从一个侧面体现了中华文化的革新精神。

书法艺术是中国艺术的特产，龙门石窟造像题记，丰富了书法艺术宝库，后来的书法家，只能借鉴它，却不能绕过它。它成为人类精神财富，民族书法瑰宝。

---

*　据《竹影集》。

历史长河中的"乱世"*

　　五千年中国历史，有乱有治。远古的历史，文字记载不详，在秦汉以前，长江黄河两大流域诸国林立。有战争，规模也不可能太大。因为国家小，人口少，打不了大仗。经过几百年的兼并，战国后期，只剩下几个大国。大城市，有万家之邑，有长平一战坑赵兵二十万的大屠杀；秦国兼并楚国，动用兵力总数达六十万之多。这种大规模战乱，不论胜者一方或败者一方，人民群众都遭受了苦难。战国时期，有识之士都从不同角度百家争鸣，提出过消灭群雄争霸，"统一天下"的愿望。当时的"天下"范围所指不出长江、黄河流域。秦汉统一后，创建了多民族的统一大国的总格局，这一总格局延续到今天的中华人民共和国。

　　众多民族统一大国的社会结构、民情风俗、语言文化的差别很大，社会发展很不平衡，有的已进入文明较发达的封建社会，有的尚处在奴隶制的阶段，也有的还没有文字，众多民族长期共处需要有一段互相学习，增进了解的磨合过程。

　　西晋开国不久，出现了"五胡十六国"的混乱局面，这是

＊　原载《群言》2002 年第 6 期。

中国历史上少有的"乱世"。表层起因是统治者上层内部政治斗争，中央政府失去控制全局的能力。深层原因是众多北方少数民族对上层统治者的不满蕴积已久，蓄势待发的反抗。

"五胡十六国"连年混战，民不聊生，说它是中国最混乱，百姓最遭难的时期之一，不为过。

如果把这一段历史，看作中国几千年文明史的一个环节，它又是一份珍贵的历史经验财富，值得治史者重视。五胡十六国活动的政治舞台，西起长安，东到燕齐，众多民族都被卷进了这一战乱洪流之中。北方各族的领导人物先后执掌政权，各个王朝都没有做到长治久安，它们不自觉地朝着一个方向前进：各民族在试探着摸索着走向封建化，接受封建文化和封建制度。

古代社会（中外一样）都是封闭型的，如不搅动它，就是一潭死水。要打破这种封闭，必须融合。发展的正常形式，是经济文化的交流，战争也是促进民族文化交流的途径，这种非正常融合的形式，效果显著，但要付出惨重的代价。人民并不愿意走这条路，有时又难以避免。

总之，在黄河流域广大地区，经历了几十年的大动乱，大改组，大迁移，大融合，逐渐由乱到治，给后来北魏拓跋氏迁都洛阳，有计划地加速封建化做了前期准备。

十六国短期混乱，把本来在正常情况下几百年才能完成的封建化过程，压缩到几十年来完成，这一群魔王暴君，为了满足他们贪婪的欲望，干了许多连他们也未必明白的行为，客观上却为北魏迁都洛阳扫清道路，北魏又为后来隋朝统一做了铺垫。

五胡十六国这几十年的大混乱，为当时北方广大地区的民族融合，政权统一准备了条件。南北朝前期，南北双方以民族矛盾为主，到了南北朝后期，转化成南北两大政权的南北对峙，这一时期无论南方北方，都在各个统治地区调整内部，加强统一，促进落后地区的生产发展，促进各民族的协调、融合。后来隋唐统一，就是南北朝为它打下的基础上完成的。

唐朝长期统一之后约二百年左右，中央政权衰落，先是藩镇割据，随后是出现了五代十国，长江、黄河流域又一次大混乱。藩镇割据，战乱不已，屡次改朝换代，人民又遭到大的劫难。唐末五代的大混乱，使有识之士深入思考如何加强中央集权，消灭地方割据的有效措施，并形成制度。五代十国时期，在全国范围内涌现了十来个中等城市。分布在全国大江南北，为后来宋明的城市发展奠定了基础。这又是一次大乱之后以惨重的苦难为代价，换取北宋的统一繁荣。

历史本身有它的规律，当时实际参与者未必明白。王船山论秦始皇的作用："秦以私天下之心而罢侯置守，而天假其私以行其大公。"历史看来是无知的。但无形中好像有一只看不见的手牵引着，让它沿着一定方向前进，这就是人民群众的意向。个人的愿望，对社会，对历史起的作用有限，有时看不出什么作用。如果千千万万人的愿望汇集一处，形成社会思潮，它就成了巨大洪流，化为物质力量，不可阻挡。古往今来无数英雄人物的成功，就在于他顺应了这股洪流。逆着这股洪流，再大的英雄也会遭到灭顶之灾。古代的广大人民，没有舆论工具，也没有有效的组织。但是他们用消极怠工，用逃亡来抗议重税盘剥，历代封建王朝都是这样失去政权的。即使勉强维持其统治，一旦遇到天灾、人祸、外力入侵，便冰消瓦解了。可见读历史，对治世、乱世都要认真思考。

《十六国帝王列传》序 *

"五胡十六国"为北朝的前身，连年混战，民不聊生，说它是中国最混乱、百姓最遭难的时期之一不为过。

如果把这一段历史，作为中国几千年文明的一个环节，它又有一种价值，似乎不易被忽略。五胡十六国活动的政治舞台，西起长安，东到燕齐，众多民族杂居共处。北方各族的领导人物先后执掌政权，哪一个王朝也没有做到长治久安。但大方向却没有模糊，各民族在走向封建化，接受封建文化和封建制度。

古代社会（中外一样）都是封闭型的，如不揽动它，就是一潭死水。要打破这种民族之间的封闭，融合发展，一是靠经济文化的交流，二是靠战争。经济文化的交流属于正常形式，战争也能促进民族的交流，但要付出惨重的代价。

总之，在黄河流域的广大地区，经历了几十年的大动乱、大改组、大迁移、大融合，逐渐由乱到治。为后来元魏拓跋氏迁都洛阳，有计划地加速封建化扫清了道路。

---

* 原载《文史月刊》2003 年第 1 期。田夫、浩天编著《十六国帝王列传》，山西人民出版社，2002 年版。

十六国短期混乱，把本来在正常情况下几百年才能完成封建化的过程，压缩到几十年来完成，这一群魔王暴君，为了满足他们贪婪的欲望，干了许多连他们也未必明白的事，客观上却为北魏的统一局面扫清了道路，北魏的事业又为后来隋朝统一做了铺垫。历史本身有它的规律，当时实际参与的当事人未必明白。王船山论秦始皇的作用："秦以私天下之心而罢侯置守，而天假其私以行其大公。"

西晋在曹魏统一北方，进而又灭吴统一中国后，本是可以承袭秦汉统一之格局，形成相对统一的历史局面的。但是，司马王朝在一开始就走上了门阀政体的道路。于是，这样的统治又加大了社会各民族、各阶级间的矛盾和对立，动摇了它的社会基础。到西晋惠帝末年，晋室发生内乱，外患继之而起，及怀帝、愍帝被俘到平阳后，中原沦陷，边陲不保；群雄混战，生灵涂炭。司马晋王朝宗室被迫南迁至建康，史称东晋。而北方黄河流域则成为各少数民族割据争战的场所，直至东晋灭亡，中原再未收复，国家再未统一，这段时间，史称"五胡十六国"。

五胡，指的是五个少数民族：匈奴、鲜卑、羯、氐、羌。其实十六国的统治者，并不全是"五胡"，也有汉人。所以，这个称呼并不确切，且带有一定的歧视性。现在有的辞书称作"东晋列国"，比之"五胡十六国"为好，但也不十分准确，因为有的列国早在西晋时已经建立了；且不像"东周列国"那样，各诸侯国均服从于"周天子"，打着"尊王攘夷"的旗号，这十六国中，除"前凉"尊奉司马晋王朝之外，其余都公开打着反对晋王朝旗号；所以，也不宣称之为"东晋列国"。为此，本书作者曾与同行好友反复考虑推敲其称呼，最后定名为《十六国帝王列传》，比前者为妥，但也不尽如人意。

为了便于记忆，作者将十六国概括为："五凉"（前凉、后凉、南凉、西凉、北凉），"四燕"（前燕、后燕、南燕、北燕），"三秦"（前秦、后秦、西秦），"二赵"（前赵、后赵），"大夏"与"成汉"。合起来一句话："五凉、四燕、三秦、二赵，大夏与成汉。"

此外，还有代国、冉魏、西燕、吐谷浑等，都在"十六国"之外，这次作者都补写了，共二十国。就其性质而言，二十国均为"地方割据政权"；就其疆域来看，二十国均处北方、西北、东北、西南等边陲地带。

五胡十六国无有"专史"，据《魏书·崔光传》所附《崔鸿传》说："刘渊、石勒、慕容俊、苻健、慕容垂、姚苌、慕容德、赫连屈丐、张轨、李雄、吕光、乞伏国仁、秃发乌孤、李暠、沮渠蒙逊、冯跋等，并因世故跨僭一方，各有国书，未有统一，鸿乃撰为《十六国春秋》，勒成百卷。"这段记载，说明当时各国均有"国书"，崔鸿据以"统一"编撰为《十六国春秋》，但至北宋时已佚不传。明代屠乔孙、项琳辑录《晋书》之有关"载记"，编为一书，也称《十六国春秋》，仍题作者为崔鸿，被时人称为"伪书"。屠、项之书，内容出入甚大，形式繁简不等。要较为完整、条理地叙述二十国史实，颇为不易。

作者积十年心血，翻检了《晋书》《魏书》《南史》《北史》《宋书》《资治通鉴》《隋书》《旧唐书》《新唐书》等大量典籍，考核真伪，校正谬误，撰成《十六国帝王列传》一书，文笔流畅，故事隽永，史实有据，亦史亦文，雅俗共赏，可读性强，值得向读者推荐。

2002 年 4 月

论诸葛亮 *

诸葛亮是中国人家喻户晓的名人。千百年来，诸葛亮的形象在官方、民间都有广泛而深刻的流传。诸葛亮的形象代表忠诚、廉洁、负责的生活作风，又是民族智慧的化身。如果要在古今人物中找出几个完美人格的代表，诸葛亮应该是少数优秀人物之一。

我们可以从三个方面来看待这个问题：诸葛亮在当时所起的作用；三国以后历代对诸葛亮的评价；今天我们的看法。

任何英雄人物，都不能超越他们的时代，都不能不带有历史的烙印。时代有一个评价。通过诸葛亮这个正面典型人物，我们从中学到什么，受到什么启发，都是我们今人的任务。

诸葛亮（181—234）原为琅邪士族，汉司隶校尉诸葛丰之后，父珪，早孤，从父玄，共依荆州牧刘表。士族子弟自幼受教育，多早慧，王弼二十几岁已成大家。诸葛氏也有很好的家教，他从事军旅，不暇治学，但留传下来的文集二十四篇，十万余言，文采可观。刘备前往隆中访求策略，诸葛亮提出有名

---

* 据《文津讲演录》之五，北京图书馆出版社，2005 年 7 月版。是作者在国家图书馆举办的以传播中华传统文化为主旨的名人讲座内容。

的"隆中对"，这是他二十七岁时对天下大势绘制的蓝图，认为曹魏势已成，江东孙氏在江南有了根基，只有西蜀可以为将来创业的根据地，再加上荆襄据长江上游，与蜀地连成一片，北据汉中，这样，可以与曹魏争霸中原。以后的十几年间，刘备按照这个方略，逐步实现了他的建国计划，形成三国鼎立之势。

诸葛亮辅佐刘备，刘备死，又辅佐刘禅，先后二十多年，他对西蜀的贡献约有以下几项：

（1）给刘备建立蜀汉制定了规划，以荆州与西蜀为根据地，东联孙吴，北攻曹魏。

在刘备当阳战败，最困难的时刻，诸葛亮亲自赴东吴说服孙权，坚定抗击曹操的信心，孙刘合力破曹，赤壁之战大捷，从此奠定了三国鼎立的格局。

（2）与西蜀相邻的云南少数民族建立巩固的联盟，不劳兵戈，蜀汉后方稳定。

（3）奠定了治蜀的规模，史称他治蜀，做到"立法施度，整理戎旅，工械技巧，物究其极，科教严明，赏罚必信。无恶不惩，无善不赏。至于吏不容奸，人怀自厉，道不拾遗，强不侵弱，风化肃然也"。

史书又说："诸葛亮之为相国也，抚百姓，示仪轨，约官职，从权制，开诚心，布公道。尽忠益时者，虽仇必赏；犯法怠慢者，虽亲必罚；服罪输情者，虽重必释；游辞巧饰者，虽轻必戮。善无微而不赏，恶无纤而不贬。庶事精练，物理其本。循名责实，虚伪不齿，终于邦域之内，咸畏而爱之。刑政虽峻而无怨者，以其用心平而劝诫明也。可谓识治之良才，管、萧之亚匹矣。然连年动众，未能成功，盖应变将略，非其所长欤！"

"亮死至今，数十年，蜀人歌思，如周人之思召公也"。"亮之在街亭也……前军大破，亮屯去数里，不救。官兵相接，又徐行，此其勇也"。蜀汉人力财力仅及曹魏十分之一，然连年出兵，与敌接战，胜负相当。诸葛亮善于调动人力，提高技术，发明连弩，一弩十矢齐发。远途运输，蜀道艰难，发明木牛流马，运者体力减轻，运力增加，推演兵法，作"八阵图"，咸得其要，他继承了前人阵法，并有所创造。杜诗有"功盖三分国，名成八阵图"。

诸葛亮为官清廉，他上后主遗表，说："成都有桑八百株，薄田十五顷，子孙衣食自有余饶。至于臣在外任，别无调度，随身衣食，悉仰于官，不别治生，以长尺寸。若臣死之日，不使内有余帛，外有赢财，以负陛下。"及卒，如其所言。

诸葛亮的人格魅力，在当时及身后都获得一致好评。

民间传说及小说中描述的诸葛亮的事迹有"空城计"，是根据历史演绎而成。事实是街亭蜀军大败，诸葛亮驻军附近，却按兵不动，没有救援。因为败军溃散，势如潮涌，如果不能投入足够的援军，反倒会被败兵冲溃。他按兵不动，不暴露，缓缓退军，得以全师而退。这也是诸葛亮用兵的谋略。后来的"空城计"就是根据这件事演绎的，更带戏剧性。传说中诸葛亮联吴破曹，赤壁火攻，本来是周瑜的事迹，后来记在诸葛亮的账上。"草船借箭""借东风"也是后人的演绎。

《三国演义》的作者对诸葛亮特别偏爱。在叙述刘备荆州被曹军追赶，当阳大败时，事实上战败的军兵中有刘备，也有诸葛亮，刘备妻离子散，十分狼狈。诸葛亮也风尘仆仆，难以保持衣冠楚楚的从容不迫的形象。《三国演义》的作者把诸葛亮安排往夏口刘琦处借兵，没有和刘备、张飞、赵云等同行。这是小说作家的艺术处理手法，与历史事实不必完全一致。

诸葛亮本属东汉以来的琅邪士族，避中原之乱，寄住荆州，依刘表。东汉末年，经学衰微，玄学思想开始流行。荆州学派以新的精神解释经学、易学、老庄，逐渐受到学术界的关注，世称荆州学派。治哲学史者早已指出王弼玄学与荆州学派渊源甚深，诸葛亮也深受玄学的熏染。他在《诫子书》中说：

> 夫君子之行，静以修身，俭以养德。非淡泊无以明志，非宁静无以致远。夫学须静也，才须学也。非学无以广才，非志无以成学。慆慢则不能励精，险躁则不能治性。年与时驰，意与日去，遂成枯落，多不接世。悲守穷庐，将复何及。

这段诫子的话，如果不指明作者，在《世说新语》的《言语篇》或其他篇中，几乎看不出与东晋名士们有什么不同。"静以修身""淡泊明志""宁静致远"，羼在王弼《老子注》中，也使人难以区分。"励精""治性"完全是魏晋玄学的用语。

诸葛亮不但有深厚的玄学根底，也有相当深厚的文学修养，文辞清逸，高华简古，其文学造诣，亦足以传世。

他经三峡由荆州入川，对长江的风光有极佳的描述，他在《黄陵庙记》中描述江山之胜，有"……趋蜀履黄牛。因睹江水之胜，乱石排空，惊涛拍岸……"如果把这段描述，放在郦道元的《水经注》中，毫不逊色。诸葛亮对长江惊涛骇浪的描写启发了后来苏东坡的名作《赤壁怀古》的"乱石穿空，惊涛拍岸，卷起千堆雪"。文学本来是在传承中创新的。新旧相承，不可分割。名句不在字多。汉武帝的《秋风辞》，刘邦的《大风歌》，也只有几句话，却流传千古。无名氏只有一句未完成的诗"满城风雨近重阳"，仅仅七个字，竟传遍海内。"满城风雨"一词也随之成为人人习用的成语。

　　刘备请诸葛亮出山时，诸葛亮已绘制了三分天下的蓝图，以后十几年，他和刘备一直按照这个总规划制定军国大政方针。这仅仅是蜀汉的建国规划，东吴也有他们的规划。吴蜀两国的规划有矛盾。因为荆州地处长江上游，辖区相当于今日湖南、湖北两省，首府荆州又是长江上游重镇。东吴地处长江下游，辖区相当于今天的江西、江苏、皖南、福建、广州地区。上游在蜀汉手中，据高屋建瓴之势，东吴没有安全感。诸葛亮的建国方略，其可操作性不能保证完全贯彻。后来，果然关羽处置失当，与东吴失和，失去荆州。

　　诸葛亮原先设计向曹魏进攻，派出主力部队由荆襄出兵担任正面作战的主战场，直接威胁许昌、洛阳，曹魏的心脏地带。另一支配合部队由汉中出兵，配合正面作战。两路大军互相策应，蜀汉处于主动态势。失去荆州就失去攻魏的主战场，西路兵离曹魏中心甚远，而且道路险阻，运输困难，大兵团不易施展，不足以对曹魏构成威胁。诸葛亮多次出兵，无功而返，乃形势使然，不能完全归咎于作战的原因，在战略上西蜀不占优势。

　　刘备入川，靠武力夺取刘璋地盘，所任用的官员大都是荆州旧部，原来四川的官吏未被重用。诸葛亮治蜀，一方面全力伐魏，一方面防内部反策。当地人士中隐藏着一股不合作暗流。诸葛亮死后，蜀人内部离心离德，后来邓艾孤军深入，直逼成都，几乎没有遇到大的阻力，成都就被轻易占领。

　　诸葛亮给刘禅奏表说，入蜀川二十多年来，带来的荆州壮士赵云等中上级军官亡故七十余人，下级军官亡故一千余人。这些人都是"都十年之内所纠合四方之精锐，非一州之所有"。他说："若复数年，则损三分之二也，当何以图敌？"说明蜀军逐年老化，人才凋谢的严重性。

在二十多年的时间里，如果能及时培养当地青年，提拔重用，人才总会有的。可惜诸葛亮对蜀人防范多于信任，没有培养新一代人才，人才断档也是西蜀失败的重要原因。西蜀人才本来不及曹魏众多，现有人才更当爱护。马谡战败，如果使他戴罪图功，也是个可用之才。王船山《读通鉴论》中曾指出，马谡不当斩，比照战国秦穆公对待败将办法，认为诸葛亮处置不当。西蜀大将中，马超本为秦陇大族，是出色的战将。归蜀后，没有发挥他的长处，把他闲置起来。如果放他回到秦陇故乡，给他以名义，他有地缘优势，统率马家军，号召乡里宗族起兵攻魏，不失为一支攻魏劲旅。这也是诸葛亮用人失算的地方。

诸葛亮细心、勤勉，生怕别人不似他那样尽心负责，事必躬亲。管得太琐细，必然挤占考虑大事的精力。司马懿的才能虽稍逊于诸葛亮，但他看到了诸葛亮的这个弱点，与诸葛亮打时间消耗战，诸葛亮在消耗战中，竟劳瘁以死。

诸葛亮对刘备忠心不二，可谓披肝沥胆，但刘备对诸葛亮并不完全相信。据《三国志》记载，刘备白帝城临终托孤时对诸葛亮说："君才十倍曹丕，必能安国，终定大事。若嗣子可辅辅之，如其不才，君可自取。"刘备对自己的儿子了解的最多，如果真心相信诸葛亮，生前让位给诸葛亮岂不更好，为什么要等到发现其"不才"时让诸葛亮"自取"？刘备认为《六韬》《商君书》能益人心智，并以申韩之书教子。刘备世称枭雄，重权术，诸葛亮与这样的君主相处，未必心情舒畅。刘备得蜀后，对待诸葛亮不似从前那样言听计从。为关羽报仇，不惜与东吴开战，违背了"联吴抗曹"的君臣共识，一意孤行，致遭败北。诸葛亮因哥哥诸葛瑾在东吴供职，属于交战的对方，为了避嫌，不便坚决劝阻与东吴交战。可见君臣之间并不完全相信。刘备出兵，抛开诸葛亮，单独指挥大军，这也是过去少有的情况。

中国地域广大，各民族发展不平衡。东汉以后，中华民族的历史使命是使全国各族人民中尚未进入封建社会的民族，共同走封建化的道路。晋朝短命，不能认为是由于晋惠帝智力低下，而是由于当时临近的北方少数民族要求走封建化的道路。北方五胡十六国相继出现，就是实例。这样做，本是不可避免的过程，却不得不付出了惨重的代价。广大少数民族由掠夺性的游牧生活，相继进入有秩序的封建社会的农业生产。由于这种客观形势，决定了无法建成西汉时期多民族大一统的国家。多民族经过三四百年的战争，流血，交流融合，为后来隋唐的重新统一创造了条件。汉朝已建立多民族统一大国，但当时更多北方少数民族之间，汉族与少数民族之间处在彼此隔离状态。东汉后期到西晋，众多少数民族已迁入内地，多民族杂居、共处，文化、生活、语言、风俗习惯相互磨合，互相通婚，融为一体。中华民族的精神状态、体质，得到很大的改善。

东汉选拔官员采取地方推举制度，要地方官员定期向中央推荐官员。"选举"一词起源于汉代，与现代的选举意义不同。古代的选举，不是民选官，而是官选官，地方官推选出他们认为的优秀人才，保举到中央朝廷做官。选举制成了世世代代官员们互相推荐的制度，被推荐的做了官，又反过来，推荐当年推荐过自己的人的子弟到中央做官。做官的家族之间成为互相倚扶，盘根错节的关系网。几百年下来，出现门阀士族，这些家族的子弟垄断做官权、读书受教育权。有了政治优势，又有文化优势，这个群体发展壮大，成了魏晋南北朝决定政治的社会群体。

看清了这个大的社会趋势，就不难理解三国分立，长期不能统一的根本原因。曹魏政权不属于门阀士族，曹操祖父曹腾为太监，出身寒微，为门阀士族所轻视，不肯为他效力。曹操适逢乱世，他为培植自己的势力，必须另谋途径。曹操下求贤诏，他的求贤，并非求贤德，而是向天下公开招聘"能人"。他说，不论出身，不问品行，哪怕有盗嫂受金的坏名声，只要有治国、用兵的才干，一律重用。曹操果然凭借了一批才能卓越的文官武将，削平北方群雄，给自己的儿子打下天下，建立了魏国。它是三国中势力最强的大国，吴蜀两国联合起来，才抑制住魏国的扩张。曹氏政权没有得到东汉以来根基深厚的门阀士族的支持，相反，遭到他们的抵制。门阀士族出身的个别人士在曹氏政权中不受重视（为曹氏立过大功的荀彧被逼死，即是一例）。司马氏属于东汉以来的门阀士族集团，出于政治利益，当时门阀士族阶层人士，在司马氏与曹氏斗争中必然站在司马氏一边。因此司马氏毫不费力地取代了曹魏。

门阀士族的社会地位、政治特权，主要凭借家族出身，而不靠皇帝的提拔、重用。门阀士族组建的政权的基本成员，爱家族更甚于爱国家，号召以孝治天下。试看南北朝时期，政权更迭十分频繁，而门阀士族高官照做。因此，维持中国封建社会的两大精神支柱的忠孝两大原则，魏晋时期孝比忠更受到重视。改朝换代，国君易姓，他们漠不关心，但严家讳，重丧祭，谱牒之学盛极一时，就在于维护门阀士族集团的利益。

中国历史上的农民永远属于弱势群体，他们只能祈求圣王的保护。国家混乱，国君无力庇护时，他们只有投靠门阀士族门下，以人身依附以求存活。

对诸葛亮这个人物，当时的评价和后来的评价有些变化。诸葛亮的形象，在当时及南北朝时，尚不突出，唐宋以后越来越高大。这种情况古今中外都有过。众所周知的孔子，当时周游列国，推行他的治国主张，未被重视，死后才成为"道冠古今"的圣人，后来被奉为儒教的创始人；汉代的大哲学家王充，在三国以后，才引起重视；西方的大哲学家斯宾诺莎也是死后才被重视的；陶渊明在唐以前，仅为众多诗人中的一员，宋以后才受到更多人的重视；韩愈在唐代已是文坛领袖，宋以后，被抬高到从未有的高度。诸葛亮的历史命运也类似。三国以后，历晋、南北朝、隋唐盛世，他被认为是前代名臣之一。到唐中叶以后，天下乱离，君权不振，士族当权，诸葛亮才受到更多人的崇拜，成为完美人格的体现者。经过明朝《三国演义》的传播，诸葛亮的形象深入民间，他不但是成功的军事家，而且成为中华民族智慧的化身。他治蜀政绩自不必说，连他军事指挥的弱项也被掩盖，说成了强项。

诸葛亮要统一天下，恢复汉家制度的理想与当时历史前进的方向背离，逆势而行，只能得到悲剧性的结局。因为当时的历史任务，需要尽快使少数民族由奴隶制进入封建社会。只有他们都进入封建社会，才能建成大一统的封建国家。诸葛亮治蜀有功，已如上述，如果在有些重大措施上减少失误，处理得当，蜀汉不一定首先灭亡，可能多维持一段时间。

一个人，即使是杰出的天才，也要受到社会的制约，只能在他所处的大环境中发挥他的作用。个人的努力可以影响历史前进的进度，但不能改变前进的方向，英雄人物的影响是有限度的。诸葛亮有才干，道德品行受人尊敬。西蜀全国人口在三国中最少，国土面积最小，在他管理下，井井有条，社会稳定，百姓生活有起码的保障，他的公正廉洁的作风，鞠躬尽瘁的精神，传为千古美谈。其人可敬，其志可嘉，其情可悯，是一位悲剧性的英雄人物。"出师未捷身先死，长使英雄泪满襟"。后人怀念他，失败的英雄更能引起人们的同情、怀念。

中国历史的发展，是中华民族多民族全体人民共同创造的。它走的中华历史必由之路，也就是说，中华民族经历了原始公社、奴隶制、封建制，资本主义有萌芽，没有得到发展就走上社会主义的道路。历史唯物主义的原理已经证明这是天下之通则，不可趋避，也不能跳过应走的台阶。即使一时跳过了，欲速则不达，还得回头来重走。关心中国近一百多年历史的人，都有深刻的感受。

我们今天重新审视历史人物，并不是为诸葛亮作鉴定，而是通过诸葛亮这个具体人物，加深认识中国历史，从中学习观察社会的方法，提高认识的能力。

·近现代史论·

五四精神[*]

五四运动，在政治上是反对帝国主义和卖国军阀，在文化革新的战线上是反对旧文化，提倡新文化。当时提出了最响亮的口号："科学与民主"，就是"赛先生""德先生"。

科学与民主这两个口号本来是西方近代资产阶级反对中世纪封建势力的有力武器。在西方，资产阶级掌握了政权后，即排斥工农群众于民主的大门之外，实行的是资产阶级专政。他们在利润的刺激下也发展了一些科学，但是他们发展科学的目的是以利润为灵魂的，有利润者为之，无利润者不为。这也就是利润第一。他们的科学不在于造福人群，而在于追逐暴利。因此，资产阶级虽然提出了科学、民主的口号，但是他们害怕工农群众当权，又唯利是图，当然不能真正贯彻科学与民主。这是历史事实证明了的。

中国的情况和西方欧洲当年反封建时期的资产阶级革命有所不同。中国的资产阶级在还没发育成熟的时候，就遭到帝国主义的摧残；第一次欧战时期得到一时的复苏，不久又处在帝

* 原载《语文学习》（北京）1959 年 4 月刊。

国主义的经济绞索下，苟延残喘。先天的软弱使他们在思想、文化战线上也软弱。资产阶级在反帝、反封建的斗争中表现了摇摆，其中的右翼索性向敌投降了。中国的无产阶级是另一种情况。它比中国的资产阶级有更长的历史。十月革命给中国人带来了力量，输入了马列主义。科学、民主的大旗，资产阶级不愿意扛，也扛不动，旗手必然是工人阶级，领导者就是中国共产党。

回顾一下四十年来走过的道路，是有益的。文化革新运动中，青年知识分子尽了一定的力量。但是知识分子不是一个阶级，他必须依附于一定的阶级。"知识分子如果不和工农民众相结合，则将一事无成"①。这个道理，在二十年前的今天，毛主席就指明了。

历史又过了二十年，在共产党的领导下，特别是近十年来，取得了回天旋地的成绩。1958 年的工农业"大跃进"，更是使帝国主义震惊。我们发展科学，是在党的领导下，专家与群众的智慧相结合。这是一条经验，也是一个方向。我们劳动人民中涌现了成千累万的科学家；在生产实践中普及了科学，有多少土专家登上了大学和科学院的大门，现身说法。不久，将会使泱泱中国成为科学的海洋。

工农群众当家做主后，在共产党的领导下，享受了真正的民主权利。在工矿企业实行了干部参加劳动，工人参加管理，在农村人民公社实行了管理民主化，形成了领导者与受领导者亲密平等的民主关系。人人都是普通劳动者，人人又都是"官"，人人参与了国家管理的大事。他们为了管好国家大事，不但学习一般文化知识，而且开始学习宇宙发展一般规律的知

---

① 《五四运动》，《毛泽东选集》第二卷，546 页。

识——马克思主义的哲学。

科学和民主的空气，在四十年前是提出的一种追求的目标，而四十年后的今天，这种空气已弥漫在六亿人民生活聚集的广阔土地上，沁人心脾。但是，我们并不因这伟大的成就而满足，我们还要建设社会主义，奔向共产主义。

我们要消灭城乡差别，脑力劳动与体力劳动的差别，工农差别，还要使产品极大丰富，人民的文化水平、思想觉悟空前提高。那时，我们随着生产的极大发展，随着政治生活的更加丰美，科学、民主的光芒也就更加灿烂。

在文化战线上，要坚决在党的领导下，在1958年"大跃进"的基础上，做出更大的跃进。知识分子工农化，工农知识化。由于知识分子长期脱离劳动，脱离劳动人民，知识分子工农化就显得更加迫切。

从《青春之歌》回忆当年[*]

　　《青春之歌》是一部好小说。每读一遍，旧日的情景就在脑里浮现一次，等于温习一次革命史中的一节，使人按不住心头的激动。今天我们完全胜利了，六亿人民过着幸福的日子，这幸福是历次革命中千千万万各个战线上的"卢嘉川""林红"……这些烈士们的鲜血换来的。且不必说当年全国范围内围剿与反围剿的残酷斗争以及全国各地的地下斗争，就以北京大学一校来说，我们的党，我们的革命战士为了争取革命的胜利，付出了多少代价！

　　《青春之歌》写了好几个在旧大学里有代表性的人物。林道静由小资产阶级的革命狂热、憧憬革命，经过党的培养、锻炼，终于成为一个坚强的共产党员。这个人物发展成熟的过程是合乎规律的，人物刻画也是成功的。这里我不想多说。现在想谈的是另外几个代表人物和当年北大学生的情况。

　　小说不是历史，但《青春之歌》所描绘的革命斗争的环境和当年实际情况基本上是符合的，是真实的。像江华、卢嘉川这样的学生，都是党长期教育培养，并参加了许多实际斗争逐

---

　　* 原载《文学知识》1958 年第 1 期。

渐成长起来的革命骨干，这种学生绝不是仅仅从学校里面所能培养得出来的。像余永泽这种向上爬、钻古书，走胡适的门路，对外面大事认为是"胡闹"的"冷血"学生，在当时北大每系都有一两个，但为数不多。像许宁，有革命要求，有良心，但胆小怕事，动摇不定，这种人相当多。王晓燕这种学生，有正义感、旁观的超然派，在当时北大占绝大多数。北大当时还有一批国民党御用学生，他们每月领津贴，专门当狗腿子，替国民党通风报信，这种学生也是少数。当年北京大学进行着的革命和反革命的斗争，就是在群众的这样的思想基础上展开的。

有些读者曾疑惑，像王晓燕这样的人，党何必花这样大的力量去争取？他们认为小说在这方面的描写有些浪费笔墨。小说作者的安排意图我不知道，这样处理是否完全妥当，我想这是另一个问题，但是就北大当时的群众思想情况来说，王晓燕这样落后而站在中间、可以同情革命的青年，的确占全校学生的大多数。《青春之歌》里，曾写到监狱里俞淑秀对林道静说："他们（反动派）送我进了马列大学，叫我有机会认识真理……"这一段对话是深刻的。今天回想起来，国民党反动派岂止在监狱里开设"马列大学"，就是监狱以外，整个国民党统治区，他们也随处开设"马列大学"，当反面的教师，使群众一天一天倾向革命。王晓燕虽没有进监狱，但最后她也转变了。这种类型的大学生的转变，在当时是有代表性的。

记得在1931年11月30日，北大学生会开会，讨论团结对抗日本帝国主义侵略的问题。"九一八"以后，北大全体同学早已对蒋介石的不抵抗主义感到无比愤怒。大会前夕，少数国民党学生在各斋舍贴了许多"严防共产党捣乱"的标语。这些特务学生企图用"共产党"这顶帽子钳制同学们的要求共同抗日的呼声。事实上等于火上加油，更增加了同学对国民党特务学生的不满，认为他们在干涉别人爱国的自由。开会时，在地下党的正确领导下，通过了抗日救国的十四条决议，其中有一条是：如果南京政府不能保障中华民族的成立，就要打倒它。这时，特务学生看到他们的阴谋完全失败了，就突然用石子和煤块把开会的会场——三院礼堂的玻璃打破，有的同学被打伤。反动派这种卑劣的行为，教育了本来还在中立观望的群众。广大群众义愤填膺，大会当场决议改组北大学生会抗日委员会，清除隐藏在抗日会内的特务分子，并决议于第二天罢课，组织南下示威团，到南京蒋介石政府所在地去示威。这次示威就是《青春之歌》第一部第七章所描写的南下示威的前奏。

在"一二·九"以前，北京罢课的学校不过四五所。经过国民党在"一二·九"用大刀、水龙头冲击，一夜工夫（12月10日），据当时北平学联的统计，罢课学校就增加到了三十所以上。在"一二·九""一二·一六"以前，斗争性坚强的，对国民党反动政府不满、仇恨的人，虽然逐年增加，但为数还不算很多。经过"一二·九""一二·一六"的毒打、逮捕，同学们变得更加坚强，同情革命的人数激增。

"一二·一六"那一天，北大同学在学联的统一领导下，担任第三大队（全市大中学校分四个大队）的领导者，走在队伍的最前面，活动的情况和《青春之歌》所描写的大致相同。因为北大的队伍走在最前面，作战最勇敢，曾赤手空拳和大刀、水龙搏斗，受伤的也最多。北大这一天重伤的六人，被捕的五人，轻伤的五六十人以上。同学们的鲜血混合着冰水凝结在大街上。当天晚上，同学们把伤者送到医院，市立医院奉命拒绝收容医治。反动派的这些措施，换来的是全体同学更坚决的罢课，得到的是全国范围的学生罢课的支援。反动派又给同学们上了一课。

当时同学中也有些人十分尊重胡适的"道德文章"。对胡适信奉备至，当然，这些人和余永泽还有些区别。"一二·一六"以后，同学们坚决罢课，胡适这时出面劝告学生，说什么爱国可以，但不要连蒋介石也反对，要赶快上课。因而，同学中有些中间派就更加认清了胡适《独立评论》派的"独立"并不独立，他和蒋介石是一个鼻孔出气的。罢课坚持了多日，胡适和校长蒋梦麟对他们的上司交不了账。最后他们出布告，限期上课，并以"开除""记过"相威胁；同时胡适和蒋梦麟亲自出马，劝学生上课。蒋梦麟站在第二院的大门口，胡适站在沙滩红楼第一院的大门口，看见同学走过，就动手拉他们进去上课。在胡适的对面则站着同学的纠察队，劝阻同学们不要受胡适的骗。胡适老羞成怒了，指手画脚地叫嚣说："看你们胜利，还是我们胜利！"胡适的反动政治面貌早已被同学们看穿，同学们看见胡适站在门口拉人，都远远躲开了。结果没有一个人去上课。胡适呆了好几小时，终于灰溜溜地走了。平常道貌岸然的"胡博士"，在阶级斗争面前，却扮演了解放前上海滩上跑码头拉生意的小瘪三！事后，有些敬佩胡适的学生对人说："胡适真流氓，再也不听他的课了。"

《青春之歌》在《后记》中曾说："书中许多人和事，基本上都是真实的。"书中正面人物是党的优秀的儿女，他们本身的行为就是最好的诗，最好的文章。真人真事，并没有妨害了它的艺术概括的成就。

书里还有许多歌，现在已不大听见唱了，如"枪口对外，齐步前进……"，在当时是多么动人心弦，鼓舞人心！也有些歌，像今天人人都熟悉的国歌，"起来不愿做奴隶的人们，把我们的血肉，筑成我们新的长城……"听了使人深感庄严肃穆；可是当年在抗战的烽火面前，唱的人、听的人却都是热血沸腾，感情激昂。因为当时的北平，已经是国防最前线，人们实际的感受和今天和平幸福的环境大不相同。读了这部小说，使我们回忆起过去革命斗争中的艰苦日子，对今天是有好处的。

马一浮论蒋介石 *

　　1938—1939 年间，抗战初期，国民党重庆政府教育部长陈立夫向当时的行政院长孔祥熙推荐马一浮先生到四川嘉定创建复性书院。因杭州沦陷后，马一浮先生先后在江西泰和、广西宜山避地讲学，弟子们记录汇成《泰和会语》及《宜山会语》，两书均有四川木刻本。江西、广西的文化人都在撤退，马先生退到重庆，暂住在城内邹鹏初家。当时熊十力先生也避难在四川，住在重庆温泉鹿角场。熊先生通知我，说马一浮先生已到重庆，希望我去看望这位闻名已久的前辈学者。熊先生和马先生是在杭州就已熟识的老朋友。马一浮先生在重庆期间我看望过两三次，记得都是与贺自昭（贺麟）先生同去的。第一次会面，见马先生白髯垂胸，说话声音洪亮，出口成文，语言典雅，从马先生身上的儒者气象，想见当年程朱睟面盎背的风范。

　　从熊先生、贺先生处知道这次马先生在重庆，只停留几天，已会见了陈立夫、孔祥熙，正等待会见蒋介石后即去嘉定创办复性书院。听说还约了熊十力先生同往复性书院讲学。

---

　　* 据《学术文化随笔》。收入《竹影集》，题为《蒋介石志大才疏》。

在邹鹏初家，还看到二位青年前来拜望马先生。他们研究法相唯识之学，向马先生述说佛教修养，以期转识成智。马先生未及答复，熊先生立刻大声喝住他，说做学问要切实自得，"转识成智"谈何容易，声色俱厉。我们在一旁的人很为这位青年叫屈。马先生不紧不慢地告诉这位青年，为学要有次第，不能急躁，涵养居敬，不离于人伦日用之间。一上来就追求转识成智的境界，会落于空言，无补于实学，无所受用。这位青年走后，熊先生对我说，这位青年叫文德扬，四川人，从王恩洋学过佛学。因他把学问看得太容易，不得不予以针砭。

马一浮先生在会见了蒋介石以后，即将离开重庆。贺先生在一处酒楼设宴，为马先生饯行，熊先生作陪。席上有一盘菜熊先生尝后觉得味道不错，叫人把它移得近些，吃得淋漓尽兴，马先生举箸安详，彬彬有礼。这两位学者治学不同，性格迥异。熊先生豪放不羁，目空千古。马先生温润和平，休休有容。饭后，大家步行陪送熊先生回寓所，马先生乘滑竿先回。我对马先生说，饭后百步，可以助消化。马先生用手上下比划着说，滑竿上下颠簸，也可使肠胃蠕动。不久大家重新回到马先生和熊先生的住所。

我问马先生，以前见过蒋没有，见后有何印象。马先生说，以前未见过蒋。见蒋时，劝他"虚以接人，诚以开务，以国家复兴为怀，以万民忧乐为念……"。像这样文辞典丽的骈骊发言有一二十句，我当时记不全。我又问马先生，对蒋介石这个人的印象如何，在他身上看得出有没有中兴的气象。马先生沉思了一两分钟。说，此人英武过人，而器宇偏狭，乏博大气象；举止庄重，杂有矫揉，乃偏霸之才，偏安有余，中兴不足。方之古人，属刘裕、陈霸先之流人物。"偏霸之才"四个字，马先生说了两遍，故印象极深。

　　熊先生接着说，此人心术不正，是个流氓。马先生笑笑，没有和熊先生争辩。回来的路上，我又问贺先生：马先生对蒋的评论，您认为何如？贺先生说，这是马先生的看法，想必有他的依据。贺先生又说，马先生学者气太重，他对蒋说的那些话，一则蒋听不懂，二则蒋也听不进去，讲"虚""诚"怕是格格不入。

　　马先生对儒学的继承和发展也有极精辟的见解。有一次熊先生向我转述了马先生的话。孔子的儿孙不出在曲阜衍圣公府，曲阜有孔子的奉祀人，没有孔子的继承人。孔子的嫡传儿孙是程、朱、陆、王，他们都不姓孔，马先生用禅宗大师的语言把道理表达得十分确切，使我十分钦佩。吉光片羽，弥足珍贵，恐成绝响，附记于此。

实现中华民族历史使命的巨人
——毛泽东*

伟大的中华民族，有文字可考的历史至少有五千年。中华民族对世界文明做出过贡献，中华民族也吸收世界先进文明丰富了自己。回顾中华民族走过来的道路，五千年来，概括地看，可以说做了两件大事：第一件大事，建成多民族的大一统封建国家；第二件大事，摆脱近代帝国主义侵略势力和封建势力，建立现代化的人民民主国家。第一件大事已完成其历史使命，第二件大事已经开始，并正在进行中。毛泽东是中华民族从事于第二件大事的参与者、推动者和领导者。

中华民族几千年来从事的第一件大事，是把生活、蕃衍在黄河、长江流域广大地区的众多种族融为中华民族，把众多诸侯割据的小国建成大一统的国家。中华民族在大一统的政治制度下得以充分发挥其创造性，创建了伟大的东方文明，建立了完善的政治制度，使本来比较低下的小农经济发挥出最大效益，形成巨大综合国力，从而使中国封建社会的哲学和文化达到极高成就。汉唐以来，中华民族的贡献长期处在世界文明的

---

* 原载《中国社会科学院研究生院学报》1993 年第 6 期。

前列。

也要看到，成就所在也就是局限所在。封建社会成功地贯彻了政教合一，使它难以从中世纪的锢闭中蜕变出来走向现代化。

中华民族的历史使命，赋予它的第二件大事是推进中国走向现代化。为实现现代化，首先要摆脱殖民统治，救亡图存，使民族免于被奴役，建成独立、自由、富强和民主的新中国。

1840年以前，中华民族走着自己安排的道路，在大一统的政治体制下，取得了文化、经济建设的预期效应，把中国封建社会推到顶峰。如果没有外来势力的干预，社会循着自己的规律发展，也会从中世纪的古堡中走出来，奔向现代化。但1840年以后，中国被迫卷进世界，当时先进的资本主义已成长起来，他们为了保持殖民者既得利益，不愿中国走向现代化。中国的现代化面临着双重阻力，一是外国侵略者的阻挠，二是中国封建主义保守势力维护其既得利益，反对任何变革。

中国人带着八国联军侵占首都北京的民族耻辱进入20世纪。民族的愿望和客观现实出现了强烈的反差。中华民族面临的抉择是不能生存就要亡国这样严峻的考验。两者之外没有第二条路可供选择。

中华民族仁人志士，一代接一代地为争独立、自由、救亡图存而奋斗。从鸦片战争起，为中华民族走向现代而努力的像林则徐为首的爱国官吏，洪秀全为首的爱国农民，康有为、梁启超为首的爱国知识分子，都在为中华民族的历史使命，完成第二件大事而努力奋斗。伟大的孙中山先生总结过去的经验，首先提出推翻几千年的君主制度、建立独立的民主国家，并为此而奋斗一生。孙中山的思想贯穿着中华民族爱国主义传统，紧紧把握救亡图存的大方向，把中国的现代化推进一步。要救亡，就要反对帝国主义的侵略，要图存，就要争取民族的生存权，要发展生产，要提高全民族的文化科学素质。正如鲁迅先生所说的，我们中华民族一要生存，二要温饱，三要发展，凡是阻碍我们达到这个要求的任何势力，都要坚决排除掉。孙中山先生未完成的事业，由中国共产党和毛泽东同志领导全国各族人民继续推进，把中华民族的解放事业推向更高阶段。

毛泽东同志的成就是多方面的，主要贡献在于他实现了中华民族的历史使命，他带动各族人民做了中华民族史上的第二件大事——建立一个独立、富强、自由、民主的现代化新中国，即中华人民共和国。毛泽东同志在 1949 年开国典礼上向全世界宣布"中国人民从此站起来了"，实现了百年来几代仁人志士的理想。

解放后，外国侵略势力不甘心让出已享有的特权，对新中国在经济上封锁、政治上孤立，在局部地区强行军事干预。救亡图存的大业已奠定了巩固基础，但统一尚未最后完成，领土边界还未得到完全的保障。这要我们这一代人继续努力。

由古代社会走向近代化，由自然经济向商品经济转轨，一般情况下，要经过几百年的反复探索，才能把关系理顺，使它走上正轨。我们要在短短几十年内走完一般要几百年的路，困难是可以想到的。毛泽东和全国各族人民一道共同探索着现代的道路。

毛泽东之所以不朽，因为他参与并领导了中华民族的这一不朽事业。中华民族五千年间做了第二件大事，为了建立新中国，既要除旧，又要布新。新兴事业正开始进行中，中华民族的历史使命不朽，毛泽东的业绩同样不朽。

新旧交替之际[*]

　　中华民族五千年来，创造了华夏文明，丰富了世界文化宝库。中华文化持续前进，历久不衰，是人类史上的奇迹。

　　中国古代最昌盛时期首推汉唐。汉唐两代的人口最多时都超过了五千万。地旷人稀的古代，人力就是国力，广土众民，形成合力，国家就昌盛。汉唐的昌盛富强，主要原因在于国家统一形势下，充分发挥了兼收并蓄、融合众长的特点。

　　在民族方面，融合众多少数民族形成了中华民族。在文化方面，中华民族吸收了当时不同文化的特长，充实了自己的文化①。中华民族经过多次大的民族融合，迸发出刚健清新的活力。多种文化的会通，形成丰富多彩的中华民族文化。试以哲学为例，秦汉大一统后，儒家定于一尊，但儒家已非先秦儒，它吸收了燕齐方术、阴阳五行、申韩法家的思想形成新的学派。黄老思想曾流行于汉初，但也非先秦老庄原貌，吸取阴阳、儒、墨、名法，形成新的道家。秦汉统一到鸦片战争，两

---

　　*　原载《群言》1994年第2期"专题座谈——传统文化、改革开放、世界新格局"。

　　①　佛教传入中国，经过融合改造，成了中国佛教，它的活力和影响大大超过印度次大陆佛教发源地。

千多年来，哲学显学不外孔、老两大流派。以孔子为代表的儒家不断总结统治天下的经验，使大一统的封建国家制度不断完善。以老子为代表的道家，宣传无为而治，主张顺应自然，使小农经济薄弱的生产力得到充分发挥。儒家体现了中央集权的功能，道家体现了小农经济的意愿，这两大思想体系协调、互补，出现了历史上所谓太平盛世。

如果没有鸦片战争的干扰，中华民族也会按照自己的方式从中古走向现代。鸦片战争打乱了这个文明大国的正常步伐，它被抛进了现代世界，列强却不允许它成为现代的强国。一部中国近代史从此开始。

一百五十年来，中华民族集中力量办一件大事——把中国引向现代化。无数爱国志士，一代接一代地为这一目标而努力。他们中间有林则徐为首的爱国官吏，洪秀全为首的爱国农民，康有为、梁启超为首的爱国知识分子，他们都为中国现代化探寻出路，取得可贵的经验。伟大的孙中山先生总结过去经验，联合全国各族人民推翻了几千年的君主专制制度，创建民主国家，并为此奋斗一生。孙中山未完成的事业由中国共产党和毛泽东同志领导的全国各族人民继续推进，建立了中华人民共和国，确定了走社会主义道路，把中国的现代化推向更高阶段。

新中国是从旧中国基地上建造的，新中国不能割断旧传统。新旧两种文化接触，要发生冲撞。旧文化中优秀传统起主导作用。如恢宏的气度、博采众长的融会精神等，旧文化中的糟粕也还起作用，如家族宗法残余、等级特权等腐蚀作用也不可低估。外来文化中健康、开拓进取精神，可以医治中国的守旧思想，同时，也要看到外来文化中的野蛮掠夺、殖民主义残余的传统也乘机传入。外来的落后文明对中国的现代化起着破坏作用同样不可低估。

中国文化早已通过古丝绸之路传到西方，隋唐以后又增加了海上丝绸之路，西方对中国并不陌生。但近百多年来，中国文化的价值一直没有受到西方的重视。欧洲中心论起着决定性的影响。旧中国时期，中国文化仍然完整地保存着，西方并没有像今天这样重视中国文化。中国政局在旧中国倍受西方殖民主义操纵，战乱不断，连年灾荒，"民有饥色，野有饿莩"，西方人眼中的中国是殖民地，是"东亚病夫"，看不出有什么优越性，更谈不上向东方这个古老的弱国学习。

解放后，政令统一，政局稳定，摆脱了旧中国贫弱病态，解决了十一亿人口的吃饭问题。建立了现代化工农业，有了现代化的国防，掌握核子武器的制造技术及其运载手段，从而取得国际上与大国同等发言权。特别是近十五年来的经济腾飞，更使世人瞩目。这些物质建设的变化和成就作为背景，才引起了西方对中国的文化价值的关注①。

最有资格总结中国文化的特点的是我们自己。至少有两大特点值得总结。

第一点，中国有长期集中统一的政府。有了强有力的统一国家，才能聚集众多微薄的生产力合成较大的生产量。我国古代的重大建设，如长城、运河、修《四库全书》等重大工程建设，都是靠了集锱铢为丘山，聚少成多，才能完成。直到当代，我们生产原子弹，建立现代化国防，还是靠政府有效地运

---

① 50 年代抗美援朝战争，与美军打了个平手，促使北美各大学创建了许多研究中国的机构，大学开设了中国文化的课程。清朝末年，清政府吃了外国炮舰的亏，开始关心洋务。从洋务买机器到学习西方文化、哲学。都是先从物质着眼，进而着眼于文化。

用集中人力、物力而取得成功的。

第二点，中国有坚强、持久的民族凝聚力，因为我们民族之间长期融合，形成民族之间共同意识，秦汉以来，我们有共同使用的汉字，汉字把不同方言隔阂沟通起来。汉字成为民族联系的纽带。我们有共同认可的价值观，从而使中国历史上虽然出现过朝代更替，但文化发展是沿着同一个方向前进着，元朝灭宋，继承、发展了宋文化；清朝灭明，继承发展了明文化。宋元明清，经历四朝、近千年，不同民族当皇帝，但中国的文化传统，哲学体系则一脉相承，未曾中断，也没有改变方向。

政治统一，保证了哲学发展，哲学的成就指导着政治统一的完善化。几千年来是这样走过来的，今后，可能还要照这样走下去。

今天的中华民族，面临的任务比过去艰巨得多。我们有博采众长，熔铸百家的好传统。今天要博采世界文化的众长，文化资料丰富多样，要吸收它，先要认识它。对西方文化，我们所知不多，要有一个熟悉的过程。近几十年来，我们对西方的文化长期隔绝，相当隔膜。近几十年来，我们对本国文化也要用新观点，认真清理，摆脱长期所受极"左"思潮的影响，去粗取精也要一个过程。这两项工作（吸收外来文化，总结自己的文化）没有捷径可走，都不能草率从事。今天要做的事是一项宏大工程。要建立中华民族现代化的文化，必须综合古今中外的众家之长，使它熔铸成一个崭新的、宏大的思想体系，才能形成体现中华民族特色的社会主义新文化。

抬出中国古代传统中的某一家某一派，认为只要发扬这一家一派，就能建成社会主义新文化，是不够的。搬来外国文化中的一派，强加给中国文化，也有过失败的教训。在此新旧交替之际，我们要创造自己的社会主义新文化，必须继承中华民族成功的经验，善于运用融会贯通创造的特长，有目的地培养一批有研究能力，有远大志向的专家，大胆吸收世界文化中一切有价值的东西为我所用。

目前，先运用多学科、多方位、多层次的学术研究者的群体，共同探索创建中华民族新文化这一共同课题。聚合分科的成果，然后综合成为整体。要一代、两代人持续努力，可望成功。

小掌故 *

《中华读书报》编辑部：

贵报第 167 期第 4 版刊载《设计国徽始末》。据我所知，国徽设计者是清华大学的一位青年教师，他叫高庄（男）。我和高庄的几位朋友认识（和高无来往），可惜他们都先后去世了。

北平解放后，中国共产党邀集全国各民族各党派代表人士，集中商讨建国大事。国家体制，国家名称，国都地点，国旗、国歌、国徽等都要定下来，以便向国内外宣布。征集国旗、国歌、国徽的要求公布后，立即得到全国人民的热烈响应。应征来稿最多的是国歌，其次是国旗，国徽设计的应征者较少，也有百余件。国歌应征者多，都未被选中，最后决定用《义勇军进行曲》为代国歌。应征国旗的图案设计原来要求有黄河的象征，有一设计，红旗中间有一条黄色横条，当时政协委员张治中说，中间一条黄色横杠子像一根金箍棒，棍子是来打人的，不符合团结全国人民的精神，不可取。经过反复选

---

* 据《竹影集》。原载《中华读书报》1997 年 10 月 15 日，题为《国徽设计者》。

择，最后选定了五星红旗，大家一致通过。艾思奇参加了第一次政协会议，这是他在课堂上对北大哲学系学生讲的，想必不差。

征求国徽图案设计，当年梁思成先生是国徽评选委员之一，他为了集思广益，从中选了二十来幅图案设计，在清华大学的一间教室展出，每幅画面约一平方米，挂在墙上，很醒目。其中也有梁思成先生设计的一幅，图案为白色玉玺形状，中间有"中华人民共和国"七个篆字，朴素古雅，与众不同，所以至今记得。

国徽最后选定了高庄的设计，并经中央政治局通过。设计中选后，高庄兴奋得彻夜不眠，反复思考，发现设计稿还不完善，要修改。为此，他提出修改原设计图案的要求。这可麻烦了。按规定，国徽图案经讨论通过后，它成为国家的徽志，任何个人，包括原作者在内，都无权修改。如确有必要修改，还要中央开会讨论通过才合法。建国初期，我国的官员人数比较少，工作效率也高，而且国徽尚未公布，高庄很快得到通知：请他赴会说明必须修改的理由。他接到通知后，携带着新旧两件图案稿样，进城开会，向中央有关领导说明修改的必要性。刚好这一天我有事由清华大学进城，和他同车，相邻而坐。

高庄设计的图案包括麦穗、齿轮、天安门，环绕齿轮的有红色飘带。原来设计环绕齿轮的红飘带有如藤条绕树，呈曲线缠绕形状，飘带左右两端呈尖角形。修改稿把红飘带改为直线条纹，有棱角，飘带左右两端下垂部分改作方形。他对同车的人们（当时乘车的都是清华大学的师生）说，这一改动避免了给人以红绸子缠绕实物的绵软印象，修改样稿超出了模拟写实的手法，凸出图案写意的风格，显得庄重而不飘浮，更能体现国徽典重、庄严的设计要求。

同车的人听了他的解释，都很佩服，欣赏他设计思想的深刻。大家把所携带的两份设计进行比较。对比之下，更觉修改稿胜过原稿。虽然只修改红飘带的局部线条，却把整个国徽意境提高了。

他快要下车时，大家鼓励他到会场不要怯场，把道理讲透，修改样稿一定会通过的，并预祝他成功。后来公布的国徽图案足以证明，中央采纳了高庄的修改方案，这本来是意料中的。

梁思成先生是海内外知名建筑学家，清华大学建筑系的奠基人，又是国徽图案评选人之一。他的学生后辈设计的国徽中选，悬挂在全世界代表中国政府的厅堂及庄严场所，其中也有梁思成先生的劳绩。

选定国徽是建国初期的一件大事，国家档案馆存有原始记录，查清国徽原作者不难。

为往圣继绝学　为万世开太平[*]

我有幸生在 20 世纪，又有望跨进 21 世纪的大门。20 世纪对全世界来说，很不平常；对中国人来说，更是惊心动魄，有些感受刻骨铭心。

如果把 20 世纪这一百年分为两半，前五十年中国人民主要致力于求生存，当然包括国家的生存、民族的生存以及个人的身家性命；后五十年主要致力于求发展，当然包括国家的发展、民族的发展以及个人的发展。这一百年上承鸦片战争，下启 21 世纪，中华民族做了一件大事，就是上上下下都在促进中国的现代化。

鸦片战争以来，中国人民遭受外来侵略，挨打受气，原因在于生产落后陈旧，停留在中世纪的水平上，没有现代化。从清末林则徐等先进人物开始探索现代化道路，经历了不同的政治集团、党派，几代人的努力，终于找到了建设现代化中国的道路，成立了中华人民共和国。这中间换过朝代，政党也换过几茬。历史表明，凡是违背中国现代化历史使命的，必被历史所淘汰，好像有一只看不见的手在指挥历史前进。这只看不见

＊　原载《群言》1999 年第 1 期"共和国与我 50 年"征文。

的手就是广大人民群众的意愿。意愿属于主观的精神范畴，是一种心理活动。个人的意愿作用有限，不切实际的意愿不过是空想，无法变成现实。但千千万万人的意愿，民族的意愿可以汇成洪流，发展成排山倒海的力量。人民的意愿构成历史使命，物化为实体，落在实处，就是新中国——中华人民共和国。

张载有四句名言："为天地立心，为生民立命，为往圣继绝学，为万世开太平。"天地有没有心，这个心如何立，千年来有不同的理解。照我的解释，天心不可见，人心所向即天心所向，"天视自我民视，天听自我民听"，为天地立心，无非是顺应民心，民心向背即天心取向。"为生民立命"，"命"，即生命，活命，就是要老百姓活下去，并且活得好，活得有意义，物质生活、精神生活都充实丰富。这本来是常识，也是真理。真理背离了常识就不成为真理。人活着要解决衣、食、住、行，这是常识，也是真理。历史唯物主义是马克思哲学的重大发现，按着这条思路观察社会是否进步，考察历史的成败，就不会迷失方向。无奈历史上古今中外无数英雄豪杰都常常对这种常识视而不见，不让人民有吃饭穿衣的权利，引起社会动荡，小则动乱，大则亡国。内忧外患的直接根源都是由忽视民命引起的。

20世纪的前五十年，中国人民是在内忧外患中度过的。只有经历过忧患的人，才真正懂得它的涵义。古人遇到乱世，常自叹"生不逢辰"。我的前半生，特别是青少年时期，正赶上了乱世，我却自庆"生也逢辰"。试想二百年前的中国人，当乾（隆）嘉（庆）太平年月，以"天朝"选民自居，自我欣赏，睨傲天下，已落后于世界潮流而不自知，才真正可悲。我生于1916年，袁世凯称帝，改元为洪宪元年。上小学时，赶上军阀割据，连年混战。小学毕业时，国民军北伐，日军人出兵阻止北伐军，日军在济南残杀驻日公使蔡公时，造成济南"五三"惨案。高中时"九一八"事变，日军掠夺我国东北三省，随后占据了长城以北广大地区，接着是七七事变，抗日战争。抗战胜利后，中国人民赶走了日本侵略者，收复了失去的领土，却迎来大批美军。美国军队以征服者自居，在北平横行霸道，北大女生也遇到美军凌辱，中国的国际法专家们聚集在北大校长胡适家中多次开会，商议出庭辩论对策。因为国力不强，最后却以美军强奸犯人无罪遣送回国而结束。胡适夫人抱怨说，这些律师们光在我家吃饭，官司也没打赢。

辛亥革命推翻帝制，临时政府宣称，过去清政府签订的一切不平等条约继续有效，以此换取列强的承认。虽不再向皇帝跪拜，却依旧受外国侵略者的欺侮，国际地位实际上没有改善。

解放后，向全世界宣告，废除旧法统，不平等条约一律作废，租界一律收回，在中国的外国人只要遵守中国的法律，以外侨身份就能受到保护，一百多年被压迫的中国人民终于站起来，感受到前所未有的解放。不只青年教师高兴，比我年长一倍的老师们，也兴高采烈地参加了每年两度（"五一""十一"）的群众游行队伍。俞平伯先生"五一"游行遇雨，红旗滴下的雨水渍染了他的上衣，他写小诗《红旗的雨》，发表在《人民日报》上，风格与早年清新婉约的诗风不同，对新中国欣欣的豪情跃然纸上。

爱国主义促使广大人民团结抗日，爱国主义把中华民族凝聚在一起，爱国主义使我们取得了抗美援朝的胜利，奠定了建设新中国的基石。

共和国成立后，中华民族走进了物质文明、精神文明建设的新天地。新中国建在旧中国的旧基地上，百废待兴，还未能把各种关系理顺；又由于经验不足，某些措施失误，多种矛盾纠结交错，不可能在短期内使它就绪。"文化大革命"时期，新旧矛盾爆发了大决战。全国付出了惨重的代价，社会主义新体系与中世纪残余的小农意识、反理性的宗教狂热进行了一次大决战。"四人帮"的覆灭，标志着中世纪残余势力全军覆没，造神运动再也没有容身之地。假借马克思主义名义，推行中世纪腐朽思想的做法不能继续横行。千百万觉醒了的中国人民正在告别贫困，走向富足，告别愚昧，走向科学，向着现代化前进。

中外历史证明，任何国家的文化繁荣，必然出现在政治稳定、经济繁荣、文化水平提高之后，而不能提前。中国汉朝的繁荣，并不在刘邦登上皇帝宝座之时，而是过了四分之三世纪，第三代皇帝汉武帝时才出现了文化高潮。唐太宗贞观之治，达到政治清明，但文化繁荣时期则在第三四代皇帝之后。北宋建国百年以后，才出现了文化繁荣的高潮。新中国成立刚五十年，中间经历了十年的"文化大革命"，又加上经验不足，几次盲目跃进，走了一些弯路，耽误了建设进程。有些失误是可以避免的，有的则是必要付出的学费。如果给自己的时代定位，给自己出题目，应当为共和国做些什么，怎样才能为祖国现代化尽一份力。我将明确回答：中国现代化已上了路，并找到了方向，但文化繁荣的高潮还没有到来。这个高潮不能早于21世纪的前期。为了迎接21世纪现代文化繁荣高潮的到来，从现在起，就要从各个方面积累资料。

资料积累要超出古代视野，放眼世界，纵览古今，把全世界一切有价值的文化遗产，尽可能完整地汇集起来，并加以消化吸收，为新世纪文化建设服务。要培养有高度素养的文化、科技建设人才，融会已有的中外古今文化，构建现代新文化体系。

现代新文化体系，作为中华民族指导思想体系，将使未来的中国人形成社会共识的人生观、价值观，它的社会功能将会辐射到千家万户，浸润到群众的内心生活中去。好像近代西方的"自由""平等"，中国汉代的"天人感应""阴阳五行"、宋儒"忠孝"大节那样，成为当时社会的普遍准则。近百年来，中外各国都涌现了一大批哲学家、思想家，有些人言之成理，持之有故，著书立说，但仅仅停留在书本上，远没有构成社会效应，这些著作均可以作为未来新文化的资料，以供采撷。

文化建设不同于一般实物建筑，它需要一个漫长的融会贯通的过程。不同地区、不同民族、不同思想体系汇集在一处，要经过融会，变成新体系。把不同历史时期的优秀文化取精用宏，铸成新部件，这种贯通古今（中国、外国的古今）的工程绝不是一朝一夕，短期内可以见成效的。张载所说的"为往圣继绝学，为万世开太平"，这一美好的理想，不但宋朝人没有办到，千年以后的现代中国人也没有办到。贯通古今，融会中外，集文化精华之大成，宏伟构想如能实现，不可能早于21世纪。并不是古人笨，也不是我们无能，而是构建精神文明大厦的资材还不具备，即使神仙、上帝也无能为力。

共和国为每一位公民提供了发展的领域，只要审时度势，摆正自己的位置，把份内的工作做好，就等于为21世纪做出奉献。我一生从事文教工作和人文科学研究工作，愿在这个领域为共和国尽一份力量，既为了目前的需要，也为未来的知识宝库增添一份文化庋藏。

高举爱国主义大旗
提高民族文化素质[*]

——纪念五四运动 80 周年

一

五四运动作为政治事件发生在 1919 年 5 月 4 日，而作为"五四"精神、"五四"思潮，它不像政治事件那样有明显的年月日起，这是一个过程。文化思想的变革不能刀砍斧切地画线。"五四"精神、"五四"思潮在 1919 年以前早已发生，八十年后的今天还在持续发展。文化思潮有超前性，也有它的滞后性。

辛亥革命结束了几千年的帝制，中间有过短暂的回潮，很快即被扑灭，从此想当皇帝的野心家再也没有上台的机会。但

---

* 原载《人民论坛》1999 年第 5 期。

几千年的封建思想体系对人们的毒害仍然顽固地盘踞着阵地，抵制新思潮。五四运动的功劳就在于相当彻底、声势空前地批判守旧保守势力，为新社会开辟道路。

以文化教育领域为例。辛亥革命后，民国政府办教育，仍然承袭几千年的教学内容。北洋政府授予北京大学校长胡仁源以"中大夫"的称号，这还是两千年前汉代的爵位称号。再看北大"五四"以前的课程设置，教学内容有"经科"，下设"毛诗门""周礼门""左传门"，与清朝国子监的教学内容完全一样。这种教材是汉代"五经博士"时期制定的。当时国内最高学府能培养出合格的现代人才吗？没有"五四"的冲击行吗？

五四运动以破竹之势向旧制度冲击，对旧礼教、旧文化、旧文体、旧历史观展开有力的批判。从此，中国文化面向世界，与世界思潮大量接触，有斗争，又吸收融合。

八十年后的今天，回头审视五四运动，不难发现有很多缺点：对旧文化打击过多，肯定过少，怀疑过多，相信过少。有些人认为五四运动社会效果弊大于利，这不是看待历史的态度。后人看前人，容易看出前人的缺憾，这是旁观者清。事后诸葛亮总显得比诸葛亮本人更聪明，更有预见性。我们不妨想想亲身所做过的事，有时并不聪明，甚至愚蠢得可笑，使后人难以理解。像三十年前那场"文化大革命"，举国若狂，做了多少蠢事，比起当年"五四"批判旧文化的过火行动不知超过多少倍。如能真正以科学的态度看待历史，就不会过高估计自己的能力、才干。

当年李鸿章在日本签订《马关条约》时，日本全权代表是伊藤博文。伊藤声色俱厉，强迫李鸿章签字。李鸿章说："难道不允许我申述理由，双方商谈吗？"伊藤说："申述尽管申述，签字还是要签字。"弱国的处境就是这样。辛亥革命后，民国成立，情况并没有改变多少。孙中山为了争取国际承认，宣布清朝不平等条约一律有效。推动五四运动的动力是全国上下高涨的爱国主义。卖国投降的《二十一条》，激起全国人民的爱国热情，高举科学、民主两大旗帜，深得人心。广大爱国知识分子深知，愚昧落后就要挨打，受欺凌。虽然国体改为"民国"，人民并未当家做主。北洋政府卖国，列强欺侮中国的局面并未因国号改变而改变，广大人民仍处在水深火热之中。

八十年后的新中国与旧中国有很大的不同。我们由弱国变成强国。新中国向全世界宣布，不承认以前的一切不平等条约。我们靠自己的力量走自己的路，建设有中国特色的社会主义。由于积贫积弱已久，由贫弱转为富强，还有很长的路要走。今天回顾"五四"可以发现，八十年前先进的革命知识分子所努力奋斗的目标，有的已经达到，有的部分达到，有的则尚未达到。

二

人类社会有两种群体组织对人类生存起着决定性作用，一是民族，一是国家。世界各个国家都对其公民进行爱国主义教育和公共道德教育。这不是哪一个国家发明的，也不是国家间协商制定的，而是千百年来各国家各民族从生活实践中总结出来的共同经验。因为个体由群体保护，才能生存发展。个体在群体中生存，既受到保护，是受惠者，同时又必须对所属的群体尽义务，受到群体的某些约束。由此产生法律，法律具有被动制约性，同时守法者也有甘受约束的主动性。

一国的法律条文、道德规范对其成员虽具有绝对权威，但管不着群体以外的成员。一国道德、法律只管本国，不管外国。卖国行为既受舆论谴责，也受法律制裁。同样的行为，同一个人，不同的朝代有不同的对待方式和标准。比如文天祥的爱国行为在宋朝、元朝受到不同待遇。因为宋朝、元朝是敌对的两个政权，各有不同的利益。文天祥死后，元朝表扬他的忠君精神，将其作为不背叛君主的榜样，而他起兵抗元的行动并不表扬，必须把他杀掉。

当前世界上最高层次的群体组织是国家。国家以上还没有更高的群体组织。二次大战前有"国联"，而二次大战后有"联合国"，他们是松散的国际群体组织，可以作为政治讲坛，对各国没有约束力，不具备制约和管理众多国家的能力。它无力裁决国际争端。有一位外国政治家说过：国际条约的有效程度，取决于签约双方信守的程度。事实正是这样。

"五四"以后，世界曾爆发第二次世界大战。第三次世界大战虽打不起来，但全世界局部战争正在蔓延，世界有点像中国古代春秋战国形势，只是范围扩大了若干倍，物力损失更大，人员无辜受难，伤亡更多。

20世纪在世界范围内出现"春秋战国"，"春秋无义战"，今天有许多战争也属于不义之战。因为国家之上没有一个有效管理机构，于是国家之间出现以强凌弱、以大欺小的现象，人们看得到，深有反感，但无能为力。

现代世界上强权主义并未得到制止。由于侵略给强权国家带来了实际利益，在利益驱动下，强权侵略有增无减。忠诚、信义、仁爱，这些道德品格超越国界，超越时代。但人们迄今为止，对自己本群体内的成员要求较严格，如有人违反，会受到制止。如果对群体外（比如对外国）的行为违反了道义，人们看得较轻，甚至无动于衷。《墨子·非攻》说，"入人之园圃，窃人桃李，谓之不义"，攻人之国，杀害无辜人民，战胜国不以为不义，反倒把这些行为载入史册，传之后世。墨子所指窃人桃李的行为，损害的是本国人的利益，属于群体内部的，所以要制裁。攻人之国，掠夺杀戮，损害的是别国人民的利益，属于另外的群体。掠夺者把从外国抢的财物分予本国人一部分，还可能得到本国人的拥护。现在世界上对掠夺别国和掠夺本国的行为，用不同标准。所以历史上有的国家把海外殖民者、掠夺殖民地的首领当作英雄来歌颂。现实是残酷的，却又是无法回避的。美好的大同世界，那是遥远的将来的事。我想，如果不当"科索沃的难民"，就是要做一个强国的公民，生存的权利才不致无故被剥夺。弱国的国民，只有挨轰炸的"权利"，申诉无门。"五四"时代人们关心的救亡图存口号，到今天并没有过时，我们的国家还没有强大到使侵略者不敢轻举妄动的程度。有些敌对势力还不断从各方面觊觎中国的领土、资源。这是"五四"时代提出的任务，我们这一代甚至下一代还要继续努力。

三

"五四"提出科学、民主，文化启蒙运动已取得很大的成绩，应当自豪。但是也要看到，科学技术日新月异，隔几年就有一次更新换代，科学进步与扫除愚昧的任务，呈水涨船高之势。"五四"时代反对的愚昧落后，多半指的是乡村求龙王降雨消灾的低级迷信。现代科学比八十年前大有进步，而迷信落后的活动也跟着改头换面。

形势变了，扫除愚昧迷信愚昧落后的任务也随着深入了。启蒙运动对于今天，不只是广大无知群众的任务。针对一些无知干部的愚昧也要启蒙。各级领导干部，如果不学习，不接触现代科学知识，与一般普通老百姓相比，其危害更大。这是当年"五四"时期没有发生，今天遇到的新问题。我们为了促进现代化，继承"五四"精神，一刻也不能松懈。要长期努力，沿着"五四"道路勇敢前进。

我们已解决十二亿多人口的温饱，但还不算富裕，与世界发达国家比，还处在中下水平。我国的科技对生产力的促进越来越大，但所占比例比较低，这些不足都有待于下一世纪补上。

今天新中国的成就，是在"五四"新局面之后才有的，马克思主义是乘"五四"新潮传入的，经过自己的消化吸收，逐渐形成中国的马克思主义。对旧传统批判继承的科学方法，是在"五四"向传统思想大力冲击之后建立的。

我们纪念"五四"，应当是继续"五四"的业绩有所前进，而不能再学"五四"时期所采取的简单化的彻底打倒的方法。

有人不满"古史辨"派的疑古之风。但是应当看到，只有扫除了迷古、复古的保守主义之后，今天的新史学才能建立。不经过一个疑古史学，新史学则无从说起。这是一个否定之否定的过程。"五四"以前，把传说史学当成真实历史，把尧舜时代的文化造诣说得比周孔的文化还高明，这是没有根据，不符合历史真实的。

"五四"时代所提出的任务，有的已经完成，有的正在继续完成，有的则刚刚起步。总之，历史不能割断，在前人达到的基础上前进，才可以少走弯路。认为古人全错，我们全对，推倒重来，另起炉灶，与过去的文化彻底决裂，是"文化大革命"的弊政，这种错误不允许再犯。五四运动的成就与不足，都是我们的精神财富。我们满怀信心，面向 21 世纪。

比前一个千年大不相同 *

处在千年之交，回顾一千年前，中国正当宋朝真宗咸平二年（999）。当时中国文化、科技处于领先地位，印刷术与先进的造纸术相结合，发展了出版业，火药用于武器，指南针用于航海，中国文化对世界做出了贡献。

此后一千年的前一半，中国还处在领先地位，到了后一半，16 世纪以后，逐渐呈现滑坡趋势。只是祖宗遗产丰厚，即使败落，也还能支撑一阵子。到了最近二百五十多年前，中国乾隆皇帝接见英国使臣马嘎尔尼时还是以天朝自居，最近一百五十多年前，与外国侵略势力面对面地发生冲突，才呈现出明显的劣势。

千年间的兴衰，一言难尽，国家兴衰的总根源系于科教的兴衰。

20 世纪，中国被迫从闭关自守的状况卷进世界大潮，经历了一百五十多年的奋斗，取得独立、自主的地位，由贫弱走向富强，引起全世界的瞩目，也受到应有的尊重。

21 世纪是沿袭 20 世纪的道路走过来的。20 世纪的后半段，

---

* 据《竹影集》。原载《中国文化研究》2000 年第 1 期。

科技发展日新月异，年年有新发明、新创造。西方大国多年科教兴国的业绩收到效果。科学落后，必然挨打，受制于人。中华民族要想跻身于世界民族之林而不被淘汰，只有紧抓科教兴国这个大纲不放，坚持下去，我们将会取得更大的成就，目前已取得的辉煌成就不过是万里长征的开始。

上一个世纪，列强争夺的是土地、自然资源，这个世纪列强争夺的目标除了以上的资源以外，还增加了一项人才资源。人才资源与天然资源不同，它是开发不尽的，越开发越兴旺，我国近百余年来的经验，也证明了这一点。有了现代建设人才，才能有现代建设的成就。

我国有十二亿人口，从消费的标准看是一种负担，如果把科教兴国这个方针贯彻下去，肯花力气，这十二亿人口的智力发挥出来，将是无比的财富，我们的综合国力将永远立于不败之地。

我们有爱好和平、与人为善的传统。中国的强大，必将成为安定世界、造福人类的积极因素。

看准了的事情就要下决心干下去，科教兴国是百年大计。像中国这样的多民族的统一大国，十二亿人口的聪明才智用在正道上，造福于人类，对世界做出新贡献，我们有能力做得到。

前程远大，共同努力。

新霸权主义 *

秦统一中国以前，当时华夏地区经过长期兼并战争，以大欺小，以强凌弱，结果只剩下七个强国，他们是齐、楚、燕、秦、韩、赵、魏。七个大国最后统一于秦。中国历史从此结束列国纷争的局面，建立了中央统一的政府。这一新格局持续了两千多年，直到今天。多民族的统一大国从此定型，铸造成了适合中国的国情。后来，历史上虽出现过短期的分裂，最长时期不过三百多年，短的几十年，分裂时少，统一时多。分裂被认为不正常，统一是正常。

中国人民从统一中得到的实惠，至少有以下几项：一、制止了无休止的内战，老百姓过上太平日子；二、统一调配下，兴修水利，防止水患，大河得到有效治理；三、全国农业人口直接向中央政府缴纳赋税，本来很少收入的农业税（包括劳役负担）集中使用，可以兴建大的工程项目，物质建设、文化建设，财力、人力全国范围内统一调配；四、不发达的自然经济，有领导地疏通、调配，便于救灾、度荒。五、集中全国力

---

* 据《竹影集》。原载《群言》2000 年第 3 期，题目为《新"战国"新"七雄"》。曾收入《任继愈学术论著自选集》。

量加强了综合国力，有效地抵御外来侵略。由于这几项实际效益的驱动，多民族的统一大国已成为中华民族的共识，从上到下，都自觉地维护这一体制。

中国从分散割据走向统一，并不是一开始就明白的，是经长期实践，逐渐认识到它的优越性，才坚持下来的。今天统一的社会主义新中国是在旧中国的基础上建立的，这是一份宝贵的遗产，是几千年来保存下来的。我们要像保护眼睛一样，保护这个多民族的统一国家使它不受伤害。国内外一切敌对势力也看到这点，他们总是处心积虑地破坏它，有的从多民族团结入手，有的从国家统一入手。在这个问题上，在国内是衡量爱国主义的试金石，在国际上是衡量某些国家对中国是否真正友好的试金石。

当今世界上（古人习惯称作"天下"的不出中国本部，今天的"天下"指的是全球）也出现了新的"七雄"，即今日所谓工业发达的七大国（美、英、法、德、意、加、日），有人称"西方七国"，并不准确，因为其中还有东方的日本。

战国时期，已出现了统一的呼声，经过几百年的酝酿，由强大的秦国完成了这一历史任务。当前世界上新七雄出现，经济、军事最强的美国坦然以盟主自居，虽然未公开说出它要统一天下，它的行动正表明是朝这个方向走。美国的力量虽然目前办不到，它的野心已暴露得很清楚。

古代的中国历史已表明，统一的大国，有利于生产，有利于社会，可以制止一些不必要的混乱。西方大国也感到统一的好处，欧洲已开始向这个方向探索前进，欧盟的成立，欧元的出现，都是欧洲在为今后统一作准备。由于几千年形成的民族、语言、风俗习惯、文化传统的差异，不是短期可以办到的，但大方向已初见端倪。

秦统一，是古代农业小生产的大集中，其统一模式基本上是静态的，田园式的。今天世界面临的"七雄"的争霸统一，是资本主义高度发达以后的统一，中国和他们的历史文化传统不一样。从哥伦布发现美洲后，以掠夺为目的，为了掠夺金银（最早的殖民者掠夺的是珍宝，还不是资源），他们掠夺的金银上沾有殖民地人民的血迹。殖民者赶走原来居住在这块土地上的旧主人，使他们只能在被围定的贫瘠土地上苟延存活，丰饶的美洲大陆却没有原住民的生活空间。

古代中国的统一，受惠的是大多数群体，今天新七雄所向往的统一，得实惠的是垄断集团，吃亏的是绝大多数被统一的群众。种族灭绝，穷的更穷，落后的更落后。"大同"理想在中国有悠久的传承，中国人讲的"大同"与今天的西方大国强加给殖民地的统一有着根本的不同。亚洲的伊拉克、欧洲的科索沃的命运已经呈现在世人面前，当年美洲印第安人的命运重现在亚、欧。

中国人经历了灾难深重的20世纪，用几十年的艰苦岁月，用几千万人的生命，迎来了新中国的诞生。新中国站起来了，现在还不能说已经站稳，因为国内外还有敌对势力不希望看到它的强大，千方百计破坏它的成长。"多民族统一大国"这一国情，敌对势力也深知它力量的强大，他们制造民族分裂，阻挠国家统一。香港、澳门回归后，敌对势力必将加紧扶持台独，制造西藏分裂。

我们面向21世纪，既要看清已取得的成绩，还要看到前面有很长的路要走。要有忧患意识，不能放松和大意。

历史没有偏见，该发生的总会发生。写历史的人难免偏见，可以隐瞒、歪曲历史。历史总是胜利者写的，失败者生存权利都被剥夺了，更不用说对历史的发言权。古代史册记载着商汤伐夏桀，武王伐纣，是"吊民伐罪"，代替上帝惩罚违反天命的暴君。夏桀、商纣是犯了错，违背了人民的意愿，该亡国。自称"吊民伐罪"的汤、武就那么英明深得人心吗？文献上记载都说他们"圣明"。我们无法看到汤、武如何吊民伐罪的真相，可抗日战争时期确亲身经历过日军为"大东亚共存共荣"的残酷杀戮，也见到美国为了推销他们的民主，向伊拉克、南联盟平民区投下千百吨炸弹，中国使馆被炸，使馆人员伤亡的惨状。

这一段历史，如果不是由受害者而是由侵略者来写，我们可以想象得出，他们必定说是为了解放他们，才炸死他们；为了教育他们懂得什么是民主，怎样过西方美好的民主生活，不得不采取的措施。他们炸平民完全是为了"吊民伐罪"，使他们从不民主的生活中解脱出来。

为了争取自己写自己历史的权利，我们要争取屹立于民族之林而不被淘汰出局，我们必须强大起来。多民族统一大国，不许它受到伤害。科教兴国，消灭愚昧，提高全国人民的忧患意识。我们现在还不能高枕无忧。我们闯过了20世纪这个生死存亡的关头，21世纪还有严重的生死存亡关口有待我们去闯。对中华民族来说，21世纪的历史使命不比20世纪轻松。只有科教兴国的措施落实了，科学技术赶上、超过发达国家，多数人民彻底摆脱愚昧落后的状况，才对得起这个时代。

1999 年 12 月 10 日

史学家的品格*

全国解放后，我读到《美帝侵华史》，知道作者是刘大年，但未曾有机会见面。

以后同在中国科学院工作，不在同一个研究所，才有了见面的机会。1971 年下放"五七"干校，共同在河南息县，我与大年见面的机会多了。后来我们两人都当选为人大代表，社科院共有六位，还有冯至、夏鼐、吕叔湘、唐弢。人大开会的座位按姓氏笔画排列，任刘姓氏都是六划，我们邻座。开会在一起，回到住处又在一起，接触更多，对他的了解也逐渐加深。以后住处相距不远，常常找他谈谈学术上的问题。

大年同志参加革命较早，却从不摆老革命的架子，没有教条气息。我这个马克思主义的新兵和他交谈，很受教益。比如他讲述范文澜同志对于"批判继承"的理解时说，批判地继承就是把旧文化中一切合理的东西榨干，吸收为我们所用。这个比喻生动而深刻，令我心折。

1958 年以后，全国广大地区推行了人民公社制度，实行了

---

* 据《竹影集》。原载《近代史研究》2000 年第 6 期，标题为《忆刘大年同志的几件小事》。

若干年，挫伤了农民的积极性，上上下下都不满意，一个壮劳力辛苦一年，还欠了公社的债，填不饱肚子。老百姓为了抵制人民公社，才出现了包产到户（后来通称为家庭联产承包责任制），农村生产力很快得到恢复。这个变革改变了过去农民不关心生产的弊病，有速效。刘大年同志却指出，从长远看，农村生产发展还是要走合作化的道路，一家一户的生产单位不能使广大农民从简单的劳动中解放出来，要有新的组织形式才行。他这些见解，后来从理论上、从实践上都证明是正确的，他真正搞通了历史唯物主义。

马克思的历史唯物主义与旧哲学的不同，突出之处在于它深入社会，干预生活，不是手持高头讲章，坐而论道。马克思主义的历史观和研究方法，在中国经过近百年的传播，已经生根、开花、结果。我国历史学界首先用历史唯物主义解剖上古史，取得令人信服的成绩，造就了大批人才。刘大年同志是较早的马克思主义史学家之一。他专攻近代史，他在50年代写的《论康熙》是继《美帝侵华史》以后引起学术界关注的论文。

我国著名的文史学家陈寅恪，受到海内外学者的尊重，晚年双目失明，在极"左"思潮笼罩下，心情郁悒，写成《柳如是别传》。刘大年同志充分肯定了陈先生在南北朝隋唐史方面的巨大成就，同时也指出，用几十万字考订柳如是的生活细节，此种研究方向不值得提倡。对陈寅恪一片赞扬声中，能提出此种评论，不啻一副清凉剂，难能可贵。陈寅恪先生博闻强记，治学谨严，目空千古，一生服膺司马温公。司马光关心治道，主编《资治通鉴》。如能起温公于地下，《柳如是别传》必不会得到温公认同。

"四人帮"打倒后，出于对"文化大革命"荒谬批孔的反弹，学术界有些人把孔子抬出来，以补救马克思主义的缺失。

学术界有人宣传，亚洲"四小龙"的腾飞是得力于孔子精神，只有恢复孔子之道，才可以救社会的时弊。刘大年同志对此提出了有理有据的批驳。他说，孔子的学说既然有如此神通，何以对邻居慷慨，对本土反而不帮忙？他指出，孔子学说不是最近才出现，也不是外国引进，何以几千年来孔子学说没有救了旧中国？鸦片战争以后，民贫国弱。孔子学说的威力哪里去了？孔子学说有价值，是中国人民的宝贵遗产，我们应当继承发展，但把孔子学说拔高为治国平天下的最高原理，这是错误的。

凡是我们两人共同参加过的大小学术会议，刘大年同志必有发言稿，我有时只有一个提纲。这些细节都表现出一个科学家严肃务实的学风。刘大年同志治学一丝不苟的精神值得我永远学习。

刘大年同志的专业范围在中国近代史，他在这个领域内带出了不少青年学者。近代史研究处处涉及西方各国，特别是政治、经济领域的利益问题。对于一个摆脱西方殖民主义枷锁的新中国要站起来，在中国拥有既得利益的各种外国势力、集团必然要反对。一方要站起来争取民族的自由，一方要维护既得利益，不希望看到从前的弱小国家站起来与他们平起平坐。侵略与反侵略，压迫与反压迫构成了一部中国近代史的发展主线。凡是涉及中国的变革进步的思想、改革，外国敌对势力必然反对，并且找出一些理论根据来论证中国不应改革，不应革命；不应反对西方侵略势力。近20年来，这种思想以不同的学派、学说来论证中国革命搞错了，"五四"以来从来没有找到自救的道路，甚至推论说没有辛亥革命，光绪皇帝如继续当皇帝，中国会比今天共产党领导得好。这些议论直接向社会主义中国挑战。中国近代史研究者义不容辞，理应做出科学的答复。范文澜同志在新中国开创了中国近代史的科研领域，刘大年同志继承发展了中国近代史的研究，做出了他应有的贡献。这一事业，还要靠我们后死者继续努力。近代史是历史研究的一部分，也是建设社会主义新文化的重要支柱。中国近代史研究失去一员主将，现在已有千万生力军跟了上来，必将开创更光辉伟大的新局面。

最后，举一件小事，作为此文的结束。我见过不少老干部，当年为了革命生死置之度外，勇往直前，义无反顾。等到进入老年，反倒怕死了。这说明，一个革命者，完全彻底相信唯物主义，并不是人人能办到的。大年同志患病住院，曾对他的家人说，如果他的病无法治愈，不必用抢救的办法维持生命，要相信医生的诊断。身后坚决不举行告别仪式，不开追悼会。他这种明达的生死观，不愧为坚定的唯物主义者，令人敬佩！

马克思主义的生命力[*]

　　鸦片战争引发了中国的变革，封闭多年的国门被迫打开，中国被迫卷入世界大潮。从 1840 年到 1949 年。中国经受了从未经历的劫难。近一百多年来，全国各族人民上上下下探索自救图存的道路，走向现代化。"没有共产党，就没有新中国"，已成事实，毋庸论证。

　　马克思主义产生在欧洲，有三个来源，三个组成部分，这是事实。马克思主义在中国的出现并得到传播，一开始就具有中国特色，走自己的路。它只有一个来源——爱国主义。毛泽东说过，先进的中国人向西方寻求救国救民的真理，最后找到了马克思主义。试查一查中国共产党史，党的创建者和历届党的领导人无一例外，都是从爱国主义实践中成长为马克思主义者的。

　　马克思主义与中国社会实际相结合，就迸发出无限生命力；一旦脱离社会实际，它就出问题。马克思主义的生命力，就在于它提倡深入社会、深入生活，干预社会、干预生活。它

---

　　* 原载《中国社会科学院研究生院学报》2001 年第 4 期。系该刊组织的纪念中国共产党成立八十周年笔谈。

是在这个原则下移植到中国的，必将在这一原则下持续发展。

用马克思主义指导社会生活，必将创造新天地。

社会科学没有"纯学术"*

《胡绳文集》的《前言》中说："我在 77 岁的时候回顾一生的写作生涯。我想说，我一生所写的文章，虽然有一些可以说有或多或少的学术性，但是总的来说，无一篇不是和当时的政治相关的（当然这里谈的政治是在比较宽泛的意义上说的）。可以说是纯学术性的文章几乎没有，对此我并不后悔。"

话虽不多，却在本质上说清楚了他自己著作的全部内容和他多年治学的着力所在。

他说自己的作品不是纯学术，却透露中国传统学术的真相。"不是纯学术性"正是我们每一个社会科学工作者的分内任务。社会科学（含人文科学）以社会为对象，关心社会，关心政治正是我国文化学术的好传统；伟大的史学家要鉴往知来，关心社会；伟大的文学家，要关心人民的疾苦，同人民共命运；伟大的哲学家，要关心社会，"为万世开太平"；伟大的政治家，以"治国平天下"作为理想；伟大的军事家，要反侵略，维护和平，反对非正义的战争。总之，关心社会的进步，

---

* 据《竹影集》。原载《百年潮》2002 年第 1 期，题为《壮志未酬的一生：怀念胡绳同志》。

关心人类的发展的学问都是与政治密切相关的。脱离了政治，哪里还有什么文学、史学、哲学、政治、经济学？

胡绳是当代造诣很深的专家学者，他的著作得到国内外的称赞和重视的有两个领域，一是史学，另一个是哲学。他的史学著作得到更多读者的重视，有些见解半个世纪以来，他的史学著作的学术生命力仍然活跃着，今天还拥有广大读者。他的哲学，在理论界同样有很高威望。这两门学问，史学与哲学，在胡绳思想中起着相互促进的作用。以史学为依托，他的理论有了验证的机会。胡绳的哲学文章，读了使人不感觉"空洞"，不像有些哲学理论文章使人读起来像阅读文件汇编。他的文章长的表现为一本书，短的表现为散文、杂感，都是为了解答某些社会历史现象而写的。因为"实"就可能引起争论。空泛的文章不疼不痒，却也永远没有错误。我在大学哲学系教书时觉得我们大学哲学课教学效果不理想，学生听课不感兴趣。这门功课把极丰富的原理，辩证法归纳为几条，唯物论归纳为几条，分解开来进行传授是一种不可取的教学方法。

历史不是简单地记录所发生过的事实，而是从这些事实当中总结出某些有价值的经验。我国（以至世界的）最伟大的史学家司马迁的不朽著作《史记》首创专家写史。《史记》从三皇五帝开始，重点讲述汉代开国的历史，事实上，司马迁写的是他当时的"近现代史"。他的史学价值在于把汉代的"近现代史"写得生动活泼，既是不朽的史学著作，又是不朽的文学著作。

马克思曾说过，人体解剖是猴体解剖的钥匙。只有深入了解人体的组织结构，才可能找出猴体到人体中间进化的差距。我们研究古代史的，经常接触到古代农民战争、农民起义问题，如果对当前农村生活、农民的现实思想情况不了解，竟侈谈一两千年的农民起义的动机、目的，显然是不妥当的。研究近现代史应当是研究通史的最好切入点。胡绳的哲学著作深透，得力于他的史学。历史实践检验了他的理论。有些讲古代史的，很容易犯把古人现代化的毛病，说了些古人可能讲不出的话，毛病就出在他们了解当代不够，所以对古代讲不明白。

胡绳是历史学家又是哲学家。他的哲学得力于史学实践，他的史学得力于哲学指导。两者相互促进，相辅相成。他这种学术研究的优势在我国史学界和哲学界是少有的。他的史学著作能抓住当时历史的关键环节，操高屋建瓴之势。如他早年的《帝国主义与中国政治》一书曾风靡全国，再版多次，影响经久不衰。读者欣赏他抓住清末中国社会"官""民""夷"三种政治力量的消长，透过现象挖到了本质。记得50年代在抗美援朝的大会上，李四光教授讲他青年时期，孩子们玩游戏，规定扮演三种角色，扮"官"的，以手捋胡须状；扮"洋人"的，作行举手礼状；扮"老百姓"的，作规矩立正状。一声口令，两个扮演者同时做出扮演的角色，扮洋人的遇到扮老百姓的算输了。第二次再来，一声口令，扮老百姓的遇到扮官的，扮老百姓的就算输了。可见清末社会上早已流行着官怕洋人、洋人怕中国老百姓、老百姓怕官的连环制约的共识。

1976年，周总理逝世，国内外发表有影响悼念文章不下千百篇，周总理为革命鞠躬尽瘁，丰功伟绩，世所公认。胡绳写的悼念文章没有重复大家都讲到的这些话，他强调周恩来总理在几次革命关键时刻防止了党的分裂。中国共产党可能发生分裂而没有发生分裂，为革命保存了元气。对胡绳的观点可能有不同意见，但他的深刻的见解给读者留下了深刻的印象。

马克思主义哲学不是几句干巴巴的教条，而是行动的指南。它为人们提供了崭新的观点和思想方法。马克思是哲学家，但马克思一生没有写过哲学专著，他的哲学思想是通过他的经济学《资本论》体现的。恩格斯的《反杜林论》被认为是哲学专著，这部书是逐章逐节批判杜林的体系而写成的，不能认为《反杜林论》的架构能代表恩格斯的哲学体系。马克思主义哲学从出现之日起就不尚空谈，走的是一条理论结合实际的道路。我国全国解放以后，哲学界用的是联共党史的教科书，以教科书的形式把马克思哲学的辩证法分成几条，把唯物论又分成几条，为了教学方便，越分越细。据说，某大学的哲学系的教师们分工准备教学讲稿，有一位教师分工负责讲第一章"世界的物质性"。他教了好几年的哲学课，只会讲他分工负责的这一章。他对唯物论的全部内容却不甚了了，活生生的马克思主义哲学给讲死了。

据我所知，胡绳同志读书范围相当广博，文、史、哲及艺术等都有广泛的接触，但他写文章却不出近代史、现代史这个范围。有一次他谈到"魏晋玄学"问题，他说这个问题我不懂，还先听听汤用彤先生如何讲。我们经常看到有些人成了专家以后往往把专家身份任意膨胀。好像一旦取得专家称号，就无所不知，无所不晓，对未接触过的领域也指手划脚，随便发议论，害人害己。胡绳的朴实无华的作风，对当前浮华学风不啻一副清凉剂。

胡绳同志是我国新型的自学成材的专家之一，在史学、哲学领域都有他的独到的造诣。他善于把艰深的道理出之以平易，化繁复为简明，像他这样的斫轮妙手，在史学、哲学里的造诣深为业内专家的钦重。晚年养病期间写的旧体诗清逸自然，意韵隽永。

他贯彻唯物主义"实事求是"原则，他从事著作之前，总是广泛占有第一手资料，想好了再说，看准了再写。他在国民党统治区，政治环境险恶，处在唯心主义学术空气包围之中，他从容不迫，好整以暇，充分展示了他笔扫千军、挥斥八极的才略。我国马克思主义理论界有成就的学者中，胡绳是唯一没有到过延安的理论家。喝过延安水，住过杨家岭，长期号称马克思主义理论家的陈伯达、康生之流原来是钻进马克思主义大厦的白蚁。历史之诡谲往往出人意料。

新中国成立以后，胡绳从地方调到北京，由于客观形势的需要，他不得不中断了中国近现代史系统地研究和写作，负担了行政领导工作，有时要参与临时性的枢垣清秘写作。这种转化，对他来说是锻炼，也是磨难。在新的环境下，他吃力地完成了上级交给的任务，而他的长处却没有得到很好的发挥，胡绳在理论界有独立作战的才干，如能交给他一项重大课题，比如说，"中国近代史"，"中外交涉史"，让他邀集一个编辑班子，像宋代司马光主编《资治通鉴》那样，给予充分的时间，（《通鉴》在洛阳编写了十九年）他会做出更大的成绩。他是一个方面军的将帅，却不是一个理想的秘书秀才。对胡绳同志来说他生命的最后若干年，可谓舍长用短。这位才华横溢的天才，在疾病困扰中寂寞地走完了他最后的道路。惜哉！

编修民国史的珍贵史料 *

　　《文史资料存稿选编》在中共中央政治局常委、全国政协主席李瑞环同志的倡导下，全国政协文史资料委员会同地方政协文史资料部门密切协作，经过四年的艰苦努力终告完成。我今天参加这个会很有感触。从三亿字中选出这么丰富的内容来，量有多大呢？《四库全书》共七亿字，搞了十年，我们则用了四年。从分量和工作量上讲都是值得敬佩的，我很荣幸地参加这个会议并接受赠书，在此，我代表受赠单位向全国政协办公厅的同志表示衷心的感谢！

　　我国现在编修清史，民国史的编修也应在下一步的考虑之中。编修民国史，首先要有翔实而完备的资料，台湾也在准备编民国史，可是他们没有条件和资格来做这个事情，只有我们有责任和义务来完成这样一桩伟大的事业。过去编史，主要根据皇帝的实录和起居注，资料范围小得很，取材很窄，而我们的文史资料，在反映各个地区、各个民族、各个党派方面都有原始的记载，而且保存齐全，显得非常难得和珍贵，将来编修民国史有这样好的参考资料，会产生传世之作，后人会感激我

　　＊　原载《纵横》2002 年第 10 期。

们这一代人的努力的。

·专　论·

忆毛主席谈古为今用*

　　我曾不只一次见到毛主席，最深刻难忘的是 1959 年 10 月的一个深夜的一次谈话。这次谈话内容很丰富，主要谈论的是关于哲学、哲学史、宗教研究等问题。毛主席的教导，使我在困难中增加勇气，在迷惘中有了前进方向。现在不讲全部内容，只举一例，说明毛主席对我国古代文化遗产是如何批判继承的。

　　毛主席在谈话中指出要善于学习古人的东西。他老人家举了三条，边讲边用手势。他屈着第一个手指说，我们学习《老子》的"不敢为天下先"，我们的原则是不放第一枪，"后发制人"，今天对敌斗争还是遵守这一条，好像被动，其实是主动。

　　毛主席对《老子》一书一向十分重视。在已出版的毛主席著作中有多处提到或引用老子的话。他对老子哲学中落后的东西表示反对，曾指出："禁止人们跟谬误、丑恶、敌对的东西见面，跟唯心主义、形而上学的东西见面，跟孔子、老子、蒋介石的东西见面，这样的政策是危险的政策。它将引导人们思

---

　　*　原载《文汇报》1978 年 12 月 20 日。

想衰退，单打一，见不得世面，唱不得对台戏。"（《毛泽东选集》第5卷第346页）对《老子》的哲学，毛主席基本上当作反面的东西，但也不是不加批判地抛弃它、踢开它。写到这里，我想起在1956年陈毅同志有一次到北大一些老教师家串门，他说今后要经常到学校来交交朋友。在谈话中他说起曾国藩这个人反动透顶，但用兵打仗有些经验可资借鉴，曾国藩说两军对阵，为主而不为客，不杀第一刀，先让对方杀来，杀第一刀是客，我杀第二刀是主。陈毅同志接着说，我们解放军多年作战，毛主席教导"不放第一枪"。

老子的"不敢为天下先"是没落阶级面对新兴的封建势力，采用的自保的方法，怕出头，不抢先。我们革命的阶级、革命的政党满怀信心，迎接未来。我们利用前人的思想资料，给以改造，赋予新的内容，点石成金，化腐朽为神奇，"不敢为天下先"这个没落阶级的胆小怕事的思想原则，到了革命阶级手里，成了生气勃勃、克敌制胜的武器。

毛主席又屈着第二个指头说，要学《左传》的"退避三舍"。一舍三十里，三舍九十里，我们打仗有时一退几百里哩。我们的革命史告诉我们，毛主席指挥的几次反"围剿"的战役中，解放战争时期在莱芜战役中，以及在许多战役中，我军一直是大踏步前进，大踏步后退的，一退几百里是常有的事。《左传》这个故事发生在僖公二十八年（前632），说的是晋楚两国为了争霸，在城濮这个地方进行的一次战役。在交战前，晋军为了表示报答楚国当年优礼流亡在外的晋公子重耳的情谊，同时也为了向晋军宣示楚国逼人太甚，自己退避了九十里，楚军还在进逼，借以鼓舞晋军的士气。战斗开始了，晋军向楚军薄弱的两翼，发起进攻，打败了楚军。

毛主席批判地吸取了古人的经验，把它发展提高为规律性的认识，成为我们战胜敌人的法宝。

毛主席又屈着第三个手指说，我们学习《礼记》的礼尚往来，来而不往非礼也，我们对敌斗争，从不寻衅无故挑起争端。有人对我们寻衅、滋事，也不立刻报复。让敌人充分表演，给他记下一笔总账，在适当时候和他总清算。我们和蒋介石的斗争就是坚持这个原则，有理、有利、有节。

《礼记·曲礼上》原文是这样说的："太上贵德；其次务施报：礼尚往来。往而不来，非礼也，来而不往，亦非礼也。人有礼则安，无礼则危，故曰：礼者不可不学也。夫礼者，自卑而尊人，虽负贩者，必有尊也，而况富贵乎？富贵而知好礼，则不骄不淫；贫贱而知好礼，则志不慑。"《曲礼》所谓"礼尚往来"，讲的是贵族阶级的伦理道德规范，它强调礼的重要性，"有礼则安，无礼则危"。长期以来的封建社会里这个礼，也成了一种维持统治、压迫人民的工具。毛主席没有管这一套陈腐的说教，而是运用这句成语，充以革命的新内容，改造成为对敌斗争、指导革命的一条策略原则。建国以来，我们耳闻目睹的国家间一系列事件，像苏修社会帝国主义及其走狗对我们的挑衅，我们一直采取这个基本态度。他们走了十步，我们才有一步。如他们猖狂过甚，我们绝不是软弱可欺。我们有理有利有节的斗争，使我们永远立于不败之地。这和《礼记》讲的道理是截然不同的两种精神面貌。

我们研究历史，特别是经常和古代打交道的同志，当自己没有从古代的范围跳出来时，往往泥古、信古，有的甚至不能自拔；一旦学到了新的理论，接受到革命的道理，往往又出现"左"的倾向，对古的东西产生厌弃的感情。我自己这两种情况都经历过。虽也知道批判地继承这一条原则，实际运用起来，总难免忽"左"忽右。毛主席这一次谈话里，可以说是扳着手指头教导我们如何对待古代文化遗产，而且做了示范。他老人家指出了方向，也提供了方法。我将永远铭记。

人人有保护文物的责任[*]

中华民族在世界文明古国中占重要地位。中华民族的文化对世界文化有过重大贡献。由于我国历史悠久，文物积累丰富，文物保护工作成为全党全民的责任。

文物是历史上重要事件、文化发展的物质见证。文物一经损失，即不能再造，文物不同于一般物质财富的地方就在此。文物既反映了一代物质文明，也反映了一代精神文明。我国过去多次运送文物出国展览，为了慎重，还花了大量的保险费。我认为文物是无价的，损失一件，天地间就少了一件。今后应尽量少办文物原件出国展览为好。万一遭到损失，即使得到巨额赔款，损失是不能以金钱计算的。

地下文物集中的地区，如关中、中原一带，要大力在农村基层干部中宣传文物保护法。破坏地上文物建筑的往往是机关、厂矿企业单位。这要在有关各级领导干部中多做宣传。

还要注意对名胜古迹、名山古刹的保护，既要防止游客恶意的破坏，也要防止无知的迷信者进行宗教活动无意造成的破坏。比如在古寺院建筑中烧香敬神，平时烟熏火燎，使文物遭

＊　原载《人民日报》1982 年 12 月 21 日。

到污染、损伤，有的石窟寺精美壁画，彩色被熏染得看不清楚。更要防止烧香烧纸引起火灾。我国古建筑多属砖木结构，一旦发生火灾，即不可挽救。历史上的名刹古殿毁于火灾的不可胜计，今后我们再也不能允许这类不幸事件发生。

我国实行对外开放政策，有少数不法之徒，盗运文物出境的案件不断发生，对此类罪犯，必须依法惩处。也有不为牟利只是出于讨好外国人的动机，使珍贵文物流散到国外的，对此也要按照文物保护法依法惩处。总之，既要保护国内现有的一切文物，也要防止文物流散出境。这才能使我们的文物保护法得到贯彻实施。

现在有了文物保护法，还要把宣传工作做好，虽不能做到家喻户晓，至少应做到绝大多数人及时知道文物保护的重大意义，知道人人有保护文物的责任，知道爱护文物光荣，破坏文物有罪。

坚持唯物史观
是社会科学工作者的职责 *

　　胡乔木同志的文章《关于人道主义和异化问题》，澄清了社会上流行的一些背离马克思主义的错误观念，是有益于社会主义精神文明建设的。这里想谈一点个人读后的感想。

　　关于人道主义与异化问题的争论，不光在国内有，在国外也很热闹。乔木同志的文章指出人道主义的两个涵义：一个是作为世界观和历史观的人道主义，一个是作为伦理原则和道德规范的人道主义。这个区别既有理论意义，也有实际意义。这种区分是个创见。乔木的文章对推动社会科学有极普遍的意义，给我们社会科学工作者提出了更高的要求、更重的任务。

　　马克思主义哲学就是辩证唯物主义与历史唯物主义。辩证唯物主义与旧唯物主义有直接继承的关系。比如说"反映论"的观念，即是直接从旧唯物论继承过来的。旧唯物论至少有两千年以上的历史。它在形成的过程中，不断充实、完善，有自己的完整的一系列范畴：如时间和空间，必然和偶然，质和量，有和无，动和静，等等。这些范畴已被学术界所接受，其

---

　　* 原载《光明日报》1984 年 3 月 1 日。

中有唯心主义与唯物主义解释上的分歧，但从大的范围看，它们总是人类思维反映的那一类的认识对象。一门"学科"，没有相当完备的一系列的范畴，它就不完整。究竟应当有多少个范畴才算完整？难于画个框框。总之，历史唯物主义的范畴在发展中，它和一切新兴学科一样，总在不断充实完善自己的范畴。

历史唯物主义是马克思、恩格斯创立的崭新学科，是崛起的，当然也有历史的凭借，但不是直接的继承，它的历史只有一百多年。因之，它的范畴不像辩证唯物主义那样完善。有些是沿袭下来的。比如"异化"；有的是借用的比喻，后来逐渐升格为范畴的，如"基础与上层建筑"；有的是用命题的方式来表达，尚未凝固为范畴的，如"人民群众是历史的主人"；有的是与其他学科共有的，如"生产力与生产关系"。历史唯物主义是个新生的、有无限前途的学科，这个领域（即关于社会历史的领域）是资产阶级学者和马克思主义争夺的阵地。唯心论利用现代物理、化学的发现对物质进行了歪曲的解释，企图取消物质第一性这个辩证唯物论的基础。在历史唯物论这个领域里，我们要做的事情就更多。因为历史唯物论研究的是社会、历史。社会、历史经常受民族文化传统、经济制度、哲学思想的制约。除了它具有普遍性，还有特殊性。就是说，我们建设社会主义要具有中国的特点，建设社会主义精神文明，也要有中国的特点。发展马列主义，发展历史唯物主义，要不要有中国的特点？我认为要。但不能把特殊性讲过了头，以致脱离马列主义的普遍原则，那样就背离了历史唯物主义，就错了。举例来说，研究哲学史，中国的哲学中有道、理、气、性、命、仁、义等范畴，不管外国怎么看，我们有自己的一套，外国也不得不承认。文学史中像神韵（气韵生动）、气象

（盛唐气象）、风骨（建安风骨）等，这些范畴还不像哲学史那样容易取得国内外承认。

我们应当积极响应乔木同志的倡议，认真研究历史唯物主义，力图用历史唯物主义的观点、方法解答现实生活中遇到的问题。我们要发展历史唯物主义，使它的范畴更完备，使它具有中国自己的特点。

发现问题、提出问题到解决问题，凡是提到哲学上来讨论的，没能得到解决的，都是些老大难的问题。比如，乔木同志这篇文章中提到的"究竟什么是人类社会进步的动力？"在我国，至少在两千年前司马迁的《史记·货殖列传》中就说过："天下熙熙，皆为利来，天下攘攘，皆为利往。"两千年后的今天，还是有不少人对这个问题不甚了了。比如，"文以载道"是封建社会关于文学的政治标准，它反对"吟风弄月，无病呻吟"，注重文学的社会效果。封建的"道"是封建纲常名教，资本主义的"道"是人道主义、自由、平等、博爱。社会主义的文学也反对"吟风弄月，无病呻吟"，主张为人民群众服务。不同的阶级有不同的"道"。我们今天如果再用"文以载道"就必须附加许多说明，才能说清楚。这样，我们就不必再用"文以载道"来说明我们社会主义的文艺职能了。

"异化"这个词，虽然当年费尔巴哈曾用它批判宗教，但"异化"说远远不能说明宗教的产生和发展的历史规律，更无法看到宗教历史地产生、也将历史地消亡的远景。费尔巴哈等人不理解宗教产生的社会根源，往往归之于抽象的人性，企图用人类的爱来代替宗教，制造宗教的代用品。"异化"说，用另一种方式肯定了宗教存在的永恒性。资产阶级主观上批判宗教，客观上却美化了宗教；主观上不承认宗教，客观上把宗教永恒化。

　　总之，我们进行科学研究时，如果不是转述别人的学说和观点，而是正确表达自己的观点时，要注意建立科学的、有准确涵义的范畴。像"异化"这样的概念，就可以不用。"人道主义"，也只能用社会主义的人道主义、革命的人道主义，而不能用作为世界观和历史观的人道主义的提法。

人才问题杂议 *

一　人才涌现的条件

我国历史长，人才多。遍考人才辈出的时代，往往在历史的转折时期。殷周之际，以武王、周公为代表的西周贵族集团打败了商王朝，建立了周王朝，这一批人才和他们制定的管理奴隶制国家的典章制度维系了八百年之久。

春秋战国之际，列国纷争，百家争鸣，出现了群星灿烂的局面。一大批思想家、政治家、军事家、科学家，诸子百家不但对中国，而且对世界、对人类的精神财富做出了贡献。

秦汉之际，结束了战国纷争，开创了大一统的封建王朝，奠定了此后两千年的政治格局。

两汉之际，三国时期，隋唐之际，五代宋初，宋元之际，元明之际，明清之际，以及新旧中国的交替之际，都出现了大

---

* 据《任继愈学术论著自选集》。原载《群言》1986 年第 12 期。后节选为《人才涌现的条件》，收入《任继愈学术文化随笔》《竹影集》《皓首学术随笔》。

批优异的人才。

在新旧制度交替之际，容易出人才，也必然出人才。古代历史家把国家的兴起归于"天命"。我们不信"天命"，却相信人才的成长，靠天赋，也靠锻炼。否认"天赋"，等于不承认人的差别，这不对。歌唱家要有好声带，运动员要有好体质。同时也要承认歌唱家要练声，运动员要训练技术。天赋与锻炼，不可或缺。

为什么人才多涌现于改朝换代之际？

凡是人才都不同于庸众，它比普通人有些"出格"。太平年月，一切按常规办事，"出格"人才不但没有脱颖而出的机会，甚至遭到庸众的排斥、压制。鲁迅曾说过，从前猴群中，有猴子试着用两只脚走路，群猴认为它大逆不道，把它咬死，从此，猴群中只有四只脚走路的被保存下来。汉朝李广是个将才，如果生活在秦汉之际刘邦打天下的时代，他的才干决不在开国功臣绛、灌之下，早已封侯。偏偏生在汉代太平盛世，用俗吏考勤的规章制度来要求李广，尽管他战绩卓著，只落得被迫自杀的结局。汉武帝对匈奴也打了不少胜仗，主要靠汉朝积累了半个多世纪的雄厚的物力致胜。汉武帝用的大将多是靠裙带关系录用的，像卫青、霍去病、李广利等，都不能算作头等人才。

"五四"以后，中国出现了工人阶级，进入了规模更大世界范围的新旧交替时代。这是前所未有的大变革。几千年相因袭的旧习惯、旧制度受到前所未有的冲击。如果说，以前人才辈出多在改朝换代之际，从旧中国到新中国的这一变革，可以说是亘古未有最大的新旧交替"之际"。

新中国诞生前，面临中国革命的实际，要求用武力夺取政权，农村包围城市，最后夺取大城市，建立全国政权。革命的现实，要求中国出现推翻旧中国、建立新中国的人才。时代的要求加上革命的锻炼，果然一大批革命领导人涌现出来。他们差不多都是能文能武的全才。革命要求打仗，不会打仗的成不了人才。革命要求组织群众，不会做群众工作的成不了人才。长期的锻炼、培养，我们国家以毛泽东为首的第一代革命家，人才都集中到党、政、军这三个方面。这三方面的人才又是互相融通的。我军队的政委也能打仗，军事首长也往往能兼任地方行政干部。这种人才的优势一直维持到新中国成立之后若干年。长期的革命战争，使得新中国的人才绝大部分集中到党、政、军三大部门，建国后，工业建设、文教建设、现代科学建设、商业流通网络的建设，需要大量的人才，可惜没有引起注意，或者可以说，人才培养的重心没有从打天下的格局转变到治天下的轨道上来。选拔、任用、培养人才的着眼点仍然放在党、政、军这三大部门。建国后，若干年来，文教、财贸、工交、科技各部门的干部的配备，相对来说，都较弱于党、政、军三大部门。我国面临向全世界开放的新局面，我们从事企业、农业的干部显得无能为力。成千上万企业长期亏损，难于扭转，农牧业遇到低水平的丰收，就造成卖粮难，卖猪难；小的天灾，就无力抗拒。有百万人口以上的大城市，没有很好地发挥大城市的综合功能，甚至有人把大城市当成包袱，连吃菜、乘车、运垃圾、住房子，都被看成额外的负担。有时中央领导过问某一项工作，这项工作会有起色；未过问的，依然无能处理。可是中央领导又怎能从冬贮大白菜、做豆腐、运垃圾都一一管起来？古人说"百年树人"，这并不等于说培养人才非整整一百年不可，但人才的成长，发挥社会效益，短期突击是不行的。

人才出于时代的需要，人才必须经过实践锻炼。革命战争时期靠打仗，发动群众来锻炼人才。今天的人才的成长，靠打新的战争——工业仗，农业仗，商业仗，全世界是战场。长期形成的习惯，党政军干部要第一流人才，而工业、农业、商业（广义的）好像用不着第一流人才。这种旧眼光不改变，就难以跟上时代的步伐。

试与西方先进国家比一比，可以发现他们的第一流人才都集中到企业（工商界）当总经理，当董事长，而在政界（包括他们的总统、总理）基本上没有第一流人才，甚至是些第二三流的人才。除去东西方社会制度不同这个差别外，双方也有共同的规律，比如说，要使生产力不断发展，这是社会赖以存在的根本依据。今后人才的培养、选拔，除了党、政、军三大门类外，还有三大门类，即工、农、商。工、农、商的人才得不到应有发展，或发展得不够快，说不定就要受制于人。这是关系到国家安危的大事，千万不能大意。

二 "德"与"才"

人才的德与才，一向被政治家所重视。汉武帝曾说过：

> 盖有非常之功，必待非常之人。故马或奔踶而致千里，士或有负俗之累而立功名。夫泛驾之马，跅弛之士，亦在御之而已。其令州郡察吏民有茂材异等可为将相及使绝国者。（《汉书·武帝纪》）

汉末三国时期，曹操就看到这二者不一定具备于一身。他的《求贤令》中说：

> 夫有行之士，未必能进取，进取之士，未必能有行也。陈平岂笃行，苏秦岂守信邪？而陈平定汉业，苏秦济弱燕。由此言之，士有偏短，庸可废乎？有司明此义，则

士无遗滞，官无废业矣。

从《求贤令》提出的要求看，他求的"贤"即今日所谓"能人"，而不是传统所谓"圣贤"。他认为人才长于此或短于彼。与曹操同时的刘劭，著有《人物志》，是专门评论人才的著作。他的观点与曹操基本相同，他说：

> 夫人材不同，能各有异，有自任之能，有立法使人从之之能，有消息辨护之能，有德教师人之能，有行事使人谴让之能，有司察纠摘之能，有权奇之能，有威猛之能。夫能出于材，材不同量。材能既殊，任政亦异。（《材能》）

刘劭的人才观比前人有所发展，他没有把才和德对立起来，而是把"德"也看成是材能的一个方面。他还论证人才长处伴生着它的短处：

> 厉直刚毅，材在矫正，失在激讦；
>
> 柔顺安恕，每在宽容，失在少决；
>
> 雄悍杰健，任在胆烈，失在多忌；
>
> 精良畏慎，善在恭谨，失在多疑。（《体别》）

刘劭这些分析，有科学根据，不是泛泛议论。

魏晋之际，曹魏与司马氏政治斗争激烈，双方都注意延揽人才，一方面要求发现人才、重用人才，同时又要求人才对自己忠诚可靠，不能"反水"。于是出现了从理论上集中论证才与德的关系的学说。当时关于才德关系的论述有四派不同的主张，即所谓"才性四本"之论。

> 四本者：言才性同，才性异，才性合，才性离也。尚书傅嘏论同，中书李丰论异，侍郎钟会论合，屯骑校尉王广论离。（《世说新语·文学》刘孝标注，引《魏志》）

才指办事才干，性指德性①，才性四本的讨论，在当时的实际意义就是讨论识别人才、判断才与德的关系和任用人才的原则。

才德兼备，是用人者所期望的，而事实上才与德颇难兼备于一人，更多的情况下，有的人有才无德，有的人有德无才，也有的人才德俱缺。才德俱缺，不属于选任人才的范围，用不着考虑。

"才性同"说，认为才能与德性完全一致，才能大的，德性也高；才能小的，德性也低下。傅嘏持此说。

"才性异"说，认为才能大小与德性高下相背异。有才的无德，有德的无才。李丰持此说。

"才性离"说，认为才能与德性两相分离，才能归才能，德性归德性，完全是两回事。两者可以相结合而不必相结合。用人时，要么用他的才能，要么用他的德性。

"才性合"说，认为才能与德性两者应当结合，也可以结合。

"四本之论"是曹魏与司马氏两大政治集团政治斗争的产物。主张"才性同"与"才性合"的两派，傅嘏与钟会都是司马懿父子的死党，为司马氏夺取政权立过大功。主张"才性异"与"才性离"这两派的代表人物为李丰与王广。王广为王凌之子，王凌被司马氏杀死，李丰对司马氏采取观望立场，至少被司马氏认为不可靠，这两人后来都被司马氏杀害。钟会平蜀后也被司马氏杀死，那是鸟尽弓藏，另当别论。有德无才，成不了气候，也干不了大的坏事；有才无德，可能干出更大的坏事。当时曹魏政权在台上，是既得利益集团，他们要求保住

---

① 性当时指德性，"王安丰遭艰，至性过人。"（《世说·德行》）

现有的利益不想有更大的作为，他们这一派的人，主张在才与德不一致的情况下，宁可用有德无才的人，也不用有才无德的人。

司马懿父子，当时正积蓄力量，采进取势态，他们这一派的人才理论家主张，放手用人，有才干的人才也是最忠实的人才（"才性同""才性合"）。这是在魏晋之际新形势下"用人唯才"的一种理论。等到曹魏政权覆灭，司马氏篡权成功，"才性四本理论"开始失去了政治斗争的实际意义。到了南北朝时期，流为贵族子弟附庸风雅、作为清谈的资料①。

才与德的关系，古人虽然发表了不少议论，有的偏重于用才，有的偏重了任德。从汉末历宋、元、明、清，直到现在，仍然成为用人机构所关注的课题。这种争论，带有中世纪的封建主义的人才观的特点。封建社会所谓"德"，基本内容即对君主或王朝的"忠诚"。至于为人民，为社会，为群众谋福利，维护民族根本利益的道德品质，并不是经常被提到最重要地位。有时国家、民族的利益与君主个人利益不一致时，只好为了君主利益，牺牲国家、民族的利益。宋代名将岳飞的"德"与"才"都很突出，当爱国与忠君不得兼顾时，他只能顾忠君这一头。封建主义的德与才标准必然带着封建主义的狭隘性。"文化大革命"中有多少忠于社会主义事业的干部被"四人帮"迫害致死，临终前，怀揣着"红宝书"含冤离开了人世。封建主义的"德"，所谓"孤臣孽子之心"，"臣罪当诛兮，天王圣

---

① 南齐王僧虔《诫子书》："汝开《老子》卷头五尺许，未知辅嗣何所道，平叔何所说，马郑何所异，《指》《例》何所明，而便盛于麈尾，自呼谈士，此最险事……且论注百氏，荆州八帙，又才性四本，声无哀乐，皆言家口实……汝皆未经拂耳瞥目……而终日欺人，人亦不受汝欺也。"（《全齐文·王僧虔诫子书》）

明"，带给社会主义的灾难，绝不可低估。

才德的关系，用现代化的标准看，关键不在于用人唯才或唯德，而在于用人唯民主，唯法制。唯有民主可以真正从群众中选拔真才，靠一两个"伯乐"是不够的，何况伯乐不常有，有时伯乐也有失误；唯有法制，可以制裁贪污渎职以及无能之辈。

还应看到，人是会变的。肯上进的人，给以机会，可由中材进为上乘；不求上进的人，随时会掉队。一个人的道德品质也是随着人的社会地位、环境而改变着。古代关于德才的许多议论可供借鉴，其共同缺点是把"才"与"德"看死了，认为生性如此，终生不变，这不符合事实。林彪叛国摔死后，有些批判文章说林彪当年上井冈山时就存心搞阴谋，连仗也不会打。我认为林彪不是一贯无才无德，只是晚节不终，后来变坏了的。

在社会主义体制下，人才的成长与阶级社会的人才成长有相同处，也有不同处。社会主义的一个特点是有整体性、计划性。生产有计划，流通有计划，人才培养和使用也有计划。与计划性相联系的是组织性。有组织，有集中领导，我们就能把千万人的力量融合成整体力量，因而我国能在十几年内办成外国人要几十年才能办到的事。

如果能发挥社会主义的优越性，有计划、有组织，集中领导，人才成长得就快。我们迅速取得的原子能科学的成就，航天技术的成就，既出了成果，又培养了人才。

同时，运用得不好，也有不利的一面。西方资本主义世界，提倡自由竞争，人自为战，优胜劣汰，才智之士，奋勉上进，容易出头。社会主义不鼓励个人奋斗、自由竞争。人才流动受到限制，缺少像战国时期人才流动的机会。有的人才归部门支配。楚汉相争时期，发生过"萧何追韩信"的故事，韩信不见用于楚，弃楚归汉，汉王不用，他又要另寻去处。我国现在的用人制度统得太死，"韩信"想跑也跑不了，用不着萧何去追。韩信不被追回，不被重用，终于成不了"韩信"。

经济体制统得过死，不利于流通，造成经济损失，这个积弊已被发现，正在纠正中。人才体制统得过死，造成的损失不易用币值计量，也不是一眼就看得出的，似乎还未引起重视。正因为不能用币值计量，又不易看得见，我们就更要给以足够的重视。

三　创业人才与守成人才

以大家熟知的三国历史人物为例，江东孙氏集团中，孙策为创业人才，其弟孙权为守成人才；北方曹操为创业人才，其子曹丕为守成人才；西蜀刘禅低能庸劣，创业、守成都不够格。三国分立并存的局面，当然是当时的政治、经济等各方面力量相互制约决定的。但是也应看到三方处在关键地位的领导人才素质，也是维持鼎立的一个条件。

有的人，虽干了创业的事，但不算创业人才，像隋文帝杨坚即是。杨坚充当了唐王朝的铺垫。

唐太宗有一次和大臣们谈论创业与守成哪一个艰难。房玄龄说创业难，魏徵说守成难。两人争辩，相持不下。唐太宗说，房玄龄参加过唐朝创业的全过程，故深知创业之艰难；魏征于唐太宗即位后，参加中央政府，故认为守成难。他认为两人都有道理，创业艰难，守成也不易。古人关于创业与守成的争辩，对我们今天的人才讨论不无启发。

古代，封建社会的改朝换代，从旧王朝的覆灭到新王朝的建成，这一段时间叫作创业过程。这段时间一般不太长（至于通过宫廷政变，夺取政权，情况各异，与现在我们讨论的创业无关，另当别论）。秦汉以后到清朝建国，二十多个朝代，少的不到十年，多的十几年。中国共产党从成立到中华人民共和国的创建，历史上算是最长的，也只有二十多年。

创业有风险，打天下要死人，此中艰难是人所共见的。取得天下之后，任务在守成，不至于非流血死人不可，人们往往忽略了它的艰巨性。

创业以后，国家要安定，生产要恢复和发展，这个过程一般总要五十年左右，差不多要经过两代人不断努力才能办到。历史上盛夸的汉、唐盛业，这两个王朝从开国到人民丰衣足食，差不多都用了五十年左右的时间。汉初，"天子不能具纯驷，将相或乘牛车"。唐太宗几次要到泰山封禅，由于河南到山东数千里，田地荒芜，人烟稀少，沿途地方供应困难而作罢。

小农经济社会，由于生产规模的狭小，使得人们视野狭隘，看到仓里的粮食多了，容易自满。小农经济的特点是经不起贫困，耐不得富有。创业时可以兢兢业业，成功后有时忘乎所以。李自成和他的将士们经得住血和火的考验，一进北京，被纸醉金迷轻歌曼舞打垮了。

创业要创业人才，守成要守成人才。这两种人才各有特点，很难兼备于一身。最明显的例子莫过于五代时期的后唐庄宗李存勖。他亲手创业，取得成功，可以说他按规划完成了预定的任务。由于他不能守成，亲手创建的事业又亲手把它断送掉。史书记载：

> 庄宗以雄图而起河、汾，以力战而平汴、洛，家仇既雪，国祚中兴，虽少康之嗣夏配天，光武之膺图受命，亦无以加也。然得之孔劳，失之何速？岂不骄于骤胜，逸于

居安，忘栉沐之艰难，狗色禽之荒乐。外则伶人乱政，内则牝鸡司晨……大臣无罪以获诛，众口吞声而避祸。夫有一于此，未或不亡，矧咸有之，不亡何待！（《旧五代史·庄宗纪》）

宋代欧阳修在《新五代史·伶官传序》中也议论李存勖的成败，说：

方其盛也，举天下之豪杰莫能与之争；及其衰也，数十伶人困之，而身死国灭，为天下笑。（《新五代史·伶官传》）

假使这位李存勖创业之后，立即去世，他将不失为英主而载入史册，当不至于"为天下笑"。

创业与守成的难易，可以从两个方面来分析：

第一，国家政权的创业时间比较短，守成则需要的时间较长。恢复生产，起码要半个世纪，不能再少。这就要求守成者要比创业时期付出更大的毅力，半个世纪绝不是咬咬牙可以熬过来的。

第二，创业时的敌人是看得见的，它就站在自己阵营的对面。守成时，要克服的敌人既有看得见的（外在的），也有看不见的（内在的）。像"狗色禽之荒乐""伶人乱政""牝鸡司晨"这类败坏事业的敌人，不都是来自外部，更多的情况下来自创业者的身边的亲信，来自思想上生活上的弱点。

还要看到"守成"不同于仓库保管员，只要攥紧钥匙，就算尽到职责。守成是在相对安定的政治环境下，发展生产力，开创新局面。看起来，守成人才不像创业人才有轰轰烈烈的壮举，也看不到血与火的考验，但守成搞不好也要死人，有时要付出血的代价。有时一个大的决策的失误，造成的损失不下于一次大的战役的伤亡。历史上的长平之役，赵卒被坑四十万人，我国的历史上，由于措施失当，造成赤地千里、灾民遍野，广大人民遭受的伤亡要比四十万人多得多。

封建社会的小农经济模式，所谓创业与守成，都带有小农社会的特点。创业者要敢冒风险，守成者要勤俭持家。皇帝是全国小农经济的总管，皇帝身上也必然体现小农经济的一些特点。如刘邦、李世民、朱元璋、李自成等，都属于这一类型：成则为王，败则为寇。成功了，则贵为天子，富有天下；不成功，则身家难保，要有几分冒险精神，带有政治赌博的气质。"兴仁义之师""吊民伐罪"，那是事后追加的理由。

守成人才，也有小农经济的特点，省吃、俭用，积粮备荒，控制大规模的兴建。发展生产、扩大再生产的观念，古人不曾有过。守成失败，天下大乱，于是重新整顿封建社会秩序。一治一乱的历史现象交替出现。这是小农经济模式与封建大一统的政治模式长期共存的矛盾。

今天所谈的"创业"与"守成"与历史上的创业、守成有本质的不同。历史上的创业，是小农经济封闭型的社会。今天要创的业，是社会主义的大业。不再是小生产而是现代化大生产。创业，不是一家一姓取得政权，而在于推进全社会生产力的大发展，使物质生活极大的丰富，精神境界极大的提高。守成本身就包含着创业的因素。这是现代化的社会的创业观与守成观与封建社会的创业观与守成观的极大的差异。没有开创精神就不能守成，不进则退，停滞即死亡。

今天对创业人才与守成人才的要求，显然与封建社会对这两种人才的要求有本质的不同。用旧标准培养不出新人才。如果连旧标准还达不到，那就谈不上创业和守成了。小农经济、小生产的眼界狭小，往往只看到眼前微少的近利，而不见全局。不克服小农经济的局限性，谈不上创业，更难以守成。

284

地区文化必须研究 *

中国自秦汉起，就已奠定了多民族长期统一的政治格局。二千多年来，中国的版图基本上没有大的变动。今天中华人民共和国的辖区内繁衍生息着五十六个民族，拥有着九百六十多万平方公里的土地。

由于地域辽阔，方言阻隔，民风各异，在统一的国家内存在着具有地区特色的文化差异。这种地区文化差异，随着地区之间文化、经济交流的频繁，越来越倾向于会通、融合，文化差异现象将逐渐淡化。但要达到泯除差别，四海一致，那还是遥远的将来的事。

这种地区文化差异现象，早在春秋战国时期，即已引起思想家们的注意。《管子·水地篇》历述齐、楚、秦、越、晋、燕、宋七国的水质不同，从而产生了七国人民性格、才能的差异。有的国家人民多聪明，有的国家人民多愚昧。《水地篇》的作者把人民性格、才能的差异归之于水，显然把根源找错了，但它所指出的齐、楚、秦、晋等七国社会风俗存在着差

---

　　* 据《竹影集》。原为《东南文化·天台山文化专号》（东南文化杂志社，1990 年 11 月版）序。

异，却是事实。其后司马迁写《史记》，也看到齐、秦、燕、赵、邹、鲁各国民情风俗的不同。

唐朝兵家李筌在《太白阴经》中论述社会上各个不同地区人民的性格特点时，曾列举了当时流行的一些观点：

> 秦人劲，晋人刚，吴人怯，蜀人懦，楚人轻，齐人多诈，越人浇薄，海岱之人壮，崆峒之人武，燕赵之人锐，凉陇之人勇，韩魏之人厚。

李筌认为这是一种偏见，没有科学根据，并举出与上述相反的事实驳斥了当时有人以地域划分人民性格勇怯的偏见。

古人说明人民性格差异的原因过于简单化，这是古人认识的局限性，它不符合社会历史实际。但我们今人却不妨从古人的局限或失误中发现某些闪光点。察觉到人们的生活实践，确实与地理环境存在着某种联系，这标志着人类认识社会的一大进步。

我们不应把造成人民性格特点的原因简单化，但是无妨把地区文化，放在一定的历史环境中，进行全面考察，就不得不承认地区文化确有其特色这个事实。远在春秋战国时期，华夏文化已比较成熟，我们从文化思想领域来划分，大致可以分为五大文化区：黄河流域有邹鲁文化、三晋文化，江淮流域有荆楚文化、吴越文化，长江上游有巴蜀文化。文化区的差异，是不同地区的经济、政治、民俗、语言等多种因素的综合反映。

虽然区域文化各有特色，但华夏文化的共同性超过了地区的特殊性。因而春秋战国时期出现了楚材晋用的局面：孔、孟、墨、荀、韩等诸子周游列国，施展各自的政治抱负；卫国商鞅在秦国得到重用；苏秦佩六国相印；吴起先仕于魏，后殉于楚；齐孙武立功于吴，伍子胥背楚归吴；孟尝、信陵、春申门下食客数千人，来自不同地区、不同国家。这都是由于当时各国有大致相近的文化结构，比较一致的价值观和道德准则，才有可能形成文化交流畅通的渠道，各国人才得以自由交流，取长补短。

秦汉以后建立了大一统的封建王朝，把分散割据的诸侯国纳入统一的国家体制之下，但春秋战国相沿下来的地区文化传统仍然有着一定的影响。西汉刘安编辑的《淮南子》，反映了荆楚文化的特色。葛洪著《抱朴子》，陆修静整理道教典籍，创立新道教，后来天师道盛行于江浙，道教正乙派创立于江西龙虎山，溯本求源，当与淮南遗风有关。

南宋时期，浙江有陈傅良、陈亮、叶适、吕祖谦，福建有朱熹，江西有陆九渊，各树一帜，形成不同学派。因唐中叶以后，江西是禅宗流派的重要根据地，故时人称陆派近禅，或径称陆学为禅学，与朱熹等人不同。这又不能不说与其生活地区的传统文化有关。直到今天，社会上还流行着南方人聪慧，北方人朴实，东南沿海人风气开通，西北内陆地区人性格保守等说法。这些议论都接触到有关人物性格与地区的关系。古人对文化现象表现为地区差异的摸索，给后来者提供了有益的启示。

因为文化现象是社会生活的综合表现，必须考虑到时代、文化教育、民族、国际影响等诸多因素的共同制约作用，只看到单一因素，是难以解释复杂多变的文化区域现象的。比如，王夫之、黄宗羲同是明末的大思想家，都身受明末黑暗政治专制制度的迫害，都深感国破家亡之痛，但他们提出的救治国家的方案却迥不相同，这个差异主要是地区文化的差异。

对天台宗文化的研究，已有很长的历史，前人的研究既体现了地区文化的特点，又受到地区的局限。我们对天台文化、历史、人物、社会进行了全面的探索。有的学者从天台地区向外寻查，有的学者从外（包括国外）向内探索，有的侧重于横向观察，有的侧重历史的纵向考察。大家从多方位、多角度来共同探索，持之以恒，假之以岁月，必将取得更为可观的成就。

天台在浙江省占有特殊地位。早在三国时期，这里已有海上交通；宋明以降，更是人才辈出。在封建社会，这里的商品经济比较发达，不同于内陆各省处于完全封闭状态。地区的特点，也形成了思想的特点。

今天面临社会主义现代化的商品经济，不同于古代的封建制度下小规模的商品流通，它不仅面向全国，而且已经走向世界。我们的学术也面临着走向世界的新形势。

以地区文化研究为中心，逐渐向更深更广的范围扩充，这是一条好经验。据我所知，湖北开展了楚文化、禅文化研究，山东开展了齐文化、鲁文化研究，陕西开展了秦文化、关中文化研究，湖南有湘文化研究。各地研究浪潮汇聚起来，将成为波涛汹涌的学术高潮。

我们不是为发思古之幽情，而是采取分进合击的战略，对建设社会主义祖国新文化提供思想资料，为建设社会主义精神文明尽一份力。这个文集的出版，表达了我们的作者对中华民族精神文明建设的一片诚心。

民族文化的生命在于
吸收、借鉴和改造 *

《中国藏学》创刊以来，得到国内外学术界的重视，在新的一年，祝愿它更加昌盛。

中华民族是五十几个民族的统称。国际上的"中国学"，实际上是中华民族的文化学，其中有每一个民族的贡献，当然也包括藏族、汉族及其他兄弟民族。

中华民族屹立于世界民族之林，达五千年之久，它长盛不衰，原因之一是不断吸收邻近兄弟民族文化，也善于吸收遥远地区的先进文化不断充实自己，所以才能保持先进，不致落后，只有当它以"天朝"自居，倨傲自大，不接受外来文化的时候，它开始落后了，到鸦片战争时，陷于挨打的境地。

中国历史上号称盛世的时代，首称汉唐，汉唐所以能处在世界文化的前列，首先一条是它善于吸收外来文化，不保守，张骞通西域，唐僧取经的故事，已经家喻户晓。唐朝皇帝家族的血统至少有一半是北方少数民族。

黑人的祖先源于非洲，黑人移民到美洲后，与当地其他民

---

* 原载《中国藏学》1991 年第 1 期"新年笔谈藏学"栏目。

族发生交往，经历了磨难，扎下根来。现在北美的黑人中涌现了不少天才，其中有体育明星、歌唱家，后来还产生了科学家、大学教授、医生、律师，反过来看看非洲大陆，涌现的人才反而不及北美的黑人多，一个原因是缺乏交流、竞争的条件，影响了进步的速度。

藏族是一个智慧的民族，藏族使用文字也较早，对中华民族文化贡献也较多，比如，佛教传入中国，其中因明之学在汉地没有受到重视，翻译成汉文的因明著作不全，亏了藏族学者把它译成藏文，才使这部分有价值的学问得以传下来。再从藏族文化历史的发展来看，它的文化发展至少可以分成两个大的阶段：公元7世纪以前为一个阶段，7世纪以后为另一个阶段，后一阶段的文化显然比前一阶段有显著的提高，其中一个主要原因是与唐朝的文化发生了更密切的关系。唐与吐蕃在交往中，双方都是受益者。

以往的历史实践告诉人们，文化是有生命的，文化的生命必依附于一定的民族为其载体。文化不能搬运却能移植，移植以后，要使它生根，才能成活，焊接的方法可以构造钢铁框架，却不能产生活的文化。使文化发展，永葆青春，首先是交流、吸收、借鉴、改造。文化的生命在于交流，不交流会失去生命的活力，走向衰老，以至消亡。

中华民族有多次民族大融合，少数民族的刚健清新之气充实了中华民族，才使它古而不老，久而常新。《中国藏学》前途无量。

文化遗产的寿命*

历史遗留下来的文学、艺术中的精品都有永久的魅力，后代人无法仿制。像《诗经》《楚辞》都是被誉为不朽的作品。说它们不朽，无非是说它有比一般文学、艺术作品享有更长的寿命，在较长的时间里能继续发生影响。"不朽"并不具有哲学概念的"永恒存在"的意思。有生就有灭，有存就有亡，任何作品都不是万古长新的，"花长好，月长圆，人长寿"不过是谀辞，不能当真看待。

拿屈原的作品来说，汉朝初年的贾谊读屈原的赋，被感动得痛哭流涕，后来政治上不得志，竟抑郁成疾。屈原的作品今天还存在，试找一位大学中文系的学习古典文学的青年来读屈原的作品，他的感受总难以达到汉朝贾谊所感受的那样强烈。即使这位青年也有深沉的苦闷，满腹牢骚，总不会由于读了屈原的作品而抑郁成疾。古人中也有读《诗经》中某些篇章而产生强烈激动的，这种现象在现代人身上就少见。离我们时代不像《诗经》《楚辞》那么远的《红楼梦》也是一部不朽名著，这部书和《诗经》《楚辞》一样，产生过广泛影响。"五四"

＊　据《任继愈学术文化随笔》，原载《群言》1991 年第 11 期。

前后，青年男女知识分子没有读过《红楼梦》的占少数。现在的青年男女知识分子读《红楼梦》的比例显然比"五四"前后的人数要少得多。

以上的现象，这里借用电讯通讯的概念，可以称为"文化影响衰减"现象。远距离的通讯联络，讯号逐渐衰减，距离越远，衰减现象越明显，为了防止衰减，中间设有接力站，使衰减的讯号得到增益，可以收到需要的效果。太远的距离，中间还要增加多处的接力站。

古代思想流传到后世，也有这衰减现象，上述的《诗经》《楚辞》《红楼梦》都不例外。这是指古代有价值的作品，至于那些劣质产品，一出世就被遗忘，不在我们讨论范围之内。

衰减现象之所以出现，是因为古人的处境与今人不同，古人的思想感受有与今人相同处，也有与今人不同处，世代相去越远，古今人之间的感受的差别越大。所以今人读古人作品不及古人的感受的深刻而激动。

翻译文学作品也有类似的情况，原文的某些特色在译文中会有所损失，这也是一种衰减现象。

中国面临改革开放的新局面。

中国哲学有极丰富的文化遗产，像孔子、老子等思想流派到今天还有影响。我们经常听到人们谈论，说孔子思想影响了中国两千多年，要恢复中华民族的优良传统，首先要发扬孔子的哲学。也有人认为孔子思想对今天的新中国的现代化关系不大，倒是有些保守思想是孔子哲学造成的。这两种看法的评价都有根据，我不在这里谈。现在从文化产品的衰减现象来看，我不相信世界上有一种文化现象两千多年永远长寿而不衰减的。拿孔子思想来说，孔子生前是诸多学派中一个有势力的学派。与孔子学派相抗衡的还有墨家，孔子自己也不曾宣称他的学派是唯一的。

秦汉统一后，开始有六七十年间孔子的思想并不时行，受到冷落。汉武帝以后儒家才成为唯一的学派。三国魏晋隋唐时期，儒家思想影响又呈下降趋势，最大的流派是佛教，其次是道教，三教之中儒家排在最末尾。到宋朝儒家又得到振兴，这种势头一直维持到鸦片战争。

认为孔子思想影响了中国两千多年，这个说法不对，因为影响中国的思想不只孔子一家；说孔子的影响两千多年不断壮大，势力越来越大，这个说法也不对，因为与历史实际不符。孔子的思想在当时及后世都有影响，按文化思想影响衰减的现象来考察，单凭孔子思想自身力量只会越来越小，不能越来越大。孔子为代表的儒家影响长久不衰，完全凭借了两次的接力站的补充，使它避免衰减，得到增益的结果。

第一次增益，使孔子思想避免衰减是在西汉时期，得力于董仲舒。董仲舒抬出孔子为号召，他增加了汉朝流行的天人感应、阴阳五行学说，建立了宗教神学，在董仲舒的带动下，中国哲学史出现了全国性的第一个高潮，他用阴阳五行、天人感应新说，解释了（不是解决）当时人们关心的天时、地利、历法、农业生产、行政措施、战争等自然现象和社会现象。这种解释可以满足当时的需要，建立了历史性的功绩。这种哲学体系配合汉代大一统的新形势，对于加强民族融合，促进民族的凝聚力，形成中华民族的共同意识起了积极作用。这一个体系进一步巩固中国传统的纲常名教观念，强化了忠孝观念。

思想是随着社会生活的变革而变革的，如董仲舒的神学经学也曾出现衰减现象。董仲舒的哲学不能应付佛教、道教的冲击。孔子的独尊地位保不住了。正如韩愈在他的《原道》中所说的"黄老于汉，佛于晋魏梁隋之间"。

宋朝的朱熹对儒家的衰减现象起了第二次的接力作用，把魏晋隋唐时期已趋于衰减的儒家振兴起来，把儒家变成儒教，形成了儒教经学。因为它出现在佛教、道教盛行以后，为了壮大自己，它吸取了佛教、道教的心性修养内容，把入世的伦理实践，与出世宗教修养结合起来，吸收了魏晋玄学本体论的理论成果，从而大大丰富了儒家经学内容，推出适应封建社会后期的经典，用《四书》替代了《五经》，对儒家经典①给予新的解释，使它系统化，建成中国式的政教合一体系，从形式到内容都比欧洲中世纪的政教合一完善。朱熹儒教经学的政教合一，使政教之间更加协调，不是互争，而是互相融合在一起的天人合一的结构。

朱熹一生从事《四书》的传授解释工作，他取得了最有权威的解释权。《四书》经过朱熹及其学派的提倡，被后来历代朝廷列为国家教科书，《四书集注》被后来历代朝廷定为国家考试标准答案。一套精密完整的政教合一思想体系得到政府用行政命令的支持，它就更有效地发挥其政教合一的职能。

经典文句是凝固的，它的影响会随着时移世变而衰减，这是历史事实所表明的。但对经典的解释权却可以随时改变着，充实着，不断填充新内容②，使它免于衰减。孔子言行记载可靠的经典是《论语》，这部书不过一万字（六经中没有它的地位），它对后世的影响主要来自各家的解释、阐发孔子学说的著作。有的可以在经典中找到文字根据，也有的找不到根据，还有抛开原来的经典直抒胸臆的。像朱熹的《四书集注》就是

① 《大学》《中庸》《论语》《孟子》本来就分散保存在儒家的典籍里，朱熹把它们集中在一处。
② 这种情况，佛教、道教、儒教都有，其他宗教也有，这里不列举。

用注解的形式阐发朱熹的思想的一例，为了取得权威性的理论依据，不得不抬出孔子作为招牌。从朱子到康有为的《新学伪经考》用的都是这种手法。以述为作，是古代学者通用的办法。文艺复兴时期提出"回到希腊去"，其实也是借古希腊为掩护，发展新兴阶级的新思想。古希腊和文艺复兴时期标榜的希腊是两回事。

辨明这个事实，就不难看清董仲舒的孔子是汉代的孔子，朱熹的孔子是宋代的孔子，和鲁国的孔丘的思想很不一样。后来的被抬出来作为幌子的孔子的思想要比原来的孔子的思想复杂得多。"五四"时代提出"打倒孔家店"①，要打的不是鲁国孔丘，而是经过朱熹改造过的，巩固封建社会的儒教。按照思想衰减现象，孔子的言行不可能长久不衰。戴震提出"以理杀人"，禁止寡妇再嫁，干涉子女婚姻，家长绝对统治，族权武断乡曲，孔子对此毫无责任。鲁迅笔下的"四铭""鲁四老爷"之类人物是儒教铸成的典型，与孔子思想无关。

儒家影响连绵不绝，其基础是封建社会的小农经济。不是儒家本身不衰，而是衰减后，得到接力站的增益，添加了新解释，注入后来的新内容，它又发展了。长久不衰的不只孔子一家。道家老子和孔子同样长寿，也活了两千多年。道家老子也是一个招牌，它中间得到魏晋玄学的增益，隋唐以后又吸收佛教心性学和道教养生学。

文化遗产有影响大的、影响小的，寿命也有长有短，但没有永久存在、永不衰减的。

---

① 曾有人考证过，"五四"时期没有人提出过"打倒孔家店"这个口号。这五个字即使没有作为口号出现过，但"五四"时期确有反孔的思潮，攻击孔子的文章确实不少。

繁体字问题 *

今天我讲的不涉及招牌问题，光讲繁体字问题。

繁体字简化时要慎重。有些会我没有全参加，也参加了一些会。简化的原则是每个被简化的字不超过十画，简化后写起来是方便多了，这是看得见的效果。对文字改革还有一个促进的力量，就是雅加达会议——周总理带着代表团参加的亚非会议。中国发回来的电报比外国的慢，新华社的人很着急。怎么汉字不帮忙，人家会议完了电报就出来了，中国不行，该怎么改革一下，汉字的障碍那时就发现了，一个是不好认，一个是不好写。交通信息传递不便，慢。自从有了电脑以后，不但不慢，它们的优越性也显出来了。好像一颗被埋掉的明珠，一下子超过了拼音文字。

汉字简化考虑得比较周到，也有一些效益。但也有一个不足的地方，就是把好几个繁体字变成一个简体字了，变成一个以后就退不回去。有一个同志去香港当教授，印名片，历史系

---

* 原载《汉字文化》1992 年第 4 期，标题为《北京图书馆馆长任继愈先生讲话》，为作者在"繁体字问题座谈会"上的发言。本标题为此次编书时所加。

的"系"繁体字加了一个单人旁。因为计算机就是这么搞的。这样的情况还发生过，颐和园前几年办了一个慈禧太后的生活展览，挂了一幅横标，"后"用了繁体字前后的"後"。慈禧太"後"挂了一天，游人看见说这不行，才改，改成"后"。诸如此类，引起了混乱。这就不利于科学传递的准确性。这些地方应该想些补救的办法.

我写《哲学史》，《易经》里常讲"乾坤"。我一再注明："乾"不能简化，不能写成"干坤"，一定要写"乾坤"。但是一次不行，二校以后还是个"干坤"。再说明，再改。这些地方，好几个字简化成一个，容易产生误解，反倒不准确。多余的"余"，简化后食字旁没有了。没有了，意思不一样了。"余子碌碌，不足道也。"我的儿子碌碌，不足道也。这就不一样了。

再有，就是北京图书馆和美国国会图书馆有个协作项目。我们给他们编《民国书目》。我们去的七个人都是四十来岁的人，都没学过繁体字，作起来非常慢，查呀、弄呀、很不方便。七八十岁的人对繁体字习惯了。四十来岁的人没见过，用也不会用，查也不方便。

讲我们国家的历史，有五千年文化。有文化可考的、写成书的，也有三千年了。我感到新中国成立以后，文化方面，有"左"的影响，就是对旧的传统一刀两断，经常有这个提法：坏的传统，应该彻底根除，不只是两断的问题，可文化不能一刀两断。新中国的历史是四十多年。讲中国的文化有多少年算多少年，不能说以四十年为界。办不到的。事实上从古到今也没发生过这种事。

我们知道文天祥为了宋朝尽节而死，英雄人物嘛！他代表旧的政权，不屈而死。有《正气歌》流传千古。可是元朝的文化是接着宋朝讲的。宋朝朱熹那套系统都在元朝得到了发展。中国云南省的文庙是元朝修的。宋朝疆域小，不管云南省的。这是元朝过去了才修的，才推广的。文化这东西，可不能够跟旧的割断联系。

我开会遇到过越南学者。越南改成拼音文字后，他们很后悔。过去跟汉字有联系，查查古代的东西很方便。改成拼音以后，后悔莫及。已经推行这么多年了，来不及了没办法了。

再有就是两个朝鲜。北朝鲜改得彻底，什么东西都改了。韩国认识汉字的人多，了解传统东方文化，韩国显然比朝鲜多得多。了解得多，继承的也多，也占便宜，并不吃亏。

日本还用汉字。有人说去的太多，应该恢复一些。保留七八百个远远不够，再增加一些才方便一些，才准确一些。看起来，怎么接上去，怎么让旧的繁体字被好多人认识，是目前面临的一个问题。就拿看古书来说吧，同样的中文系，台湾来的中文系比我们的中文系看古书强得多。

我有一个折中的办法，不是废除，而是中小学课本里，凡是被简化的字后面加个括弧，把繁体字附在里面。这样，不增加老师的负担。老师不要讲，学生不用学，不要考试，就是让他们天天见面。从小学六年、中学六年，十二年跟繁体字常常见面自然有个印象。这样就不会再发生历史系的"系"，系主任的"系"加个单人旁，还有像"乾坤"呀"干坤"呀之类的常识性的混乱了。对国家不增加负担，也不增加老师、学生的负担，学生白白受益，这是可行的吧！我觉得这不算倒退。公文、报纸都用简体字。新加坡就全用简体字，打字机都是简体字。

改嘛，不难。但要照顾到悠久的传统文化不中断。有人说，可以翻译嘛，重要的可以翻译成现代汉语。我说，翻译毕竟有它的局限性，这么大量的书都翻译也不可能，也没那个需要。直接看就好得多。《资治通鉴》翻译了，有人说好，有人说发生些错误，错误是难免的。我们不能把二十四史都翻译了。《资治通鉴》工程量已经很大，已经很困难。不能全翻，重要的可翻。

我们自己的文化遗产不能中断，不能让下一代没见过面，不认识。爱国主义有一个原因是对这个国家了解了才爱得起来。不了解它的过去，怎么爱呢？就像男女交朋友，建立了感情才谈得上结婚，根本不认识，感情建立不起来。对国家的感情也一样，主要是培养建立起来的。要好好发扬爱国主义。不要空口讲社会主义伟大，也要讲我们社会主义是怎么来的，有哪些成就，这些成就表现在什么地方。这样，自然就觉得是伟大，了不起了，站在外国人面前也不觉得矮半截了，这才是爱国主义的基础。

教大学教了这么多年，去年才编了一套《中国历史文化知识丛书》，是面向中学的。选了一百一十个题目，《棋艺》《京剧》呀什么的。五万多字一本，一个题目一本，小本子。面向中学生也是增强爱国主义嘛！希望多学点，多学点中国传统文化，有好处。现在这个办法自己人为地中断了。我们自己吃亏，不明智。我的讲话完了。

《平原县志》序 *

1992 年，山东省平原县县志纂修完成，修志的同志们多年辛勤劳动取得丰硕成果，值得庆贺。平原县的文献资料库又增了一项永久性的基本建设。

中华人民共和国创建于 1949 年，而中华民族的历史、文化发展至少可回溯到五千年前。特别是夏、商、周、秦、汉、唐以来，它以卓越的创造发明丰富了人类物质文明，它以深广博大的哲学思想充实了人类精神世界。它的成就早已超越国界，成为人类的共同财富。平原县人民是伟大中华民族的组成部分，平原县土地是祖国九百六十万平方公里国土的一部分。祖国的荣誉，平原人民理应分享；民族的历史使命，平原人民理应承担。平原人民曾谱写了中华民族几千年的创业史；为开发这块土地，平原人民世世代代奉献出他们的聪明才智；为保卫这块神圣国土，无数先烈为之献出生命。在旧社会，平原人民与全国广大群众分担了受饥寒、被压迫的苦难；解放后，平原人民与全国各族人民分享着翻身的喜悦和当家做主的权利。

解放后，在建设社会主义的道路上遇到不少困难，靠人民

---

* 据《念旧企新》。《平原县志》，齐鲁书社，1993 年 9 月版。

自己的力量一一克服了。建设社会主义，没有现成模式可循，难免走些弯路。前进中出现的失误，有的由于经验不足，有的出于认识偏差。党的十一届三中全会以后，总结了几十年的经验，国家的建设从此走上坦途。十四大以后，在全党全民中提高了认识，加快了步伐，正向更高的层次迈进，发展社会主义市场经济。

新纂成的《平原县志》，忠实、全面、系统地反映了新中国成立以来平原县的经济建设、政治建设、文化建设等各方面的面貌。它不但如实地总结了过去，也给今后建设者提供了珍贵的原始资料，有利于当前，造福于后代。

平原县地处鲁西北，有河无山，平野开阔，水深土厚，这片宽广无际的土地哺育着平原人民。与自然地理的风貌一样，平原人大多平易坦荡，朴实无华，讷于言辞，笃于实践。做得多，说得少，真理所在，义无反顾。这些看起来很平常的性格，从一个侧面体现了中华民族的伟大品质。县志纂成是平原县文献建设的一件大事。每一个平原人都为此高兴。祖国伟大成就正是由众多局部成就汇集来的，汇细流成江海，集锱铢为丘山，我们的综合国力在不断增强，这是全国各族人民齐心协力、共同努力的结果，这里也包含着平原人民对祖国的奉献。

自从党的"十四大"以后，全国各族人民正意气风发地建设有中国特色的社会主义，发展社会主义市场经济，伴随新形势，必将带来新成就，并促使政府职能、生产结构等一系列的变革。平原县人民和全国各族人民一道，正根据各自的实际情况，探索发展经济、提高生产的新途径。它将有比过去四十年更快的发展速度，更大的变革。也许用不了几年，平原县志将要增修。自强不息、日新不已，本来是中华民族的好传统，新中国建立后，它得到更全面的体现。

《中国科学技术典籍通汇》 总序*

世界上创造过灿烂文化的民族和国家不少，不止中国一家，他们都曾对人类文明做出过贡献。随着历史的前进，有些文明古国没有继续发展下来，中途衰落了。当年曾代表先进文化的中心，转移到另外的地区。人类文明不会中断，是历史已经证明了的，表现文明的中心舞台经常随世运而转移，也是历史事实。唯有中华民族的文化，五千年来一脉相承，历久而弥新。这一现象不能不引起世人的关注。

中国有文字可考的历史至少有五千年，中国文化走向世界，与其他文化体系发生联系并引起注意，是秦汉以后的事。秦汉统一以前，众多诸侯国林立，国家小，人口少，各国战争此起彼伏，没有形成凝聚的力量。秦汉开始，中国历史进入新阶段。

秦汉时期，中华民族开始形成，其活动范围基本上以黄河及长江流域为中心，由中原地区向周边辐射。繁衍生息于九百六十万平方公里土地上的众多民族，相互学习，相互依存，相互融合，在漫长的历史时期，发展了自己，壮大了群体。

---

* 《中国科学技术典籍通汇》，河南教育出版社，1993 开始出版。

　　秦汉统一，奠定了此后两千年的政治格局。中间有过朝代更替，统治者有汉族也有非汉族，他们都属于中华民族，有共同的文化，共同的价值观念，从而形成中华民族共同体。

　　中国古代的生产方式是小农自然经济，各自独立，分散经营，它的本性是分散。要维持统一的封建政权，则需要高度集中的政治制度。政治的高度集中与经济的极端分散，这两者相互对立又相互依存，从而构成了秦汉到清末长期存在的基本矛盾。这两者协调得好，就出现太平盛世，协调不好，会招致混乱。中华民族古代文化的高度成就，在于它成功地协调了政治高度统一与经济极端分散（小农经济）的基本矛盾。

　　小农经济生产力低下，其产品除供生产者消费外，所余无几，只能维持简单的再生产。中国古代的哲学家、政治家，从理论上、制度上发挥中央集中领导作用，充分利用广土众民的条件，集锱铢为丘山，把有限的财富集中使用，发挥其综合国力的优势，使它产生出最大效益。如办漕运，修边防，兴水利，以丰补歉的救灾措施，从事文化科技建设等，给后人创造了丰富的精神财富。丰厚的综合国力，是文化科技发展的支柱。这个条件是中国古代社会特有的，其他文明古国都不具备这样的条件。

　　还要看到，科技发达离不开理论指导。中国古代科技昌明与中国古代哲学发达是分不开的，如中国的医、药、农、天文、历算，都受当时哲学思潮的影响至深。哲学启发与科技实践，相互促进，相得益彰。这又是中国古代科技取得优异成绩的必要条件。这样的条件，在世界其他文明古国中也是少见的。

　　特有的社会条件，前人的卓越才智和不懈努力，形成了中国古代领先于世界的科技文明。

中国古代的科学思想和科技成就，是中华优秀传统文化的重要组成部分，曾经在人类文明史上放射过夺目的光辉，对后世产生过重大影响，是一项特别值得挖掘整理的文化遗产。

中国历来有整理出版文化典籍的传统，但是，由于种种原因，对于古代科技典籍，还从未从整体上进行过全面系统的挖掘整理。这是一件需要集中很多人才能完成的工作。用现代科学方法，整理古代科技文献，更是我们这一代人的责任。

我国正处于改革开放、建设有中国特色的社会主义的新时代。历史是不能割断的，新文化从来不是从天而降的，只有善于总结历史经验，才能创造新文化，少走弯路。

现在，由中国科学院自然科学史研究所与河南教育出版社诸同志协助我，来做这件事。我们约集国内在各自学科领域治学有年的科技史家组成总编纂委员会，请当代著名的科学家、史学家、古文献专家和出版家组成顾问委员会，文化部刘忠德部长，新闻出版署于友先署长，刘杲副署长热心担任本书顾问，大家通力合作，终于使这部《中国科学技术典籍通汇》问世了。应该说，这是新中国成立以来，文化建设的一件大事。

《通汇》所收典籍，是从先秦到清末的数万种古代有关科技的典籍中精选出来的。它按现代学科分类，分为数学、天文、物理、化学、地学、生物、农学、医学、技术、综合，共十类。《通汇》依类分卷，按照编纂完成的先后，分期出版。最后出索引一卷。

这次对古代科技典籍的整理，还只是初步的。它可以看作是为中外不易见到原书的科学史研究者，提供的一套比较完备的必读书。因此，各卷除叙论与提要外，一律影印出版。现在还没有力量出版供普通读者阅读的点校注释本或附有译文的普及本，那是一项更浩大的工程。不过，有了现在这部《通汇》，等于打下了基础，再做进一步的整理，会省不少力的。

　　《中国科学技术典籍通汇》是国家八五期间的重点出版工程，得到国务院古籍整理出版规划小组组长匡亚明先生的关心和支持。国内外有关图书馆和个别孤本、珍本的收藏者为我们提供影印原件。河南教育出版社更是多年筹备，给予全力支持。可以说，这部书的出版，有关社会各界的大力支持，是不可缺少的条件，应该向他们表示感谢。

重读《天演论》*

清朝末年，国家遭受外来侵略势力的欺侮，随时有被瓜分的危险。甲午战争，日本打败中国，全国上下为之震惊，这一时期严复翻译《天演论》出版。这是一部振奋人心，激发中华民族爱国热情的名著。译文的影响甚至超过赫胥黎的英文原著。

《天演论》给千千万万爱国者敲响警钟。书中提出"物竞天择，适者生存"的观点，通过大量生物进化现象，揭示出凡不能适应环境的物种必遭淘汰，适应自然环境的物种才能保存下来，得以繁衍。严复通过《天演论》向全国人民大声疾呼，中华民族要奋发图强，才可以免遭亡国灭种的厄运。《天演论》出版后，举国上下掀起救亡图存的浪潮，各地出现以"竞存"命名的学校，新文学倡导者胡适的名字，也是受《天演论》"适者生存"的影响改名的。

社会现象不同于自然现象，不好生硬类比。这种区别，在当时似未引起重视。

＊ 据《一代名师》（文化艺术出版社，2003 年版）。原载《人民日报》1994 年 4 月 6 日。曾收入《任继愈学术文化随笔》。

地球上出现了人类，发明用火，首次能源开发，就开始改变着洪荒时期原始状态下的自然界。人类改变自然界时也改变着自己。古人称"天、地、人"为"三才"，指出人类"可以参天地之化育"，"与天地参"，就是说，人类与自然界打交道时，已渗进了人类的意向和价值观。生物学把鸟类分为益鸟、害鸟，都是按人类标准划分的，不是鸟类自身的特征。人类驯化野生动物为家养，培育谷物，改造盐碱地，古代大禹治水，种种活动，顺应了自然，又改造了自然。如果人类放弃对自然的干预，任凭生物种群间自然生长，优良品种绝对竞争不过劣等品种，禾苗必被杂草掩没，必致颗粒无收。

唐朝流行一部《阴符经》，这部书约成于南北朝后期（530—580 年），全书三百来字。《老子》五千言，已经算言简意赅，《阴符经》篇幅更短，唐初欧阳询、褚遂良均手抄过若干部。唐人李筌对此书作注。宋人程颐、朱熹都对此书十分重视。《阴符经》明确提出，人类为了生存，必须向自然界掠夺、窃取：

天地，万物之盗也；万物，人之盗也；人，万物之盗也。三盗既宜，三才既安。

这里提出人与自然界互相依存又互相掠夺的观点，引起唐宋以来许多学者的重视，在认识史上应当说又前进了一步，有创见，同时也有局限性。《阴符经》作者看到人向自然索取的必然性，却没有指出人向自然索取要有一个限度，无限索求，必遭自然界的报复。比如滥伐林木，滥垦荒地、滥捕鸟兽，破坏生态平衡，会造成洪水、沙漠化，自然界和人类都受到损害。唐宋以前，我国地旷人稀，人类活动的空间较为宽松。到了今天，几千年向自然界掠夺造成的后果，都由我们今天的人承担了。总之，有了人类，已不再有"纯自然界"，因为人类出现后即对自然界进行了干预。

社会生活本来是人类自己的事，更不能不受人类行为的干预。当前由计划经济向市场经济转化（这是从管理体制说的），由自然经济向商品经济转化（这是从生产形态方面说的），这种转化是社会发展的大势，不可能逆转。转化期间一切产品（包括精神产品），面临着严峻的竞争。现在有人认为市场最公平，一切产品交给市场去选择，优者胜，劣者汰。优者占领市场，劣者逐出市场。这种说法不为无据，但不全面。

社会生活中的竞争，只有在一定的社会规范内开展，竞争要合法。不正当的竞争，其后果必是劣质产品（包括精神产品）挤占了优质产品的市场，劣品充斥，危害群体多数人的利益，形成"反淘汰"。

正常的社会生活，离不开社会干预。提倡什么，反对什么；什么行为受鼓励，什么行为受限制，要由社会群体做出规范。前者，古人谓之教化；后者，古人谓之刑罚。这是人类群体，不分古今中外，都应遵循的通则。缺了社会规范制约的竞争，必然出现强凌弱、大欺小、劣等品排斥优等品的现象，造成社会混乱以至危机。

鸦片战争后，中国人民被迫卷进世界竞争的漩涡，被迫参加了不公平的竞争。地球上列国林立，还没有统一全球的社会规范，因此缺少一种有效的制约。一部世界史不过是一部大国争霸史，记录着某些大国扩张了，某些大国衰落了，如此而已。今天的中国已不同严复译《天演论》时期的旧中国，不存在被列强瓜分的危险。我国的国民收入有极大的增长，科技水平有极大的提高，现代工业、农业、国防都有极大的发展。人均收入在全世界不算高，但综合国力却成为全世界不可忽视的安定力量。

　　欢欣鼓舞之余，也要清醒地看到，新中国比旧中国是强大了，但是我们的国土还有强权插手，制造分裂，我国内政还有外来的干扰，公海航行有时受到无理的阻挠，说明我国还不够强大。新中国不再是"东亚病夫"，比旧中国富足了，这种富足表现在解决了中国众多人口的温饱问题，但还有若干贫困地区有待于脱贫，说明我们还不够富足。我们的教育、文化有极大的发展，但还有大量失学儿童，大量的新文盲，说明我们距离社会主义现代化国家的要求还有很大的差距。

　　安不忘危，才可以免遭危殆。《天演论》敲起的警钟，如果能经常在耳边回荡，上下一致，不忘奋发图强，同心合力促进社会主义祖国的现代化，我们的宏伟目标一定能达到。中国民族曾蒙受着八国联军占领我国首都的耻辱进入了 20 世纪，为了争取民族独立、解放和富强，进行了长时期的艰苦奋斗。我们将彻底摆脱贫困落后，以崭新的面貌迎接 21 世纪。

《昭雪汉字百年冤案——
安子介汉字科学体系》序[*]

中华民族有文字可考的历史至少有五千年。中华民族，从秦汉到现在，做出重大贡献，或者说完成自己的历史使命，做过两件大事。第一件大事是把分散的、诸侯割据的列国，拢成统一的大国，把众多民族，融成一个民族共同体——中华民族。中国所以有今天，是中国各个民族共同创造的成果。大一统的中国，发展了生产，创建了伟大的东方文明。第二件大事，是把古老的中国推向现代化。鸦片战争以后，由于西方列强的入侵，摆在中华民族面前的历史使命是摆脱贫困，取消压迫，走向独立富强，建设现代化的中国。一百多年来，一代一代的先进的中国人，都为这一伟大目标而奋斗。

秦汉开始，中华民族开始形成。秦汉统一中国以前，中华大地上，众多诸侯国家林立，国家小，人口少，不能形成集中凝聚的力量，各国战争此起彼伏。秦汉开始，中华民族其活动范围基本上以黄河长江流域为中心，由中原地区向周边辐射。

---

[*] 李敏生、李涛合著：《昭雪汉字百年冤案——安子介汉字科学体系》，中国社会科学出版社，1994 年 7 月版。

繁衍生息于九百六十万平方公里土地上的众多民族相互学习，相互依存，相互融合，在漫长的历史时期，发展了自己，壮大了群体。

秦汉统一，奠定了此后两千年的政治格局。强化政治统一，不能专用武力，要文武夹辅，才能相得益彰。秦汉以后，全国广大地区推行了文字统一（"书同文"），从而克服了中国广大地区方言隔阻给中央统一政令推行的不便。汉字把广大地区各民族联系在一起。"书同文"的文字工具，"行同伦"的道德规范，形成了汉文化为主体的文化共同体，增强了中华民族的凝聚力。"书同文"联系了中央政府统辖地区；而"行同伦"建立了汉字行使地区的社会道德规范。这两者相互配合、相互促进，从而形成中华民族文化共同体的意识形态的核心即道德观，价值观。

秦汉建立起的大一统的政治格局，不断得到完善，遂成为中国古代政治、经济、文化、哲学的固定形态。大一统的政治格局，充分调动了人为力量，发展了小农经济可能达到的最大效益。战国时期，无年不战，统一后，消灭了内部战争，可以百年不见兵戈。这是小农自然经济切盼的太平日子，有利于发展经济，充实国力。大一统国家的建立，有利于国家经济建设的统筹规划，有利于生产的提高和国力的增强。小农经济不利于经济、文化交流，在国家统一领域内，南方的茶、木材，沿海的盐，北方的铁业，由国家经营，利及全国，小农经济除维持简单的再生产外，所余无几。由国家集中赋税，集中调集人力（劳役）可以聚少成多，从事宏大工程建设。如发展国内交通、建驿站、运河开凿、大型文化建设、图书编纂等，都靠的是发挥了综合国力的优势。这种综合国力优势在抗击外来侵略，克服自然灾害方面功用尤为突出。"书同文"，不仅有利于

311

全国的政治统一，同时也促进、推动了全国经济文化的交流。

随着国际交流的频繁，中外文化及其载体（文字）的特点和优势越来越被中外有识之士所关注。今后的世界文化的趋势是东方西方谁也离不开谁。多少年来的西方中心论，逐渐被历史实践所驳斥。从总的发展势头看，21世纪，世界发展重心开始东移。世界进入信息飞跃的时代，作为人类社会交往的媒介随时受到世界使用者的考验。一种文字的价值和它的生命力，要看它的几个方面：1. 有准确表达的功能；2. 有比较广大的使用者；3. 文字记载的文化思想资料丰富，有人类共同承认价值的文学科学著作；4. 文字结构合理便于学习；5. 便于用在现代电讯传输工具。

我们试把当前世界流行通用多种文字，都不同程度地具备以上五个条件，五种功能中并不是每一种文字都十全十美的。从准确表达功能，英文不及法文；通用范围，法文又不及英文；文字结构合理来说，有些文字的语法构造未能从原始习惯中解放出来（如欧洲的语系，词有格的变化，阴性阳性的区别等），这些都不符合第4条的要求。再以现代电讯传输的便利来衡量，不同文字的优劣更容易显现出来。综合考察，中国的汉字都能满足这个要求，现代电讯传输功能更远在世界各大语种以上。西方古代文字，如圣书字、楔形文字，古代希伯来文、死海手写古卷的文字，起源很早，但没有继续流传，已成为死文字。14世纪的古英文，今天已成为少数专家研究的对象，丧失通行的作用，唯有中国的文字，源远流长，几千年来一直被广大群众使用未曾中断过。这不能不说是一个"奇迹"，功劳应记在汉字的名下。汉字的文字结构的优越性更远非其他国际通用文字可比拟。中华民族的文化潜力将随着它的经济、科学潜力一齐迸发出来，这已经不是遥远的事，作为中华民族文化的运载工具的汉字也将以崭新的姿态呈现在世界人民面前。

安子介先生从事汉字研究已有多年，由于他通晓多种文字，从一开始就从比较文字的角度来考察汉字的特点。他与那些故步自封，保存国粹的先生们有不同，他不是从抱残守缺的思想研究汉字，而是从面向未来的宏大前景着眼。他不是闭门研究，墨守着古人家法，而是以现代科学的眼光，另辟蹊径，别开生面，为汉字在国内推广、普及，并为将来推向国际创造了条件。纵观历史发展，汉字对中华民族的形成发展的作用是巨大的。汉字的问题，不只是文字学的课题，而是关系到整个中华民族的形成和发展的全局性的课题。安子介先生提出：汉字是中国对人类文明的一大贡献，汉字是中国另一大发明，其意义和价值不在自然科学内四大发明之下。安先生这一观点可谓独见卓识。安子介先生是著名的政治家、汉字学家。他的汉字科学著作，很有创见。他不仅继承了传统的汉字学研究的成果，并且将汉字学同现代科学技术（如：当代脑科学、电子计算机科技等）相结合，给人以新的启发。安子介先生的汉字学说及他提出的许多重要的问题，更加值得重视。旧中国经济落后，文盲众多，有人归咎于汉字难学，企图走拼音化的"捷径"。又由于现代电讯传输机器为西方人发明，为拼音文字而设计，汉字不能直接用于在西方拼音文字设计的机器，于是提出为了传输方便，要改用拼音体系。随着我国经济的发展，人民生活的提高，普及教育已走上轨道；随着我国科技的进步，汉字用于电脑比拼音文字还要便捷。过去认为汉字的一些缺点已不复存在，过去尚未被人们认识的汉字的优势却得到了重新估价。安子介先生对这些问题有许多精辟的论述。研究安子介先生的汉字科学理论有很重要的现实意义。我对《昭雪汉字百

313

年冤案——安子介汉字科学体系》一书的出版表示热烈的祝贺。

李敏生同志早年治马克思主义哲学，专攻辩证逻辑。粉碎"四人帮"后配合拨乱反正，发表过一系列批判文章，起了积极作用。

李敏生近年来研究汉字，重点在探索汉字与思维规律的关系，发表论文多篇，有创造性的见解。关于语言与思维关系，西方哲学界早已着手研究，并形成有影响的学派。中国汉字，源远流长，汉字的抽象思维功能与联想作用与中国哲学的发展关系密切，值得深入发掘。

文字学家多着眼于汉字自身的结构，形、音、义的衍变及其诠释；哲学家多关心哲学范畴，认识过程。李敏生同志充分发挥其哲学研究经验，从哲学的角度探索汉字与思维规律的关系，借鉴西方学者研究语言与思维的经验，结合汉字特点，用历史唯物主义方法，开拓了有广阔前景的新领域，必将别开生面取得新成就。

从"书同文"到"语同音"*

中华民族的伟大成就不可胜数，秦汉以后的"书同文"就是一项不朽的伟业，怎么估价都不会过高。秦始皇顺应历史潮流，统一了中国，可惜时间太短，"书同文"没有最后完成。汉朝按照秦朝的设计，继续完成了统一文字的任务。

秦汉创建的大一统的政治格局受到中华民族的认同，经历几千年，不断完善，形成中华民族的共同体。维系这样一个大国的统一，主要的文化工具是汉字。有了汉字，才把全国五十六个民族紧紧地团结在一起。假若中国没有"书同文"这样得力的措施，古代中国采用拼音文字，中国将不会是今天统一的格局，也许分成多少个独立割据的小国。欧洲土地面积和中国不相上下，当年缺了个"书同文"的措施，现在还是列国林立，纷争不止。近半个世纪，特别是近二三十年来，欧洲各国已感到长期分隔的不便，萌发了统一的愿望，愿望归愿望，欧洲统一不是短期可以办到的。

---

　　* 据《一代名师》（文化艺术出版社，2003 年版）。原载《群言》1995年第 12 期，《人民日报》1996 年 1 月 5 日转载。曾收入《念旧企新》《皓首学术随笔》。

"书同文"给中国带来的好处，"民到于今受其赐"。我们在前人的基础上，要有所创造、有所前进才对得起我们的后人。看来，我们应该在"书同文"的基础上，进而走向"语同音"。

国家的统一，民族的团结，是建设社会主义现代化国家的前提。我们有了全国通用的交际工具"汉字"，但人们的交际还受某些地区方言的制约，人们还习惯用当地方言。当前国际国内经济交流、文化交流越来越频繁，只有汉字统一，而缺少语言统一，不但给人们造成不便，甚至造成损失。

我国元朝从皇帝到各级官员绝大多数不识汉字、会汉语的也很少，官吏处理民事要通过翻译，所以不能有效地进行治理，统治时期只有九十几年。

明、清两代，政府科举考试，以《四书》《五经》为国家教材，全国应试举子各操方言，但他们读书时必须用"官话"来诵读、讲解。应试诗也不允许用方言的读音来押韵。因为朝廷选拔各地官员都为这个统一的大国服务，在朝的及地方官员相互交往，都要讲官话（当时的普通话），在当时的历史条件下已经尽到最大的努力，从而收到实效。

今天面临开放的时代，国际国内交流频繁，除书面文字外，交际双方直接对话的机会比任何时代都多。举行国际会议，中文已成为国际通用文字，汉语的标准化、普及化已刻不容缓，应提到日程上来。

中华民族沿着现代化的道路已走了一百多年，并取得举世瞩目的成就。但与发达国家相比，还处在发展中国家的行列。衡量一个国家现代化的程度，有很多标志，如科学发展，教育普及，生活富足，法制健全，国民有公德，环保完善等等。对地域辽阔、多民族的大国来说，还要加上两条：民族之间团结和睦，语言无障碍通行。（民族问题这里且不谈）除了"书同文"，还要"语同音"。

当今世界上土地辽阔的大国有俄罗斯、美国、加拿大、中国和印度。俄罗斯地跨欧亚大陆，从圣彼得堡到海参崴，美国从波士顿到旧金山，却不感到东西部地区方言的隔阂。加拿大地域比美国还大，也没有语言的障碍。亚洲的印度有先进的科技文化，但印度境内的语言梗阻比较严重，仅这一方面也制约了印度进一步现代化，难以冲出第三世界。

我国工农业生产、科技文化建设，具有独特的优势，有些领域处在世界先进地位。我们做到了"书同文"，却远远没有做到"语同音"。要使国家现代化，语言统一这一关还没有过去。有的地方教学用普通话，出了学校用地区方言；在公共集会用普通话，回到家里用地区方言。福建省与台湾省仅一水之隔，台湾推行国语（普通话）比福建省成效显著。台湾同胞在现代化的道路上步子迈得比较快。

秦汉以来，中华民族得力于"书同文"。有了"书同文"，加强了国家的政令统一，增强了民族凝聚力，汉字书写的图书经历几千年的积累，浩如烟海，丰富了人类思想宝库。"书同文"给中华民族奠定了万世不朽的基业。我们有幸承袭了祖先遗泽，我们应有义务为后辈添置一份新的产业——"语同音"。

我们有现代化传播工具，电视、广播已普及到千家万户，比秦始皇当年推行"书同文"的情况不知要优越了多少倍。我们有责任、也有能力把"语同音"这一事业做成、做好。

汉字书法的演变与瞻望*

中国共有五十六个民族，汉族是中华民族大家庭中文化较悠久、人数最多的一支。五十六个民族中，有的有文字，有的没有文字，没有文字的占多数。人们习惯上称"中国书法"，严格名称当是"汉字书法"，因为通行的书法是汉字写成的。也有用其他文字写成的书法艺术，不属本文范围，这里不涉及。

汉字书法艺术是用汉字表现的，但汉字与书法还不能等同。汉字是用来保存文献、传递信息的工具，它不等同于艺术作品。艺术作品有艺术方面的要求。汉字应用在先，书法艺术后起。中国有文字可考的历史有五千年以上，但书法成为一门艺术，为广大群众所欣赏，它的历史不过两千年。越到后来，越发达。其所以出现这种现象，有多种原因。

古代汉字的书写工具是刀、锥、木、竹、帛。钟鼎文字是用刀刻在模具上，范型成器，器物的铭文出于铸工手刻。钟鼎文出现以前有甲骨文，文字刻在牛肩胛骨、鹿头骨，大量的是龟腹甲骨。安阳发现大量甲骨片中有的片上有书写的字迹，尚

---

*　原载《传统文化与现代化》1997 年第 1 期。

未用刀刻过。可见甲骨文制作过程是先写后刻的。

考古发现的竹简木牍、帛书字体都不可能过大。书写的用途是为了传播、保存文献记录，目的在于实用。受书写工具的限制，汉字只能小，不能大。

汉代中国发明了造纸术。早期不能造太大的纸张，但比木牍、竹简提供的书写空间大得多。书写的工具毛笔也有了改进（考古发现公元前3世纪的毛笔很细小，制作工艺很粗糙），笔头增大，可吸收更多的墨汁，在较大的纸面上写字，大到"榜书"（写匾额）。

1900年于甘肃敦煌石窟发现大量手写经卷。经卷纸张坚硬光滑，抄写者的书法有的生疏，有的成熟，已具有书写者独特的风格。手写经卷目的在于讽诵、传播，而不在于欣赏其书法。

魏晋南北朝是中国文化发展中，汉以后出现的一次高潮，也是中华民族经历的一次更新时期。它为后来的隋唐盛世积蓄力量，准备条件；亦为后来的文化高潮奠定基础。

从人类认识史的高度来看，由汉代的宇宙论到玄学的本体论，标志着哲学发展的一大进步。当时佛教对思想界起了很大的影响。佛教本是外来宗教，佛教传入中国，与中国传统思想相结合，形成中国的佛教。作为中国佛教的中心问题是"佛性论"，实际上是人世间的"人性论"的屈光折射。心性论（佛性论）被提出并受到思想界的重视。它标志着玄学本体论向纵深发展，由本体论进而探讨心性论，是中华民族认识史上的深化。

中华民族在南北朝时期的大发展，表现在以下四个方面：（1）多民族的大融合；（2）南北地区的大开发；（3）中外文化的大交流；（4）传统思想的大解放。中华民族有五次大的融

319

合，第一次在春秋战国，第二次在魏晋南北朝，第三次在 10 至 12 世纪，第四次在元朝，第五次在清朝。这次的大融合，持续时间近四百年，涉及地区包括长江、黄河、珠江、辽河及漠北广大地区。有以汉族地区为主，吸收少数民族文化的，也有以少数民族为主，吸收汉族文化的；有和平交流的，也有通过战争方式融合的，当然为此付出了很大的代价。经过近四百年的长期融合，中华民族在各民族中取长补短，丰富了中华民族文化，为后来隋唐的统一，奠定了基础。

地区开发，无论在南方还是在北方，促进了农牧业的发展，兴修水利，增加了生产，提高手工业的技术。当时的天文、数学、历法的发展都与地区大开发有关，北朝的生产技术超过了南朝，隋唐两代利用北朝地区大开发的优势，统一了南方。

国内国际文化交流是推动中国文化史发展前进的又一因素。据《三国志》，高句丽把中国文化介绍到百济、新罗、日本。百济曾从西晋开始，先后多次聘问洛阳、邺城、长安，与我国南方的东晋、宋、梁、陈有十一次聘问，从东晋传入佛教，建有僧尼寺塔。百济还采纳了宋何承天制的元嘉历。梁武帝时，有中国典籍《诗》《涅槃经》等传入东方邻国。新罗在西晋、梁、陈有四次使节，北齐时有二次来邺城。不少东邻国家与南朝也有过多次聘问。中国与欧洲古罗马，后来与东罗马也有过交往。通过中外文化大交流，中国的经书、佛教经典，成为国际交流的主要媒体。其中佛教文化、儒教文化起的作用最大。

思想大解放是魏晋南北朝的又一标志。从此结束了神学经学的统治地位，人们从关心宇宙的构成，转入关注事物现象与本质间关系的深层次的探索，追询宇宙万物生长、变化之所以然。打破汉代儒家独尊的地位，老庄、玄学得以发展，思想比较活跃，打破了神学经学的神秘主义，走向理性主义。

上述四个方面的变革，必然影响到书法艺术。玄学的"意在言外"，书画家的"意在笔先"；玄学论本末，书画家重"形神"；文学重风骨，书画贵气韵。其中佛教、道教的传播对书法艺术影响更为直接。三国时已经产生书法家，如韦诞、钟繇，但人数不多。南北朝以后，书家辈出。这与当时道家信徒传播有关。道教中的天师道，重符箓，重写经、祈福。南朝道教重要人物，如王羲之家族及许氏家族、陶弘景等人都以道教传播书法见称于世。王羲之写《黄庭经》换鹅，传为佳话。

南北朝时，南北学风各有特色。史书记载，南人清通简要，北人朴实淳厚；南人活泼，北人凝重；一般而论，大体不差。在书法艺术方面，也有人提出，"南人重帖，北人重碑"，用碑、帖书法的分别来附和南北学风时尚的差别。这种看法似乎有一定道理，但不符合历史实际，不可信。汉魏书家保留下来的遗迹多为碑铭。立碑刻石，出于信仰者对膜拜对象的虔敬，刻在石上的字也要求端庄严整。碑铭以外，由于造纸术的推广，当时人日常生活中的手迹也保存下来不少。除了敦煌写经以外，在南方社会上流传下来的字帖很多，字帖风格比较流畅自然。流畅与典重不是南北朝书法区别的标志，而是两种体制的差别。今天看到南朝保存下来的碑铭，书法也很典重。南朝文人留下的书札柬帖，其内容多为亲友间问候疾病，馈赠酬答之作。书写者并不要求铭于金石，传之后世，信手书写，自然成趣。书札柬帖作者的个性得以自由发抒。《兰亭序》是记录一次朋友宴集的盛会，不同于朝廷的重要集会大典，其风格自然与碑铭殊异。

中国历史的盛世，号称汉唐。汉代由于造纸术尚未普及，

321

书法发展受到局限。唐代书法达到一个新的高峰。唐代与当时东邻新罗、日本有十分频繁的交流，儒家经典、佛教各派系，在这一地区都有广泛的传播。隋唐的政治统一，文化统一，在哲学、宗教思想以及书法艺术中也有所反映。隋唐佛教开创了众多学派，如天台宗、华严宗、禅宗、法相唯识宗、净土宗，在上述地区都有传承。唐代的书法艺术为后来的书法奠定了众多流派的基础。影响中国千年之久的欧、柳、颜等大家，都开创于唐代。书法与时代思潮、政治形势有关，一个时代有一个时代的风格。隋唐是中国历史发展的重要阶段，因为它结束了南北朝两个政权长期对立的局面。思想上、学术上要求统一。唐初编定《五经正义》，汇集南北朝有代表性的经书注释编在一处，作为国家科举取士的教材。要求统一的总趋势，在书体风格上也有所反映。如隋唐有名的书法家薛稷、徐浩、虞世南、褚遂良、欧阳询以及较后的颜、柳等人，虽各具风格，但他们的书法明眼人一望而知其出自唐人手笔。

隋唐书法共同特征是注意字体结构。唐人写字，凡是两部分拼合的字体。其形体结构均要求左右相让，上下相容。拆开后，不复成形。汉魏碑碣，着力浓重，结构造型不太注意。拆开一个字看，由于笔画构造多少不同，有的太长，有的太扁，有时一个左右拼合的字分开来看，还不失为独立的形体，不似唐人书法结构完整。

书法滥觞于魏晋，盛兴于唐代。除学术发展的内在因素外，还有外在因素。唐代读书人步入仕途，有四条标准，为"身、言、书、判"，书法优劣影响一个读书人做官上进的出路。唐代善书者不可胜数，1949 年建国以来，从地下发现大量碑碣及墓志看，不论有名的书家或无名的作者，其书法均端正可观，不失规矩。诗人李白不以书法著名，留下来的短篇书法也超轶尘俗。唐代几乎没有不善书的文人，这是时代风气造成的。

唐代造纸技术比汉魏有所发展，纸质坚实，不晕墨。唐人制笔用紫毫，笔锋较硬（从韩愈《毛颖传》可知当时制笔原料为兔毫）。唐人居室席地而坐，书写时面对矮几，必悬肘而书（悬腕自不待言）。凡习书者，必先练腕力，使之不摇不颤，故能运笔有力，挥洒自如。唐人书法，流派纷呈，流利而不呆滞。其书写工具与书写条件对书法不无制约影响。

古人生活的社会去今世遥远，只可从今天保存下来的文献资料及文物遗存中窥见其端倪。敦煌莫高窟壁画，有许多唐代人生活的图像。其中有关于建筑、室内装饰、人物服饰、生活用具、社会风俗，弥足珍贵。唐人室内生活，席地而坐，写字凭几而不用高桌，敦煌壁画中提供了实物例证。

中国社会，秦汉以后，大体可分为两大阶段。隋唐安史之乱（公元8世纪）为分水岭。安史之乱以前代表中国统一时期。安史之乱以后，唐帝国中央统治力量日趋衰弱，地方武装割据势力日益壮大，形成五代十国的混乱局面。宋代结束了五代十国的分散割据局面，重新统一，宋、元、明、清以后，中央集权的政治呈现了十分稳定的格局。

宋以后的中国文化也发生了新的变化。宋代思想标志着中国古代哲学思想的成熟阶段。朱熹建成了完整的儒教新体系，形成新儒学，统一了中国的思想意识。宋以后，中国有权臣而无篡臣，中国历史上再也没有出现过宫廷政变的方式夺取政权的事件发生，人人都不敢当曹操、司马懿。

中国文学、哲学思想的主流是"心性本体论"。学者用格物致知以穷究天下之理，还要发挥更深层次的心性之学。书法艺术也发生了相应的变革。中国书法发展过程，唐以前是一阶段，宋以后又是一阶段。

宋明时期，中国造纸术进步，能造熟纸（澄心堂纸，即宣纸的前身）。纸张洁白如玉，吸水力强，书法家喜用羊毫笔。笔毫散开能作飞白体。宋明以后，中国人起居用桌椅，不再席地跪坐。写字时坐高椅，作书时双臂有所倚托，故不必悬肘。苏轼书法，其向左撇笔多长，而向右的捺笔较短，当是伏案作书、用笔使然，如悬肘为之，不致有此现象。黄庭坚书体瘦劲而善作波磔。其所用笔当为长锋羊毫而非紫毫，用熟纸而非汉魏硬纸。与苏、黄同时的米芾、蔡襄，字亦丰腴，虽出于禀赋风格，与其所用工具为羊毫、宣纸不无关系。

宋代的四大家"苏、黄、米、蔡"对后世影响深远，直到今天，还有广大的爱好者，受推崇的程度不在唐代几个名家之下。

宋代哲学的"心性论"比唐代更前进了一步，体系更完备，条理更精密。表现在文学方面，唐诗宏阔，宋诗深沉；唐诗胜在言情状物，充分展示广大世界，宋诗富于哲理。这些思想特征在书法艺术上也有所反映。

书法的发展与当时社会文化思潮息息相关，并非孤立存在。从汉魏以后，佛教传入，道教兴起，与儒教鼎足而立，形成中国传统文化的三大支柱。

魏晋时期，佛道玄学为主流，故晋人书法多表现为出世仙佛心态，多飘逸秀美。哲学思潮已由宇宙论进入本体论。南北朝后期哲学思潮由本体论进入心性论。唐代三教都讲心性论。故唐人书法与汉魏书法比，更能表现出作者的心情、性格、个性。

明清以来，科举取士，青年时开始临池，模仿古人书法，读书人桀骜不驯的性格，经过书法的训练与八股文的灌输，使之纳入政府要求的规范之内。八股取士的考试制度，从思想到行为，连同书法都受到了约束。后人论书法，多推尊唐以前而菲薄宋明以后，主要在于馆阁体当道，抹煞了作者个性。

书法作为一种中国传统艺术形式，本身也要求发展。我们不能同意中国书法今不如古，越来越倒退的观点。书法与其他艺术一样，其生命在于发展创造而不是模仿。复制的艺术品价值不高，原因也在于此。

为摆脱科举考试给书法带来的桎梏，明清书法家进行了一些突破性努力：

（1）打破科举培养的馆阁作风，创造标新立异书法，如郑燮中进士后，专工书画艺术，其书法完全摆脱了科举的范式，创造了他的六分半书。

（2）甲骨金石字体本来用刀刻成。后人用柔软的羊毫表现用力刻的甲骨文、钟鼎文，从而形成别具一格的书体。清邓石如用毛笔写小篆书，上追秦汉，为书坛开了新生面。近代发现甲骨文后，书法家把甲骨文引入书法。不是用刀刻在坚硬的甲骨上，而是用毛笔书写在柔软的宣纸上。也有用甲骨文篆刻印章，或小字放大成楹联、堂匾的。用甲骨文拼缀成字，别具一格。

（3）元明以来，书法与中国绘画相结合，画不离书，把书法的美与绘画的美融为一体，在书画界已成定式，几乎无画不题字、字画结合，相得益彰。

（4）古代书法，大字小字各有专工，大字用大笔，小字用细笔。书迹的要求也不同，大字贵结密而无间，小字贵宽绰而有余。今天有光学投影技术设备，字体大小可以任意操纵。这是古代书法家所未料到的。

（5）近代书写工具又有广泛改变，日常多用钢笔、圆珠笔，在机器造的硬纸上书写。近十年来硬笔书法逐渐被承认。

近来有中国书法家用毛笔书写英文（大写印刷体），把它写成方块字的字形结构。乍看，有似已废弃的古代西夏文，细看原来是英文字母拼合而成的一种新的书法艺术。

中国还有少数民族文字家，用毛笔、宣纸书写彝文，中国湖南湘西还有研究"女书"的专家，把"女书"引入书法艺术。

中国现处在世界开放的新时代。从前封闭状态将一去不返。在世界潮流冲击下，有些古老的传统面临新的考验。古人有云，"真金不怕火炼"。真正属于人民的宝贵财富，经过新时代大潮的冲击，可以不被冲垮，屹立不摇。如果经不起新潮流的冲击，随时垮掉，也只能接受历史现实，优者胜，劣者汰。

回头看看，汉字书法艺术走过的道路，不啻一部中国文化史、思想史。因为书法艺术从来是中国传统文化的一部分，并非孤立于整体文化之外。研究汉字书法艺术，不重视中国传统文化，是不够的。研究中国传统文化，而不重视中国汉字书法使用的工具（文房四宝）及生活条件（古人席地而坐，今人高桌高椅），也是不全面的。文房四宝随着社会物质生活的现代化，也在发生变化。以墨而论，古人制墨以杵捣碎，清人袁枚制墨精良，号称"随园十万杵"，以示其研制精细。今人书法多用墨汁，很少用人工研磨。砚台的作用仅供盛墨汁，有的只供观赏。所谓端、歙等名砚温润、发墨的优点、特点已无从发挥。古人用墨块，人工磨墨必以人力，康有为善书，他写字用半机械的一种工具"磨墨机"，用手摇动的一种齿轮机，比人工省时省力。近来有了墨汁，既细且标准化，墨、砚越来越不重要，退居次要地位。文房四宝中真正起决定作用的怕只有纸和笔"二宝"了。

　　古人生活环境比今人简单，基本上是小农社会过的田园式生活，生活节奏不如今人这样紧凑。古人有临池十年，以至终生的。今人已不大可能再下古人那样的功夫，也没有古人那么多的时间。古人多尊古、信古，以至崇古、迷古，不敢越出前代藩篱一步。今人敢于创新，借鉴古人而不死守古人规矩。元明人书画结合，比宋人进了一步（宋人画中不题字，字跋在画外另写）。近代书法有以字代画的趋势，把字形与画意相融会，如"龙"字的书法，使之像龙，"虎"字使之像虎，等等。此种趋势虽只少数作者开始这样做，但已出现了一种新的取向。

　　唐以前的书法更多偏重实用，经史格言、嘉言古训借书法表达，以示自警。宋元以来，则趋向于发抒心性的直接感受，经典、谟诰庙堂文字一般不用来作书法欣赏的对象。所写内容多为诗词等供鉴赏的文学艺术作品，艺术性放在更主要的地位，书法的主要功能是给观者提供美的欣赏，而不是从中吸取训诫。这也可能是书法艺术自觉从道德说教中逐渐觉醒，争取独立的领域的表现。

　　在东亚文化圈内，早在两千年前中国文化与朝鲜半岛已发生交往。汉字文化的影响早已超越中国国境。六七世纪时，中国与东邻各国交流已十分频繁，中日文化交流更多的情况下是通过朝鲜半岛传递的。

　　中国汉字书法，从古到今，已不能仅仅看作中国书法专家的事业。唐宋时期已走出国门，成为世界人民共同享有的文化精神财富。海外喜好汉字书法的已不限于东北亚一隅，五大洲各国大博物馆都收藏有中国的书法艺术珍品。发展、创新汉字书法艺术是中国人的责任，也是全世界爱好汉字书法艺术者共同的责任。

　　近十年来，国家间的经济交流超过了过去几百年，文化交流也紧跟上，为了人类精神境界的提高和美好的未来，我们海内外一切爱好和平、追求美好生活的艺术家、学者，共同努力为人类生活创造更广阔的天地。

八股文与八股文风评议[*]

　　八股文的兴起，由于明清的科举制度。政府规定用八股文体回答试官的考题。美其名曰"代圣贤立言"。不许应试者发抒自己的意见，只许按照朱熹一派的观点阐述题目中包含的意义。这种考试不断受到有识之士的抨击，也有人终身不参加科举考试，以表示不作八股文的决心。但在政府大力提倡下，在利禄驱动下，绝大多数知识分子还是参加了八股文的学习与考试。明清两代，实行了几百年之久，直到中日甲午战争打了败仗，国家危急，朝廷宣称变法图强，才废科举，兴学堂，办洋务，八股取士的制度才得以废止。

　　明朝灭亡，有人归罪于"八股文"，有士子以揭贴方式写着"奉上大明江山一座，皇帝皇后二口"。下款署"八股文奉献"。这是知识分子愤激之词。明末大思想家顾炎武、王夫之都认为明代亡国，亡于王学（王守仁的学术思想足以亡国），这也是偏激之辞。

　　平心而论，明朝亡国有多方面的原因，是一种"亡国综合症"，从政治、军事、社会风气，各个方面都足以亡国。主要

　　＊　原载《群言》1997 年第 2 期。

病根是政府集权于皇帝一人之手。皇帝如果无能或胡乱行事，大权落在太监手中，皇帝大权便为太监所把持操纵。太监不是正常的人，是一批变态心理的小人，这批小人形成一种政治势力，却主管天下大事。朝臣私斗，国贫民困，形成恶性循环。清兵入关以前，明朝已名存实亡了。

清朝亡国时，八股已废止。清亡也不能简单地归罪于八股文。如果说八股可以亡国，清朝盛时，八股文取士，也选用了不少人才。总之，国家的兴亡，主要是社会、经济、政治的原因，八股文负不起国家兴亡的责任。

八股文是中国封建社会后期出现的一种文体，它在前代文学成就的基础上建立的一种新文体。这种文体要求作者熟练地运用汉文的属性，融合散文、骈文的特点使它程式化，定为格式。八股文是浸透骈文精神的一种散文。它能结合君权集中制的要求，灌输官方哲学思想，约束知识分子的思想，使他们不能产生越轨的思想，按程朱指定的思维方式去观察问题。自觉地充当古代圣贤的"发言人"（代圣贤立言），不表示个人的见解，也不允许发表个人见解。

八股文命题都不出经书的范围，实际上，题目在《四书》中选择的占绝大多数，出自《五经》占少数。因为宋元以后，《四书》代替了《五经》，占有经学的主要地位。

《四书》总共不过三万多字，在这个范围内选择题目，连续几百年之久，该选的，差不多都选遍了。天下举子为应付考试，必须钻研过去被录取的合格答卷，反复揣摹。以求取得中式。明清以来，不少出版商乐于出版这类应试的书籍，也涌现了一些编辑专家，编辑试题汇编以牟利。今天社会上流行的"考试指南""高考试题汇编"并非创举，古已有之。

科举题目向天下公布，不能重复出过的题目，必须翻新。

清中后期，有了破句题，截搭题，把原来经书中的一句话，切开来，只用半句为题目。《红楼梦》贾宝玉两番入家塾，准备考举人，老师命题，"则归墨"，这本来是《孟子》书原文是"天下之言，不归杨则归墨"。考八股文，只准围绕"则归墨"三字做文章。不许涉及《孟子》原文的上半句的意思，也不许涉及以下的内容。"截搭题"是截割经书中上一章最后一句（或一字），与下一章的开头一句（或一字）凑成题目，让应试者去代圣贤立言，试官对考生简直有点不近人情，甚至有点残酷。

面对再难的题目，八股文的应试者，也会把文章做得天衣无缝，写出答卷，取得举人、进士的头衔。要求带着镣铐跳舞，配合音乐节奏，而舞姿翩翩。可谓难得。八股文对广大青年读书人不啻为摧残行为，它销蚀了青年的创造性。

从另一方面看，八股文又是中国文学的一种新形式，它是继古文诗赋词曲、小说、戏曲以外的一种新文体。影响普遍而深远，明清求仕宦者，几乎无人不习此道。明清两代五六百年间，政治、军事、文学、哲学方面涌现出不少人才，这些人才又都是经过八股文训练，通过科举途径被选拔出来的。

看来，八股文作为一种基本训练，还有一定的用处。八股文考试至少不失为一种智力测验的手段，智商太低、思维迟钝的人过不了关。八股文提倡文章写作的一般法则，对文章结构有"起、承、转、结"的基本要求。不写八股文，处理一般应用文字，写一般议论文、记叙文，也要有这种训练。

八股文要求一篇文章字数不能太多。明清散文小品，多短小可观，作者多是受过八股文的洗礼，而又背叛了八股文"代圣贤立言"的框框，不再谈别人的套话，而是专说自己的真话，反其道而行之。写得好的文章多清新可诵。

八股文是明清读书人进仕途的敲门砖。一旦进入仕途，敲门砖随手弃置不顾，不再用它。明清以来有成就的文学家、政治家、哲学家，几乎都在青少年时期利用过这块敲门砖。王守仁的文章哲学没有什么八股气，王渔洋、郑板桥的作品都没有八股气，他们都是不折不扣的写八股文的高手，不然不能走上仕途。

有成就的学者们虽然学过八股，用过八股，他们都是青少年时期，再迟不过中年，当他们顺利通过八股科举考试关，即开始从事各自的专业爱好、发挥他们的才干。如果一个人久困场屋，屡试不中，挡在八股文考试关外，那就惨了。当年考八股，有点像近年来青年人考英文"托福"，很快考过去，可以有条件从事他的专业。如果长年累月考"托福"而不能过关，消磨青年锐气，销铄精神，人才将被毁掉。

最近国家编辑《中华大典》，《大典》的《文学典》编到明清部分，曾讨论过收不收八股文这类原始资料。经过研究，取得共识，认为八股文必须收，但不多收。因为八股文为诗、赋、词、曲、散文以外的一种文体，其中也有些好作品。置之不顾，有失公允，因为它毕竟是中国文学史上存在过的一种现象。历史上出现的八股文，事出有因。不能视而不见。

抗战时期，延安整风，"反对党八股"，因为党八股是革命阵营中的一种怪胎，必须把它打倒，使它无容身之地。不但延安整风时期的党八股要反对，今后如果出现"新八股""洋八股"以至任何形式的八股都要反对。使它无容身之地，决不能使它欺世盗名，贻害社会。对古代八股，批评无妨从宽，因为已成为化石，可供观赏，无毒害。对新的八股处理必须从严，因为它还能害人。

治史与忧国 *

　　中国既是多民族的，又是高度统一的大国。这是中国秦汉统一以后的国情。不承认这一点，就无法确切认识中国的历史。维护这个多民族的统一大国，既要有政治组织的保证，也要有文化思想的支持。回顾秦汉以来两千多年间，统一不能维持，多民族融合遭到破坏，国家就衰败，人民就受难。一部"二十四史"已经反复证明这个事实。

　　多民族和谐相处，国家政治稳定，社会秩序得到维护，两千多年来的指导原则是纲常名教。国家的法律无不以纲常名教为准绳。说到底就是用君臣大义治国，以孝悌治家。治国曰忠，治家曰孝。这两者不可偏废。司马氏"以孝治天下"，没有将"忠君"放在应有地位，巩固了家族地位，而国家全局不得安定。晋及南北朝，篡乱不断，有教养的门阀士族即使做到"笃孝义之行，严家讳之禁"，还是不能使社会长治久安，多民族的统一的大国，不得不陷于长期分裂。历史上无数圣贤哲人费尽心力，最后终于找到一条适合中国古代国情的道路，最终

---

　　* 据《竹影集》。原为《陈寅恪先生史学述略稿》（王永兴著，北京大学出版社，1998 年 2 月版）序。

建成儒教体系。从个人的身心修养到治国平天下的大政方针，都纳入这个系统体系中，每一个成员都得到他适合的位置，从而加强了社会的长期稳定性，历史证明儒教符合中国国情的需要。从汉朝统一、独尊儒术，到宋代儒教的形成，中间经历了千余年的探索、补充、完善，终于构建了具有中国特色的古代政治、哲学、宗教、学术一系列完整的体系。中国史学的发展也在于它能够适应中国多民族统一大国需要。

陈寅恪先生十分推重宋代史学，学术界多着眼于他融会中西，对比详审方面，社会早有定评，兹不具论。他推重宋学，推重宋人史学的深层次的问题，似乎还有未发之覆在。

王永兴同志这部书稿，既讲到陈先生的史学方法，又讲到别人忽略了的忠义家风的影响，他提出的见解是深刻的。陈先生的史学值得后代学人追踪探索的很多，最主要的一点是应当看到陈氏史学是中国现代学人对古代传统史学的总结，从陈氏起，也宣告了中国传统史学的终结。

陈先生说：

苏子瞻之史论，北宋之政论也；胡致堂之史论，南宋之政论也；王船山之史论，明末之政论也。

我们可以按陈先生的论点补充一句："陈寅恪之史论，近代中国之政论也。"揆诸中国国情，中国的史论与政论本不可分。史观指导政论，政论又体现史观。司马光以来，此传统一贯相承，未曾终绝。

陈先生盛赞宋人史学，是他的深刻处，很多学者多从史学论史学，没有像陈先生感受这样深刻。陈先生的学术，发为诗歌，语多悲凉，形诸笔楮，常现抑郁。因为他对中国传统文化知之甚深，非同肤泛。目睹中国传统文化在"五四"以后的狂飙迅猛冲击下，方向不明，深感忧苦，他在悼念王国维先生的文章中已说得很明白。他对旧中国的政治已完全绝望，对旧中国的学术已感到它日渐沉沦。因而寄希望新中国，暮年首丘之感，情见乎词。

新中国在百年积贫积弱、灾难深重的旧中国废墟中重建，百废待兴，还未能把一切关系理顺，又由于某些措施失误，多种矛盾纠结交错，纷然杂陈。"文化大革命"时期，朱紫淆乱，妖狐现形，陈先生悒郁含恨终其身，可惜未能看到"四人帮"覆灭后的中国。今天觉醒了的广大群众和知识分子再也不能容许"文革"的重演。反理性主义的宗教狂热再也不能横行。千百万人正在告别贫困，向文明、富足的现代化中国前进。新中国的史学将在前贤的基础上继续前进。

治史者熟知，文化繁荣总在政治、经济就绪之后，而不能提前。汉初所用的刑律还是秦律，过了四分之三个世纪才把董仲舒的儒术定于一尊。宋兴百年，才有北宋五子，到了南宋才形成儒教的完整的体系。

至于新中国学术新体系的建成，既要继承过去的一切优良传统（当然包括宋人史学精华，也包括陈先生的传世之作），也要汲取当今全人类的文化成果（当然包括马克思主义的唯物史观），铸成全新的适合社会主义中国的新体系。文化建设不同于一般物质建设，这是一个漫长的过程，即使我们这一代看不到成果，但已经看到在建设文化大厦中，学术界有志之士正在搬砖运材，作构建大厦的准备。

我祝愿王永兴同志的这部书为建设社会主义新文化增添砖瓦。

《中国藏书楼》序*

竭数载光阴，集众多专家学者的辛劳与智力，《中国藏书楼》问世了。作为本书的参加者，看到这一宏大项目的完成，不胜欣喜。

中华民族的光辉的历史中就包含着它的灿烂的文化。图书典籍的兴废聚散，不啻为中华文化发展的记录。藏书中心的变迁，藏书内容的不断丰富，藏书主人的更迭，都能反映出中华民族发祥、发展、繁荣和衰落的过程。

本书按我国历史顺序，从古到今清理了一遍。从以甲骨为载体的古老形式，到印刷精美的雕印；从中央朝廷扩展到全国各地；从上层贵族专有扩展到民间私藏；从世袭保存发展到借阅流通，这一系列的变化，记录着几千年来我国文化发展前进的过程。它从一个侧面描述了中华民族克服困难，发展经济，繁荣文化的经历。文化典籍是人类社会活动、生产活动、科学创造的记录，不同历史时期的典籍反映着不同社会历史的成

---

* 《中国藏书楼》，辽宁人民出版社，2001 年版。曾载《全国新书目》1999 年第 10 期，题目《古代灿烂文化的记录——摘自〈中国藏书楼〉序》。后刊于《人民日报》1999 年 5 月 20 日第 12 版，题目为"《藏书楼逝去的辉煌》"，文字有删节。

就。

社会安定、生产发展、物资丰富，带来文化繁荣，典籍事业也随着兴旺。遇到政治混乱、民穷财尽，救死不暇，哪里谈得上典籍的庋藏？东汉末年，董卓抢劫了洛阳，宫廷藏书遭到浩劫，大幅的帛书作为车辆的帷盖，小幅帛书改作装饰杂物的口袋。这里只举一个例子，说明藏书与政治有密不可分的关系。

我国古代图书丰富浩繁，品种之多，门类之全，同时世界各国无与伦比。中国古代典籍之所以丰富，首先归功于先进的造纸术和印刷术。唐代以前，一个勤奋好学的读书人，竭尽个人精力，可以遍读群书。宋以后的学者，即使十分勤奋，皓首穷经，也读不完所有的书籍，因为书籍太多了。从事文化事业的专家学者，如果不善于选择，即使勤学苦读，也会淹没在书海中，汗漫无归，无所收获。书籍增多，促进了学习方法，古人根据个人的条件和经验，提出"读书法"。书籍增多，保存和管理也要相应跟上，出现了图书分类法。适应书籍保存阅读，出现装帧法。这是藏书丰富以后，带来的新成果。

本书概括了中国几千年的藏书史，历史跨度大，大体可以从鸦片战争为历史的分水岭。鸦片战争以前，属于古代，鸦片战争以后属于近代。《中国藏书楼》所记载的古代部分，辉煌灿烂，给读者介绍了古代中国文化发达、图书丰富的光辉形象；近现代部分，展现了从藏书楼到图书馆的转变过程。

本书全面系统地反映了中国古代社会文化建设、发展的历程。它记载着中华古代文化对人类做出的巨大贡献，无可争议地达到当时世界文化高峰。对过去的文化成就做一总结，我们可以归纳出关于中国文化的几个特点。

文化的第一个特点是继承。文化成就只有在前人达到的基础上继续攀登，才能超过前人，到达更高处。从来没有一夜之间白手起家的文化暴发户。根据这一特点，我们从事文化事业者，要学会善于吸收前人一切有价值的成果，利用前人文化遗产作为建设新文化的材料。那些自以为是，宣称"与一切旧文化彻底决裂"的高论，已与"文化大革命"一起埋葬，只可给后人作为笑料。

文化的第二个特点是创新。中国藏书楼所记载的事实，表明文化发展，有因有果。每个时代的文化既有前人的成果，又有比前人丰富的新内容。中国文化正是沿着这条道路曲折前进的。

文化的第三个特点是融合。中国文化不断吸收外来新文化，消化后变成自己的营养。佛教文化本自外来，经过吸收、消化，变成中国佛教文化，它成了中国传统文化的一部分，佛教寺院藏书丰富了中国藏书楼。佛教创始人释迦牟尼也被中国人认同，看成中国的圣哲，与孔子、老子并称"三圣"。

文化的第四个特点是利群。文化得到群众的接受、支持，才能生存、发展。文化要符合当时、当地广大群众的需要。图书的生命全靠满足群众的要求。个人的要求，出自主观愿望，不切实际的要求，只是空想、幻想，起不了什么作用。如果出于千千万万人民群众的要求，它将汇成时代洪流，形成时代思潮，开辟历史前进方向。我国藏书浩如烟海，由于人民的选择，保留下精华部分，其糟粕部分，无人过问，自然消亡。历史是最公正的法官，人民群众是最高明的鉴定人。

面对21世纪，我们回顾过去几千年的藏书史，目的在于总结过去，创造未来。根据文化发展的特点，在继承中求创新，融合中外文化一切有价值的文化遗产，吸收消化，充实十二亿人民的精神食粮。

　　未来的文化图书事业，不再是藏书楼，更多地借助于信息库。图书的载体，不限于竹帛简册，而以光电为主要手段，人们将看到数字图书馆呈现在人类面前，遍布于全世界，文化信息传播到天涯海角，文化图书信息输送到千家万户。藏书楼的光荣历史、藏书楼的功绩将永远留在人们记忆中。

《中国历史知识三字经》序言[*]

　　历史是人类活动的足迹，中华民族伟大的历史，是中国各族人民的文化遗产，其中有价值的部分也是世界人民的共同财富。中华人民共和国成立还仅仅五十年，是个朝气蓬勃的新国家，同时又是一个文化基础深厚、源远流长的文明古国。中国的特点，与世界上许多国家比起来，它古而不老，旧而常新。世界上有许多国家有古无今，也有许多国家有今而无古。连绵不断，五千年间历尽坎坷，屡踣屡起，不断前进，日新不已的只有我们中国。

　　中华民族包含五十六个民族，在多民族协同努力前进中谱写下光辉的历史。中国历史凝聚着中国传统文化的智慧，也记载着千年来成功与失败的经验。中国历史是建设新中国精神文明的资料库，也是十二亿人民团结一致的凝合剂，是爱国主义的种子。

　　如果不了解祖国的历史，爱国主义就缺少稳固的基石，很难保证在祖国困难的情形下挺身而出，为国分忧，更不要说为

---

　　* 刘东骏编著：《中国历史知识三字经》，中国少年儿童出版社，2000年9月版。

国献身了。

帝国主义、殖民统治者深深懂得要防止被统治者的反抗行动，首先要消灭他们的反抗意识，使被统治者忘掉历史，使他们不知道哪是他们的祖国。不知有祖国的人，才便于被奴役、被驱使，死心踏地为殖民者效忠、出力。越南曾亡于法国，甲午战争后，台湾被日本割去，"九一八"以后，日本在东北建立傀儡"满洲国"，他们篡改历史，不让当地人民有正确的历史知识，这也可以从反面说明历史与爱国主义的关系。

历史是一面镜子，从前人的得失中起到鉴往知来的作用，使人少犯前人同样的错误。我国的历史长，内容丰富，文献资料齐全，在世界上是仅有的。很多文明古国没有文字的记录，长期靠口头传说，很难区别哪是史实，哪是传说。他们的传说中，又难以区分哪些是神话，哪些是借神话反映的事实。只有中国，有文字可考的历史达四五千年，连绵不断的历史文献记载也有三千年之久。

我们的历史这么长久，长期以来全国人民对历史知识的传播没有引起足够的注意，这一薄弱环节，应当尽快补上。

从全国范围来看，中小学学历史，应以故事、人物为主。抽象规律讲得多，没有足够的历史事实把它填充起来，听者感到空洞无物，提不起学习的兴趣。为了发展生产，应当推行"科普教育"，这一点已引起各方注意，采取了措施，已收到成效。推行历史教育，普及历史知识，似乎还没引起足够的重视。看来，特别在中国，推行"史普教育"成为当务之急，不应一误再误。

学校要加强历史知识教育外，社会教育也要加强历史知识。通过历史博物馆、历史人物纪念馆、革命历史博物馆、蜡像馆、革命事迹专题博物馆，对广大人民进行历史知识教育，今天应当提到日程上来了。三国时期不过几十年，有一部《三国演义》，普及了三国时期的历史知识。现在，我高兴地读到刘东骏先生所著《中国历史三字经》书稿。这部书稿，采取人们喜闻乐见的传统形式，把中国历史知识介绍给读者，读起来，琅琅上口，成年人、青少年都能接受。对重大历史事件、历史人物、重大发明创造，系统地、客观地、如实地介绍给读者。此书在大量原始资料中提出精要部分，简而不疏，提纲挈领，是一部雅俗共赏、少长咸宜的通俗读物。我相信此书的出版，必将对我国的社会主义精神文明建设发挥应有的作用。在书稿出版之际，我愿负责向读者推荐这部新著。

今天看孝道*

　　孝道是中华民族的两大基本传统道德和行为准则之一，另一个基本传统道德行为准则是忠。几千年来，把忠孝视为天性，甚至作为区别人与禽兽的标志。忠孝是圣人提出的，却不是圣人想出来的。它是中国古代长期社会实践的历史产物。这里着重说孝。

　　秦汉开始，中国建立了多民族统一的大国，建成它并维护它要有两条保证。第一条，要保持广土众民的大国高度集权的有效统治；第二条，要使生活在最基层的个体农民，安居乐业，从事生产。高度集中的政权与极端分散的农民双方要互相配合，减少对立，在统一的国家协调下，才能从事大规模跨地区的工程建设、文化建设，防止内战，抵御外患，救灾防灾。个体农民从中受到实惠，则天下太平。

　　农业生产是中国古代社会根据自然环境的合理选择。家庭是中国古代一家一户的基层生产组织，从而构成社会的基本细

---

　　* 据《竹影集》。原为《中华孝道文化研究论集》（巴蜀书社，2001年10月版）序，曾载《人民日报》（海外版）2001年4月23日，又以《谈谈孝道》载《人民日报》2007年3月11日。

胞。小农生产的家庭对国家有纳税的义务，国家有保护小农的责任。

"国"与"家"的关系协调得好，则天下治，反之则乱。保证实现国家、君主有效统治的最高原则是"忠"；巩固基层社会秩序，增加乡党邻里和睦，父子孝慈的最高原则是"孝"。相传古代圣王多是造福氏族的领袖。国家组织被看作氏族组织的扩大。中国古代社会最基本细胞是家庭，因而，忠孝二者相较，孝比忠更基本。

《十三经》中的《孝经》把孝当作天经地义的最高准则。后来北宋的张载作《西铭》，在《孝经》的基础上进一步发挥，融忠、孝为一体，从哲学本体论的高度，把伦理学、政治学、心性论、本体论组成一个完整的孝的思想体系。这种高度抽象概括意义的孝，对中华民族的团结、发展，增强民族凝聚力，几千年来起了积极作用，功不可没。

"五四"以来，有些学者没有历史地对待孝这一社会现象和行为，出于反对封建思想的目的，把孝说成罪恶之源，是不对的，因为它不符合历史实际。

孝道是古代社会历史的产物，不能看作是古代圣人想出来，专门限制家庭子女的桎梏，当然也不是天经地义，永恒不变的。

古代农业社会，政府重农，把农民固定在土地上，安土重迁，所以有"父母在，不远游"的古训；古代职业世袭，有"三年无改于父之道"的训条。古人生活于家庭之内，子女对父母要"晨昏定省"。古代父母与子女不是平等的地位，片面义务，所以"天下无不是父母"。古代婚姻不考虑子女双方的感情因素，只凭父母之命即可组成婚配。

进入现代社会，中国社会结构正在转型过程中。社会老龄化现象对孝道研究提出了新课题。我国推行计划生育政策，出现大量独生子女。子女有赡养父母的义务。新型家庭一对夫妇要照顾双方的两对父母。传统观念规定的某些孝道行为规范，今天有孝心的子女难以照办。当前社会保障制度尚不完善，无论父母或子女，家庭仍然起着安全港湾的作用。

今天对孝道的理解和诠释正面临前所未有的新形势，把几千年来以家庭为基地培育起来的、深入到千家万户的传统观念，融入以德治国的大潮，从理论到实践进行再认识。这一课题关系社会治安，更关系到民族兴衰。只要群策群力，假以时日，必有丰厚的成绩。

《国际汉学研究书系》总序 *

　　中国是世界文明古国之一。世界知道中国，不自今日始，回溯历史，中外文化交流共有五次高潮。文明交流的深度、广度也是近代超过古代。

　　中外文化交流，也循着文化交流的规律。一般情况下，文化高的一方会影响文化水平低的一方，文化水平低的一方则比较容易成为接受者。中国古代与周边国家的交流，往往是施予者，这种情况一直持续到明代中期。其间也有双方文化水平相当，接触后发生冲突，然后各自吸收有用的，并使它为我所用的情况。这种水平相当的交流，往往要经过相当长的时期，才能收到互相融会、双方受益的效果。进入近代，中国科技领域在国际不再领先，往往借助外来文化补充自己的不足。明中期，如天文、历算往往学习西法，这就是中国接受外来文化的又一个实例。

　　文化交流、交融、吸收、互补，也是不可避免的现象。只有在国力充实、文化发达、科学先进的情况下，才可以在交流

---

　　* 任继愈主编：《国际汉学研究书系》，大象出版社，2001 年版。曾载《人民日报》2001 年 4 月 14 日第 8 版，题为《建构文化交流的桥梁》。

中采取主动，吸取其可用者为我所用。当国势衰弱、文化停滞、科学落后时，往往在交流中处于被动地位，甚至失去对外来文化选择的主动权，成为完全被动的接受者。鸦片战争以后，在长达百年的时间里，输入中国的外来文化，有些是我们主动吸收的，也有些是中国所不愿接受的，也有些是被迫引进的。

历史告诉人们，当前世界经济面临一体化，世界上一个地区出现了经济危机，全世界都会受到震动。文化方面虽然没有达到这样的紧密程度，却也有牵一发动全身的趋势。当前文化交流的条件大大超过古代，传递手段之迅捷，古人无法想象。因此，文化交流的责任也远比古代社会沉重。"国际汉学研究书系"负担着21世纪中外文化交流的艰巨任务。

一、西方早期汉学经典译丛（翻译）；

二、当代海外汉学名著译丛（翻译）；

三、海外汉学研究丛书（著作）。

"汉学"这一名称，国内外学术界多数人认同，也有少数学者有不同意见。我们不准备用很多的精力界定这个名词，我们只是把过去和现代人们已发表的和正在从事研究的这一类译著汇集起来，总之，都属于中国文化这个大范围之内的学术著作。正如"现代新儒家"，这个名字的内容，海内外学术界也有不同的理解和使用标准。因为它属于中国文化这个领域，本书系也将包括这类译著是同样的道理。

我们愿借这个领域，作为联系海内外研究古今中国文化的桥梁，能为人类精神文明略尽绵薄之力，我们的初衷就算达到了。

我们这套书系，本着对社会负责，对历史负责，对人类未来负责的心愿，向全世界介绍中国文化，同时也向中国展示健康、高品位的世界文化。21世纪，是信息爆炸的时代，也是总结历史成果的时代。我们以科学的良心，如实向世界推进文化交流，我们介绍古代先驱者的业绩，在当代人中，我们沟通各国文化的精华，展望人类未来的光明前景。

只有在健康、光明、理性、科学为主干的文化指引下，人类才可以避免失误，走向和平。每一个经历过世界大战的过来人，深知和平的可贵、战争的罪恶。我们从事文化事业的、正直善良的学者，出版这套书系，期望其社会效益不限于书斋以内，更寄希望于提高全人类的文化素质，泯除非理性的强权暴行，引导社会走向和平、光明的大道。为中华民族积累精神财富，为世界人民增加友谊与理解。

防患于未然*

《中国消防通史》，是我国第一部用历史唯物主义观点，从火灾的起源到火灾原因，及治理火灾的管理体制，法令规章，全面、系统的一部专业学科的通史。取精用宏，系统地总结了中国消防历史经验，有理论，有创见，对于建设有中国特色的社会主义消防事业有参考作用。这本书的内容丰富，资料翔实，文字清通，值得介绍。我这里只打算从更广泛的视野讲一讲中国文化传统对消防事业的积极影响，希望引起人们的关注。

消防科学是一门防止火灾的学问。讲防火，首先认识火对人类的巨大贡献。古人发明用火，是第一次能源的发现。从此结束了茹毛饮血的野蛮生活，掌握熟食。它关系到人类的生存、发展、繁衍的大事。

在没有文字以前，历史流传只靠传说。我国有构木为巢的有巢氏，有驯养野兽的伏羲氏，教民耕种的神农氏，发明文字的黄帝，大禹是治水的圣王，燧人氏教民钻木取火。西方流传

---

*　据《竹影集》。原为《中国消防通史》（李采芹著，群众出版社，2002 年 1 月版）序。曾载《上海消防》2001 年第 7 期。

的火的传播者是普罗米修斯，他窃取天上的火，传给人间，为人类造福，他因此长期遭受天帝的惩罚。

从古人传说中，可以看出中国人民的重实践、重理性的优良传统，靠人类双手创造，而不是靠神的恩赐。

用火之利，防火之害是一对矛盾，永远并生，互相依存。防火与灭火都受重视，而是把防火放在首位，防火灾于未发之先。救火是第二位的技术措施，这是个很高明的思想。用火之利，避火之害，包涵着传统哲学原始的辩证思想方法。《黄帝内经》是中医的经典著作，《内经》的指导思想是"圣人不治已病治未病"，要防病在未生病之前，得病以后再治是第二位的。古代经典兵书《孙子兵法》讲"不战而屈人之兵，上之上者也"。认为用兵是不得已。老子的《道德经》从哲学的高度指出，"其安易持，其未兆易谋"。"为之于未有，治之于未乱"（六十四章）。

"曲突徙薪"是古代寓言，它说：

> 臣闻客有过主人者，见其灶直突，傍有积薪，客谓主人，更为曲突，远徙其薪，不者且有火患。主人嘿然不应。俄而家果失火，邻里共救之，幸而得息。于是杀牛置酒，谢其邻人，灼烂者在于上行，余各以功次坐，而不录言曲突者。人谓主人曰，"乡使听客之言，不费牛酒，弱亡火患。今论功而请宾，曲突徙薪亡恩泽，焦头烂额为上客耶？"主人乃寤而请之。（《汉书·霍光传》）

"曲突徙薪"的寓言，流传了一二千年，如"焦头烂额"这个词已成为家喻户晓的成语。今天的灭火技术超过古人不知多少倍，消防器材，日新月异。但是，从指导思想来说，再高明的灭火技术和设备，不如无火。"曲突徙薪"，作为一种思想方法，消防的指导思想，今天仍有旺盛的生命力，永远不会过时。鉴往知来，仍不失为观察社会、总结经验的重要方法，值得借鉴。

汉学发展前途无限 *

20 世纪的后五十年，中国文化和世界各国的文化接触越来越频繁。世界各国比过去更需要了解中国，中国也比过去任何时代更需要了解世界。中外文化交流随着经济利益的驱动日益开展。我们的国际友人日益增多。根据我们过去的经验足以说明这种事实——需要（包括个人的、群体的、民族的、国家的）是一切学术最有力的推动者，汉学研究的兴旺势头正方兴未艾。只要看看东方、西方以及世界各国的各种学校开设课程和学习汉语人数增长这一现象，可以预见汉学研究正处在大潮高涨的前夕。21 世纪的前景将比 20 世纪的后半期更繁荣。汉学将成为世界的显学。

大家都生活在同一个世界，由于地缘关系、历史原因，形成了不同的民族和不同的国家。民族的人口有多有少，国家管辖的范围有大有小。这种差别是历史形成的，其结果是文化的多元化，政治的多元化。不管人们喜欢不喜欢，这总归是事实。这个多元文化的世界在交流中，只要互相尊重、互相学习、取长补短，大家就会从中受益。

---

* 原载《中华读书报》2001 年 9 月 19 日。

汉学研究在今天看来，是我们学术界的事，首先是对汉学研究有兴趣的专家学者的事。但是我们可以预言，汉学研究的广泛效应、深远影响，远远超出汉学研究的学术范围。它将增进世界各国系统地理解中国的昨天和今天，把中国文化有价值的部分融入世界文化思想宝库，成为世界文化财富的一部分。如果从长远着眼，从大处着眼，对世界和平的进展也将会产生长远的积极作用。

凡是研究历史和哲学的都很清楚，文化现象的研究是认识社会的一个切入点。每个民族都有自己的文化，文化的特色体现民族的特色。文化有两个层面，一是生活文化，二是观念文化。生活文化包括饮食、服饰、住房，以及音乐、舞蹈，这是每一个民族都有的，每一个旅游者到一个陌生的地方很容易发现不同民族文化的差别。至于观念文化，它处在思想观念的深层，这是一个民族抽象思维能力发展到一定高度以后的精神产品。观念文化的出现至少要有完备的文字、一定发达的科学，它体现为文学、哲学的著作。因此，观念文化不是每一个民族都具备的，它是高度发达的民族文化的产物。大体说来，观念文化成形于文化发达的文化区。如古希腊、古埃及、古巴比伦、古印度文化，都对人类做出过贡献。现在我们讨论的是汉学，这里只说中国。

据历史文献记载及考古学的证明，中国古代文化有文字可考的历史有五千年以上，它几千年来以黄河、长江流域的广大地区为基地，是多民族共同创造的，它持续发展直到今天，历史没有中断过。

认识中国文化的特点，就找到汉学研究的切入点。今天的中国是从古代中国演变来的。

国内有法　国际无法*

非攻学说是墨子的基本思想之一。文章结构谨严，推理明晰，逻辑性强，很有说服力。

《非攻篇》，开始说："今有人入人园圃，窃其桃李，众闻而非之，上为政者得则罚之。此何也？以亏人自利也。"下文接着举出"攘人犬豕鸡豚者，其不义又甚入人园圃，窃桃李，以亏人愈多，其不仁兹甚，罪益厚"。

"取人牛马，其不仁义又甚攘人犬豕鸡豚，以其亏人愈多。"

"至杀不辜人也，扡其衣裘，取戈剑者，其不义又甚入人栏厩，取人牛马……亏人愈多，其不仁兹甚矣，罪益厚。当此，天下之君子皆知而非之，谓之不义。"

"今至大为攻国，则弗知非，从而誉之，谓之义。此可谓知义与不义之别乎？杀一人谓之不义，必有一死罪矣。若以此说，往杀十人，十重不义，必有十死罪矣。杀百人，百重不义，则有百死罪矣。当此，天下之君子皆知而非之，谓之不

---

* 据《竹影集》。初名《墨子非攻读后》，载《唯物始祖　科圣墨翟——墨子与滕州专辑》。

义。今至大为不义，攻国则弗知非，从而誉之，谓之义。情不知其不义也，故当其言，以遗后世。若知其不义也，夫奚说，书其不义以遗后世哉？……今小为非，则知而非之，大为非攻国，则不知非，从而誉之，谓之义，此可谓知义与不义之辩乎？"

私有财产被公认，建立了国家。国家有两种职能：对内维持内部安定，保证有序的社会生活；对外防止外来侵略，保护国家、人民的安全。国家成员受到了国家的保护，同时要对国家、集体尽义务，效忠于国家、集体。由此建立了公与私、个人与群体的准则。

如何处理个体与群体的关系，成为衡量社会道德的尺度。先公后私，先人后己，是中华民族的传统。墨子所说的"义"，即包含这些内容。今天，公民与国家的权利、义务，各国国情不同，但大同小异。

义与不义，仁与不仁，都是指国家内部成员的关系说。国家与国家之间，此国国民对别国国民的关系，在当前世界上，虽有"正义""民主""道德"共同使用的诸观念，由于理解不同，这一国家的准则对另一国家并不适用。爱国精神是高尚的情操。像文天祥，同样一个人，在宋朝和元朝受到不同对待。因为文天祥爱的是宋朝，不爱元朝。宋、元两国有不同的利益。文天祥在宋朝受到称赞，在元朝只能被处死。元朝对文天祥死后的褒奖，是树立榜样给元朝臣民看，而不是对文天祥反抗元朝的鼓励。

当前国家林立，各国对国内和国外的利益有不同的要求。国家内部不同民族成员之间的利益也不一致。欧洲人写历史，哥伦布是发现新大陆的英雄，这位英雄给美洲印第安人带来种族灭绝的灾难。殖民者的创业史，被侵略民族的血泪史，组成了一部书完全相反的两章。

《非攻篇》的逻辑推理，指出了亏人自利为不义，应是指国家内部的案例来说的，所以"上为政者得而罚之"。政府有足够的能力处罚不义行为。

墨子所谴责的攻人之国，杀害千万人的"大不义"，不是发生在本国人民内部，而是发生在国与国之间。攻人之国，是最大的不义，应当受到更严厉的惩罚，从逻辑上推理，可以得到这样的结论。实际上没有可操作性，墨子提出道义上的谴责，国与国之间却难以找到谁是这个"上为政者"，由谁来执行这种处罚。

墨子反对非正义的战争——"攻"，支持正义战争——"诛"。上古汤放桀，武王伐纣，是"诛"，不是"攻"。

墨子、孟子都主张支持正义战争。但国与国之间的正义、非正义的界限由谁来裁判？两千年后的今天，美国攻打伊拉克，轰炸科索沃，都自称是正义战争。

历史往往是胜利者写的，为自己歌功颂德的记录居多，战败的国家往往被说得一无是处。汉朝称秦朝为暴秦，其实秦朝法律汉朝大半继承下来。刘邦即位后，挟书有罪的禁令照样执行了若干年。

人类社会发展到今天，管理国家内部事务的经验比较丰富，法令比较完备。处理国与国之间纠纷经验很少。像国界划分，从来以武力所及范围为界。国际战争的赔偿总是战胜国说了算。

西欧工业革命后，向海外掠夺殖民地的财富，把国外掠夺来的财富拿一部分与本国人分享。掠夺者不但不受谴责，反倒被封为英雄，载入史册。义与不义，国内与国外名词相同，涵义迥异。

356

当前群体最高组织形式是国家。国家以上，迄今还未有更高的组织。二次大战后，战胜国协商建立了联合国。它是一个松散组织，对各国没有约束力，不具备国家政权那样的权力，只是个政治讲坛。大国欺侮小国，甚至肢解小国，联合国无力干预。

苏联解体后，国际上出现了霸权主义。不甘心受支配的多数国家，提出维护主权，反对霸权主义。"非攻"是几千年来人民的共同愿望，"强凌弱，众暴寡"，也是几千年来从未停止的事实。"强梁者不得其死"，霸权主义没有好下场，屡见不鲜。霸权主义垂死之前的疯狂破坏，也足以引起警惕。

列国争霸的局面，21世纪仍将持续下去。我国面临的态势相当严峻。强权国家希望中国长期贫弱。新中国消灭贫困，争取富强，特权大国十分看不惯，从而百般限制。我们坚持非攻原则，反对侵略战争。同时也要发展科学，加速现代化，消灭愚昧，提高全民素质，增强综合国力，争取立于不败之地。

中国有友好和平的传统，也有不畏强暴的传统。墨子非攻给人以启发，既要反对不义的侵略，也要抵制以"吊民伐罪"名义的霸权侵略。墨子当年止楚攻宋的事迹，提供了宝贵的范例，从道义上驳倒了侵略战争的理论，又有制止侵略行为的实力，才能处变不惊，排除干扰，走自己现代化的路。

《齐鲁人杰丛书》序*

　　山东教育出版社要出版一套《齐鲁人杰丛书》，这是一件很有意义的事。

　　我们的祖国是一个有着悠久历史和辉煌文化传统的文明古国，而山东则是中华文明的发祥地和重要地区之一，在中华民族的形成和发展史上做出了应有的贡献。近年来的考古发现已经证明，早在几十万年以前，"沂源人"就生息、繁衍、劳作在这块土地上，他们生活的年代与"北京人"大体相当。进入新石器时代，这里先后出现了后李文化、北辛文化、大汶口文化、龙山文化和岳石文化，形成了前后衔接的史前文化的完整序列，这在其他地区是十分少见的。

　　山东为齐鲁旧邦。西周初年齐鲁两国的建立，把西方周文化带到东方，与东夷文化相结合，造成新的文化优势，为后来秦汉以后的邹鲁、燕齐文化奠定了基础。齐与鲁对当时中国的政治、经济、军事、文化、科技等各个方面都产生了重大而深远的影响。孔子生于鲁国，他的思想学说不仅影响了中国，还影响到世界，成为世界人民共同的精神财富。此后孟轲、荀况

---

　　* 《齐鲁人杰丛书》，山东教育出版社，2001年9月版。

发展了孔子的学说。鲁人墨翟是平民出身的政治家、科学家。孔墨两家成了战国时期的显学。孔墨之外，春秋战国时期的齐鲁地区人文荟萃，名家辈出，政治家如齐桓公、管仲、晏婴，军事家孙武、孙膑、田单，史学家如左丘明，工程技术专家鲁班，天文学家甘德，医学家扁鹊等。齐国稷下学宫，倡百家争鸣，大大地促进了学术文化的繁荣与发展，成为一时的学术中心。

下逮秦汉，中国进入大一统的封建社会。齐鲁文化博大精深的传统不断发扬光大，在此后两千年中，先后出现了公孙弘、诸葛亮、刘表、王导、王猛、房玄龄、刘晏、丘处机等政治家，彭越、羊祜、王敦、秦琼、王彦章、戚继光、邢玠等军事家，邹阳、东方朔、王粲、孔融、刘桢、徐幹、左思、刘峻、刘勰、王禹偁、李清照、辛弃疾、张养浩、康进之、高文秀、谢榛、李开先、李攀龙、兰陵笑笑生、蒲松龄、孔尚任、王士禛等文学家，王羲之、王献之、颜真卿、李成、张择端、焦秉贞、高凤翰、刘墉等书画家，郑玄、王弼、刘熙、臧荣绪、邢昺、于钦、马骕、张尔岐、孔广森、郝懿行等经学家、史学家、文字学家，氾胜之、刘洪、王叔和、何承天、贾思勰、燕肃、王祯、白英、薛凤祚等科学家。几千年来，人才辈出，灿若繁星。

进入近代，山东地区的历史发展呈现出两个十分鲜明的特点。一是灾难和压迫深重。1840年鸦片战争之后，随着中国社会殖民化程度的加深，先是帝国主义教会势力侵入山东，后是日、英侵占威海卫，德国侵占胶州湾。二是压迫越是深重，反抗越是激烈。山东人民不屈不挠，前仆后继，进行了艰苦卓绝的反侵略、反封建斗争。山东人民反"洋教"的巨野教案，威海人民反抗英军侵占威海卫的斗争，高密人民的反筑路斗争，宋景诗领导的黑旗军起义，曲诗文领导的抗捐抗税起义，捻军和山东抗清武装击败清亲王僧格林沁的壮举，都是山东近代史上可歌可泣的壮丽篇章。面对帝国主义瓜分中国的狂潮，阎书勤、赵三多等率先举起了"反清灭洋"的大旗，直至发展为声势浩大的义和团反帝爱国运动，更是写在中国近代历史上光辉的一页。

1919 年的五四运动是由山东问题引起的，山东人民则是这一运动的前驱。随着马克思主义的传播，王尽美、邓恩铭等建立了山东共产主义小组，山东成为全国建党最早的省份之一。抗日战争爆发后，在民族危亡的历史关头，山东党组织领导了冀鲁边、鲁西北、天福山、黑铁山、牛头镇、潍北、徂徕山、泰西、鲁东南、鲁南、湖西等抗日武装起义，山东军民创建了我党领导的山东战略根据地，山东大地上成长起了范筑先、张自忠、任常伦等民族英雄。在解放战争时期，山东人民参军参战，支援前线，配合华东解放军粉碎了国民党反动派的全面进攻和重点进攻，当时在山东境内发生的孟良崮、莱芜、济南、淮海等一系列重大战役的胜利，都直接地推动和影响了中国革命和中国历史的进程。

山东是一块有着悠久文化传统和光荣革命传统的土地，是一个英杰辈出的地方。作为一名山东人，我深以在故乡的土地上出现过一代又一代的文化名人和仁人志士而感到骄傲和自豪。《齐鲁人杰丛书》以文学传记的形式，将他们中的杰出人物介绍给广大读者，他们坚韧不拔，克服困难的精神给人以鼓舞，他们各具特色的人生经历和杰出贡献给人以启发。我们诚挚希望这套丛书能在弘扬祖国的传统文化，增强民族凝聚力，推进祖国的现代化建设中起到积极的作用。作为本丛书的撰写者，切盼得到广大读者的指正，以便作为今后进一步改进的依据。

《国家图书馆学刊·
西夏研究专号》前言*

　　中国是五千年的文明古国，又是个有五十六个民族的多民族大国，汉族人口占绝大多数。二十四史，记载了几十个王朝，其中有以汉族为主，吸收少数民族精英共同组成中央政府的，也有以少数民族为主，吸收汉族及其他少数民族精英共同组成政府的，如辽、金、元、清朝都是。秦汉以来多民族共处，形成了共同文化，共同使用的官方文字（汉文），共同遵循的宗教信仰——孔教，共同信崇的伦理规范（忠、孝），古书上所说的"车同轨、书同文、行同伦"大一统的局面，它是中华民族赖以凝聚的宝贵遗产。孔子的学说及其教育原则早已在中原大地（长江、黄河流域）普及。元朝曲阜的孔子庙碑说"先孔子而生者，非孔子无以明，后孔子而生者，非孔子无以法"。把孔子尊奉到前所未有的高度。辽金两朝与唐宋有着直接继承关系，西夏亦汲取了中华文化，很快从奴隶制进入封建制，称帝建国一百九十余年，如果上溯到建立地方政权，差不

　　* 《国家图书馆学刊·西夏研究专号》，《国家图书馆学刊》2002 年增刊。

多有三个世纪。

西夏与宋、辽、金同时并存，长期对峙。宋朝对辽、金、西夏作战经常打败仗，西夏与辽金作战互有胜负。西夏对中原称臣时降时叛，汉人正史著作没有把它与辽金同等对待。其实西夏所辖国土面积拥有今日宁夏和青海、陕西、甘肃的一部分，辖有几十个州府。官制多仿宋，礼乐典章杂有唐制。开科取士，采用儒经。参照汉字结构，创制西夏文字。文化素养与辽金不相上下，它建国初期比辽金两国更先进些。过去由于资料不足，我们对西夏文化研究得很不够。现在地下文物不断出现，为我国西夏研究开拓了广阔前景。

历史实践表明，有了显微镜，才有了细胞学。有了望远镜，推进了天文学。敦煌发现了藏经洞，有了敦煌学；殷墟发现了甲骨文，丰富了中国的古文字学。中国10—11世纪这一段历史，除了宋、辽、金三朝外，还应加上西夏王朝，这样中国这一段历史才算完整。

早年王静如先生，对西夏研究有开创之功。现在有史金波同志带动了一批研究西夏文化的中青年学者，埋头钻研，成绩斐然。假之以时日，我国的"西夏学"必将呈现异彩。因为这是一项大工程，要有宗教学、历史学、地理学、民族学、人类学，从不同的角度共同考察，群策群力，一定会取得更大的成功。

书法与物质条件*

书写工具与书法

古代汉字的书写工具是刀、锥、木、竹、帛。钟鼎文字是用刀刻在模具上，范型成器，器物的铭文出于铸工手刻。钟鼎文出现以前有甲骨文，文字刻在牛肩胛骨、鹿头骨，大量的是龟腹甲骨。安阳发现大量甲骨片中有的片上有书写的字迹，尚未用刀刻过。可见甲骨文制作过程是先写后刻的。

考古发现的竹简木牍、帛书字体都不可能过大。书写的用途是为了传播、保存文献记录，目的在于实用。受书写工具的限制，汉字只能小，不能大。

汉代（公元前后）中国发明了造纸术。早期造纸不能制造太大的纸张，但比木牍、竹简提供的书写空间大得多。书写的工具毛笔也有了改进（考古发现公元前3世纪的毛笔很细小，制作工艺很粗糙）。笔头增大，可吸收更多的墨汁，在较大的

＊　据《皓首学术随笔》。初刊于《竹影集》。曾载《高中生之友》2009年第2期。

纸面上写字，大到"榜书"（写匾额）。

1900年于甘肃敦煌石窟发现大量手写经卷。经卷纸张坚硬光滑，抄写者的书法有的生疏，有的成熟，已具有书写者独特的风格。手写经卷目的在于讽诵、传播，而不在于欣赏其书法。

研究中国传统文化，而不重视中国汉字书法使用的工具（文房四宝）及生活条件（古人席地而坐，今人高桌高椅），也是不全面的。文房四宝随着社会物质生活的现代化，也在发生变化。以墨而论，古人制墨以杵捣碎，清人袁枚制墨精良，号称"随园十万杵"，以示其研制精细。今人书法多用墨汁，很少用人工研磨。砚台的作用仅供盛墨汁，有的只供观赏。所谓端、歙等名砚温润、发墨的优点、特点已无从发挥。古人用墨块，人工磨墨必以人力，康有为善书，他写字用半机械的一种工具"磨墨机"，用手摇动的一种齿轮机，比人工省时省力。近来有了墨汁，既细且标准化，墨、砚越来越不重要，退居次要地位。文房四宝中真正起决定作用的怕只有纸和笔"二宝"。

文化思潮与书法风格

书法的发展与当时社会文化思潮息息相关，并非孤立存在。从汉魏以后，佛教传入，道教兴起，与儒教鼎足而立，形成中国传统文化的三大支柱。

魏晋时期，佛道玄学为主流。玄学说"意在言外"，书画家说"意在笔先"；玄学论本末，书画家重"形神"；文学重风骨，书画贵气韵。晋人书法多表现为出世仙佛心态，多飘逸秀美。哲学思潮已由宇宙论进入本体论。南北朝后期哲学思潮由本体论进入心性论。唐代三教都讲心性论。故唐人书法与汉魏书法比，更能表现出作者的心情、性格、个性。

"南帖北碑"

南北朝时，南北学风各有特色。史书记载，南人清通简要，北人朴实淳厚；南人活泼，北人凝重；一般而论，大体不差。在书法艺术方面，也有人提出，"南人重帖，北人重碑"，用碑、帖书法的分别来附和南北学风时尚的差别。这种看法似乎有一定道理，但不符合历史实际，不可信。汉魏书家保留下来的遗迹多为碑铭。立碑刻石，出于信仰者对膜拜对象的虔敬，刻在石上的字也要求端庄严整。碑铭以外，由于造纸术的推广，当时人日常生活中的手迹也保存下来不少。除了敦煌写经以外，在南方社会上流传下来的字帖很多，字帖风格比较流畅自然。后人论书法，往往称"北朝重碑，南朝重帖"，用以区别南北书法风格。这种说法颇为流行，并非确论。流畅与典重不是南北朝书法区别的标志，而是两种体制的差别。今天看到南朝保存下来的碑铭，书法也很典重。南朝文人留下的书札柬帖，其内容多为亲友间问候疾病，馈赠酬答之作。书写者并不要求铭于金石，传之后世，信手书写，自然成趣。书札柬帖作者的个性得以自由发抒。《兰亭序》是记录一次朋友宴集的盛会，不同于朝廷的重要集会大典，其风格自然与碑铭殊异。

隋唐书法

中国历史的盛世，号称汉唐。汉代由于造纸术尚未普及，书法发展受到局限。唐代书法达到一个新的高峰。唐代与当时东邻新罗、日本有十分频繁的交流，儒家经典、佛教各派系，在国内及东方邻国都有广泛的传播。隋唐的政治统一，文化统一，在哲学、宗教思想以及书法艺术中也有所反映。隋唐佛教开创了众多学派，如天台宗、华严宗、禅宗、法相唯识宗、净土宗，在国内及新罗、日本都有传承。唐代的书法艺术为后来的书法奠定了众多流派的基础。影响中国千年之久的欧、柳、颜等大家，都开创于唐代。书法与时代思潮、政治形势有关，因此，一个时代有一个时代的风格。隋唐是中国历史发展的重要阶段，因为它结束了南北朝两个政权长期对立的局面。思想上、学术上要求统一。唐初编定《五经正义》，汇集南北朝有代表性的经书注释编在一处，作为国家科举取士的教材。要求统一的总趋势，在书体风格上也有所反映。如隋唐有名的书家薛稷、徐浩、虞世南、褚遂良、欧阳询以及较后的颜、柳等人，虽各具风格，但他们的书法明眼人一望而知其出自唐人手笔。

因为隋唐书法共同特征是注意字体结构。唐人写字，凡是两部分拼合的字体。其形体结构均要求左右相让，上下相容。拆开后，不复成形。汉魏碑碣，着力浓重，结构造型不太注意。拆开一个字看，由于笔画构造多少不同，有的太长，有的太扁，不太注意字体的整体造型。有时一个左右拼合的字分开来看，还不失为独立的形体，不似唐人书法结构完整。

书法滥觞于魏晋，盛兴于唐代。除学术发展的内在因素外，还有外在因素。唐代读书人步入仕途，有四条标准，为"身、言、书、判"，书法优劣影响一个读书人做官上进的出路。唐代善书者不可胜数，1949 年建国以来，从地下发现大量碑碣及墓志看，不论有名的书家或无名的作者，其书法均端正可观，不失规矩。诗人李白不以书法著名，留下来的短篇书法也超轶尘俗。唐代几乎没有不善书的文人，这是时代风气造成的。

唐代造纸技术比汉魏有所发展，纸质坚实，不晕墨。唐人制笔用紫毫，笔锋较硬（从韩愈《毛颖传》可知当时制笔原料为兔毫）。唐人居室席地而坐，书写时面对矮几必悬肘而书（悬腕自不待言）。凡习书者，必先练腕力，使之不摇不颤，故能运笔有力，挥洒自如。唐人书法，流派纷呈，流利而不呆滞。其书写工具与书写条件对书法不无制约影响。

古人生活的社会去今世遥远，只可从今天保存下来的文献资料及文物遗存中窥见其端倪。今天保存下来的敦煌莫高窟壁画有许多唐代人生活图像。其中有关于建筑、室内装饰、人物服饰、生活用具、社会风俗，弥足珍贵。唐人室内生活，席地而坐，写字凭几而不用高桌，敦煌壁画中提供了实物例证。

宋代书法

宋以后的中国文化也发生了新的变化。宋代思想标志着中国古代哲学思想的成熟阶段。宋代朱熹建成了完整的儒教新体系，形成新儒学。新儒学形成以后，统一了中国的思想意识，宋以后，中国有权臣而无篡臣，中国历史上再也没有出现过宫廷政变的方式夺取政权的事件发生，人人都不敢当曹操、司马懿。

中国文学、哲学思想的主流是"心性本体论"。学者用格物致知以穷究天下之理，还要发挥更深层次的心性之学。书法艺术也发生了相应的变革。中国书法发展过程，唐以前是一阶段，宋以后又是一阶段。

宋明时期，中国造纸术进步，能造熟纸（澄心堂纸，即宣纸的前身）。纸张洁白如玉，吸水力强，书法家喜用羊毫笔。

笔毫散开能作飞白体。宋明以后，中国人起居用桌椅，不再席地跪坐。写字时坐高椅，作书时双臂有所倚托，故不必悬肘。苏轼书法，其向左撇笔多长，而向右的捺笔较短，当是伏案作书、用笔使然，如悬肘为之，不致有此现象。黄庭坚书体瘦劲而善作波磔。其所用笔当为长锋羊毫而非紫毫，用熟纸而非汉魏硬纸。与苏、黄同时的米芾、蔡襄，字亦丰腴，虽出于禀赋风格，与其所用工具为羊毫、宣纸不无关系。

宋代的四大家"苏、黄、米、蔡"对后世影响深远，直到今天，还有广大的爱好者，受推崇的程度不在唐代几个名家之下。

宋代哲学的"心性论"比唐代更前进了一步，体系更完备，条理更精密。表现在文学方面，唐诗宏阔，宋诗深沉；唐诗胜在言情状物，充分展示广大世界，宋诗富于哲理。这些思想特征在书法艺术上也有所反映。

明清以来的书法

明清以来，科举取士，青年时代即开始临池，模仿古人书法，读书人桀骜不驯的性格，经过书法的训练与八股文同时灌输，使之纳入政府要求的规范之内。八股取士的考试制度，从思想到行为，连同书法都受到了约束。后人论书法，多推尊唐以前而菲薄宋明以后，主要在于馆阁体当道，抹煞了作者个性。

书法作为一种中国传统艺术形式，本身也要求发展。我们不能同意中国书法今不如古，越来越倒退的观点。书法与其他艺术一样，其生命在于发展创造而不是模仿。复制的艺术品价值不高，原因也在于此。

　　为摆脱科举考试给书法带来的桎梏，明清书法家进行了一些突破性努力：

　　（一）打破科举培养的馆阁作风，创造标新立异书法，如郑燮中进士后，专工书画艺术，其书法完全摆脱了科举的范式，创造了他的六分半书。

　　（二）甲骨金石字体本来用刀刻成。后人用柔软的羊毫表现用刀刻的甲骨文、钟鼎文，从而形成别具一格的书体。清邓石如用毛笔写小篆书，上追秦汉，为书坛开了新生面。近代发现甲骨文后，书法家把甲骨文引入书法。不是用刀刻在坚硬的甲骨上，而是用毛笔书写在柔软的宣纸上。也有用甲骨文篆刻印章，或小字放大成楹联、堂匾的。用甲骨文拼缀成字，别具一格。

　　（三）元明以来，书法与中国绘画相结合，画不离书，把书法的美与绘画的美融为一体，在书画界已成定式，几乎无画不题字，字画结合，相得益彰。

　　（四）古代书法，大字小字各有专工，大字用大笔，小字用细笔。书迹的要求也不同，大字贵结密而无间，小字贵宽绰而有余。今天有光学投影技术设备，字体大小可以任意操纵。这是古代书法家所未料到的。

　　（五）近代书写工具又有广泛改变，日常多用钢笔、圆珠笔，在机器造的硬纸上书写。近十年来硬笔书法逐渐被承认。

坚持科学发展观
推动文化建设与发展 *

"文化"是一个跨学科的概念，各个方面都牵扯到文化。文化大体分为两类：一类是生活文化，吃、喝、穿戴、舞蹈等等，这种文化每一个民族都有。我们旅游的时候到了一个地方首先看到的就是生活文化的特点。第二类是观念文化，这是文化发展到了一定程度，抽象思维发展到了一定程度才产生的，比如哲学、艺术、诗歌、著作等等。生活文化很容易进行交流。可是，观念文化距离就很大，比如我们讲"自由""民主"，和美国差别就很大。怎样来沟通和加强互相理解是一个很长的、艰难的过程。中国历史上真正的文化交流高潮一个是汉朝，一个是唐朝。今天在开放的形势下，第三个交流的高潮已经在酝酿、发展之中。文化建设是一个现实、整体、高度抽象的学科门类。要通过统一协调的领导机构，有效地抓好文化发展，包括青少年教育等方面的工作。

文化建设要很慎重地提产业化，教育方面提产业化我就不赞同。为什么呢？因为文化教育，它有公益性，也有营业性。

---

* 原载《文艺理论与批评》2004 年第 3 期。

发展文化，人们害怕一提产业化就是赚钱、裁人、商业性的，实际上也不是这样。要把文化产业发展同文化事业发展从政策上做出明确区分，才能真正推动文化建设与发展。

汉字为中华民族立了大功[*]

汉字是中国各民族各地区共同使用的交流工具，汉字对中华文化、对中华民族、对几千年的中国政治等多方面功绩值得引起高度关注。

世界文明大国，与中国并称为文明古国的，不止中国，还有埃及、巴比伦等好几个国家，它们最早的文字都是象形的方块字。后来，其他各国的象形方块文字没有继续发展，后来走上拼音文字的道路，他们的古文字发展出现断层，无人能识，到了近代才有专家研究进行破译，终于弄清了它们的涵义。唯有中国方块字没走拼音的道路，而是在象形字的基础上，吸收了标音文字的因素，创造了汉字特有的系统。所谓形声，是保留了象形，又表达了音和意，形声结合，开创了中国特色的汉字。

"五四"以来，广大爱国知识分子、仁人志士唤起民众，要改变当时中国人被奴役、被压迫的处境，中国要自强、要脱贫，要消灭愚昧，要学文化，学科学。当时中国文盲占绝大多数，文盲成堆的民族，怎能富强？多方寻找与西方人的差距，

---

* 原载《北京日报》2006 年 2 月 13 日。

有人认为中国文盲多，是吃了汉字的亏。"五四"前后，不少有识之士主张改汉字为拼音文字。只要学会拼音，学了几十个字母，即可以自由阅读。当年的爱国知识青年鲁迅、钱玄同等倡导过废汉字，改拼音，当时就形成一股思潮。还有人更为激进，认为汉字写成的书大多讲忠君，记载了保守思想，只讲服从，不讲个人自由，主张把古书抛到垃圾堆里去。这些人的动机出于救国热忱，他们关怀民族前途热忱值得尊重，有些过激言行是可以理解的。

也有些欧美留学回来的教育家，看到西方使用拼音文字的国家，只要能读得出就能写得出。我们的小学生，入学三四年才能写文，人家使用拼音文字国家的儿童已经能写作文，我们的儿童还在学识字。认为我们小学生比拼音文字的国家的儿童从小学生就吃两三年的亏。汉字，使我们的教育的效率低于西方用拼音文字的国家。从普及教育，促进中国的现代化着想，他们的用心也是可以值得尊重的。

新中国成立半个多世纪以来，国际交往增多，对世界各国情况了解得多了，我们看到用拼音文字的国家的儿童知识技能和文化素养和我国同龄儿童水平差不多，并不占优势，使用拼音文字的国家也有文盲。人们逐渐明白一个道理：办教育的目的是培养人的全面发展，这是一种系统工程，它要遵循积累熏陶渐进的规律，而识字、会写、会说，并不等于学通、学懂。五六岁的儿童可以会说、会写"人生若梦"，但五六岁的儿童，对"人生若梦"的理解，和一个经历世态炎凉的六七十岁的退休老人很不一样。中国古代儿童入学首先熟读《三字经》，《三字经》第一句"人之初，性本善"，小孩子都会背诵，至于"人之初，性本善"是什么意思，并不明白。可见识字与文化关系密切，但不是一回事。美国拳击明星泰森，不能说不识字，但他看不懂合同，看不懂政府的文告。美国称这种人是"功能性的文盲"（Functional illiterate）。中国古代哲学家老子《道德经》第一章讲"道可道，非常道"，这六个字，今天的小学生都识得，也读得出，但有些大学的教授们未必了解它的涵义。

新中国成立五十多年来，我国国民经济连续二十多年保持高速度的发展，取得举世瞩目的成绩。这种发展的势头方兴未艾。旧中国和新中国都一直在使用汉字，旧中国贫弱，新中国站起来了，从脱贫走向小康以致走向富强。可见汉字并没有拖中国现代化后腿，"五四"时代有些爱国人士把国家的贫弱的原因加罪于汉字，是不公平的。

秦汉建成多民族的统一大国，国土面积相当于欧洲。民族多到五十六个。方言众多，如广东、福建，如果用拼音文字，与其他地区无法沟通，西藏、新疆、甘肃等地方言的差异更大。今天，我们的《人民日报》在全国通行无阻，主要工具是汉字。如果没有一种通用的文字，中央政令不能通行全国，中国将分成许多国家。

这个多民族统一的大国，带给中华民族的好处一时说不尽了，它使中华民族多次战胜外来侵略，统一大国集中全国人力物力能办重大工程，古代的如长城、运河，如治理水灾，救济灾荒，只有调动广大人民的力量才能办成。直到新中国成立之前，我们还是个穷国，又是个弱国。正是由于我国是多民族统一的大国，才能顶住外来各种侵略势力，打退入侵的日寇。我们这个综合国力来自多民族的统一大国，汉字是一个不可缺少的联系纽带。

汉字识繁用简的必要与可能*

中国汉字为中华民族立下了不朽的功勋。中国这个多民族的统一大国，地域辽阔，民族众多，方言复杂。正是借助汉字，才可以把中央政令贯彻到全国各地。广东、福建的方言，如果用拼音文字，很难与外界交流。西方欧洲从中世纪，罗马帝国灭亡后，民族独立，分裂成许多分散割据的邦国，迄今为止，还是多种文字并存。他的生产能力的总和已超过美国，但是他们深感分散给发展带来的弊端，但是一时无法改变。我们的汉字，早在秦以前各大国如齐、楚、秦，文字已基本趋同，或一个字有不同写法，这些小的差异，并不妨害国际交流。从地下考古发现的帛书、楚简、秦简，山东的竹简，都可以证明当时各国文字大同小异，足以提供相互交流的工具。秦汉统一后，规范了文字。我们的二十四史就是用汉字记录下来的。

新中国建国后，为了文化普及，加快扫盲运动，国家进行了一次文字改革，使笔画过多的字简化。改革的原则是不使超过十划。由于当时时间仓促，有时考虑不周到，把原来几个不

* 据《皓首学术随笔》，初刊于《国际儒学联合会内参》2006 年第 7 期，内容少于前者。

同的字，简化为一个字。有时发生歧义，也有时影响字义的准确性。总之，这次改革是成功的，得到全国人民的支持和拥护，而且影响到海外，像新加坡早已使用了简化汉字。最反对简化的台湾同胞，用"台湾"的也多起来。因为书写方便，是合理的，受欢迎的。

但由于有些简化后的汉字，与古汉字发生歧义（见附表），给汉字的使用带来新的问题，甚至因此闹出一些误解和笑话。据说，有人在某大学图书馆借阅《後漢書》时，恰好此书名是繁体，这个管理员不认识繁体字，说没有此书。有一年，颐和园举办慈禧太后生活展览。主持者认为"后"字是简化字，于是大幅横标写为"清慈禧太後生活展览会"，挂了两天，不少游人看到，指出错误，第三天才改正。还有一些人名，不便使用简化字。如唐代武将南霁雲，诗人朱庆馀，《红楼梦》的史湘雲，一简化，就不是原来的意思了。

现在电脑软件有汉字繁简转换的功能。由于繁、简汉字存在的歧义，电脑识别也常发生错误。我们到处提倡国学，想教孩子从小读点古诗词，古文，由于青年人没有机会接触繁体字，阅读古人著作时发生隔阂，看不下去。高考试卷有古文今译的考题。2005年广州考区的一道古文翻译题，交白卷的达万人之多。这说明，我们五千年文化传承出现了断层。维护我国丰富的文化传统，决不仅仅是少数汉学家的事情，全国各民族人人有责。

我曾提议过"用简识繁"的补救办法。在编写的中小学语文教材中，遇到简体与繁体发生歧义的字时，简化字旁用括弧注出该繁体字。例如：吉庆有余（餘）。老师不必专门讲，也不列入学生考核内容，小学六年，中学六年，经过十二年的熏陶，只需耳濡目染，不知不觉地能认识不少繁体字。这等于在全国做了一项国学普及工作，中国的古文、古诗词、古小说，人人可以方便阅读，惠而不费之事，何乐而不为？

这样做，有些文字改革专家们担心违反文字改革政策，这种担心是多余的。语文课照常进行，只是增加点古汉语知识，多认一点繁体字，并没有冲击文字改革，有什么不好？

简化字	繁体字
后	後（前后） 后（皇后）
干	乾（坤） 干（燥） 干（事） 干（係）
系	繫（鞋带） 係（属于） 系（中文系）
桔	橘（柑） 桔槔（提水工具） 桔梗（中草药）
复	復（回答） 覆（盖） 複（制）
淀	淀（白洋淀） 澱（沉澱）
斗	斗（量具） 斗（北斗星） 鬬（战鬬）

余 ｛ 余（我，我的）
　　餘（剩餘，多餘）

冲 ｛ 冲（茶）
　　衝（鋒）

几 ｛ 幾（個）
　　几（案、小桌子）

云 ｛ 雲（天上雲）
　　云（说话）

制 ｛ 製（造）
　　制（度）

征 ｛ 徵（兆）
　　征（兵）

御 ｛ 禦（防）
　　御（皇帝专用）

"黄帝与中华文化"
学术研讨会贺辞*

　　我已收到陕西省人民政府将于今年清明节前在西安市举行"黄帝与中华文化学术研讨会"的邀请函，衷心感谢！因身体关系，我不能远行，敬请原谅。

　　树有根、水有源，这是众所皆知的真理。从历史的角度看，现代与未来都是传统的延续和发展。认真地把握现代，努力地创造未来，都离不开对于优良传统的研究和继承。要超越传统，首先要继承传统。对于中华民族来说，这个伟大的传统就是以黄帝、炎帝为开端的、五千多年连绵不断的、光辉灿烂的中华文明史。

　　黄帝陵在陕西省黄陵县，自古至今的公祭都在这里举行，这是不可改变的历史事实。炎黄子孙到陕西省拜谒黄帝陵，举行学术研讨会，是为了从民族优秀传统文化中吸取力量，用以激励我们建设和谐幸福社会的信心。中华民族的复兴将在21世纪实现，中华民族优秀文化传统的研究和弘扬，在今天显得尤其重要。我用以上简短的话，对于此次学术研讨会表示祝贺，

---

　　* 原载《光明日报》2007年4月5日。

真挚地希望陕西省"黄帝与中华文化学术研讨会"取得圆满成功。

《周炳琳文集》序[*]

老朋友张友仁同志要求我为《周炳琳文集》写序。对此，我深感责任太重。周先生是经济学界的老前辈。他一生从事争取民主的光辉事迹早已传遍宇内。作为老一代知识分子，从"五四"开始直到新中国建立后，他为争取民主，为建设现代化中国而奔走呼号一生。他已经尽到了力所能及的一切，为争取民主，九死而不悔。周炳琳先生的伟大的理想和他一生的遭遇，足以说明中华民族历史使命的艰巨，路程遥远而前途远大。

周炳琳先生经历了新旧两个中国的时代。在旧中国，先是参加了反对北洋军阀政府的专制，参加"五四"运动，火烧赵家楼。但蒋政权所作所为完全背离孙中山先生的主张，令他完全失望。解放前夕，他和许多进步教授留在北大，迎接解放。他和广大知识分子一样，把民主的前景寄希望于新中国、共产党。解放后，中国人民真正站起来了，全国呈现一片新气象。但历史的进程并没有以周先生和爱国知识分子的希望为转移。

实行了几千年君主专制，从一个半殖民地半封建的旧基础

＊《周炳琳文集》，浙江人民出版社，2009 年 12 月版。

上建立起来的新中国，该如何走向现代化，建设中国特色的社会主义民主国家？对此我没有足够的依据妄发议论，只根据我所理解的中国的历史国情，谈一些个人的感想。

西方古代文明起于两河流域，中国的文明也起于两河流域。只是中国的两河流域（长江流域与黄河流域）比西方的两河流域面积大得多。在春秋战国时期，从孔子、墨子到荀子、韩非，出现了百家争鸣的局面。百家争鸣共同关心的是如何建立一个统一的国家。连看来不大关心政治的老庄学派也提出要由"圣人治天下"。《老子》主张"小国寡民"，他讲的"国"不是今天人们理解的"国家（nation）"，而是基础行政单位"乡镇（town）"，古代的"天下"也不是指世界（world），而是"国家"。

治理一个多民族的大国并要做到有效管理，必须加强中央政府的权力。因为中国本土辽阔，多民族共处，交通不便，方言不同，要有官方通用的文字。从考古发现的竹简、帛书、铜器铭文已证实，秦汉统一以前，已有了国际通行的文字。《诗经》是在春秋战国时期国际交流经常引用的雅言。孔子说"不学诗无以言"，是指国际交往的语言。《易经》已在战国时期通行各国。

秦汉统一以后，最明显的变化是百家争鸣不如春秋战国时期活跃了，但全国一统后，老百姓却得到了不少实惠。最明显的好处是消灭了国与国之间的战争，百姓生存环境安定了；用国家权力，以丰补歉，救济灾荒，人口增加；兴水利，除水患，上下游利益由全国统筹，再也不需要以邻国为壑，治了上游，害了下游；集中全国人力、物力兴建大型的工程，如长城、运河；提供食盐、皮毛、木材等物资，开展炼铁、采铜铸钱等；动用全国力量抗击外来侵略；从全国范围选拔优秀人才，等等。这份遗产的作用一直发挥到现在，我们作为一个多民族统一的大国，屹立于世界民族之林，靠了我们"大"而统一，成为稳定世界的力量。

几千年来，必须维护这个多民族大国的统一，已经成为全国各民族的共识，认为统一是正常的，分裂是不正常的。古代的淝水之战，北方要统一南方；南朝刘裕北伐，南方要统一北方。只是条件不具备，没有做到。几千年来"多民族统一大国"是我们的国情，即便多次改朝换代，也是兄弟民族之间的"家务"。法制、文字、信仰，一线相承，没有改变。几千年来的专制不讲民主，这本是封建社会的共性，在旧中国实行得十分彻底。

在欧洲，政权教权合一，国王即位要得到教皇的加冕，才算合法。中国的封建社会，政教高度统一。历代皇帝诏书，开头总是"奉天承运，皇帝诏曰……"，是政府行为，也是教皇敕书，从而中国的封建制度具有超常的稳定性。16世纪以来，有几次资本主义萌芽，都被教权压下了。

中国的"无君论"，是要求轻徭薄赋的小农经济的平均主义，并不是民主思想。

近代意义的"民主"思想，"五四"时期才正式输入。由于中国长时期的专制制度曾给中国这个多民族的统一大国带来过实际利益，因此对民主思想的要求也不积极。广大农民只希望上有个开明纳谏的皇帝，下有爱民清廉的官吏就满足了。胡适是"五四"时代接受西方文化较早的先进人物，他主张"好人政府"。"好人政府"思想带有"圣君贤相"致太平的影子，与真正的人民当家做主的现代精神还有很大的距离。

在专制集权铜墙铁壁的包围中，要打开一个缺口，唤起民众，实行民主，绝非一朝一夕之功，更非一手一足之劳。一位忠诚为争取民主而奋斗一生的周炳琳先生所遭遇到的阻力和坎坷是明摆着的。

1938 年周炳琳先生应聘到重庆的中央政治学校当教务长，主持教务。周先生约了贺麟先生讲哲学，我随贺先生到了国民党中央政治学校。贺先生讲授哲学概论，我做他的助教。我和贺先生、陶元珍、尹文敬几位都是单身教员，在职工食堂包伙，我们几个人在一桌。一天在饭厅里吃饭时，一位不知姓名的职员（也许是教员），大声讲述他与蒋介石的关系不寻常，说"委员长亲自骂过我，骂的什么……"。有些听的人不但不以为怪，反倒对此人"亲自"挨蒋氏的责骂有艳羡之色。可以想见周先生想在这种学校里增加一点学术气氛，谈何容易！贺、尹、陶我们几个私下都认为周先生干不长。

据说有一次开国民参政会，周先生在会上批评通货膨胀，民怨沸腾。孔祥熙辩解说"没有通货膨胀"，周指出："难道钞票发到用扫把扫，才算膨胀吗？"弄得孔祥熙下不了台，蒋介石忙出面为孔辩护。这是政校师生中的传闻。我和贺先生说，周先生在这个学校怕要待不长。果然，离暑假放假还有两个月，周先生就辞职了。贺先生和我等到放假，学生考试后，也离开了重庆，回到昆明。

蒋介石时代，假借民主的幌子实行独裁，四大家族沆瀣一气，本质是官僚资本主义，与民主不相干。周先生在国民党时期遭到歧视压制，是必然的。他真心实意寄希望于新中国。在共产党最困难时，周先生与几位民主人士辗转托人给共产党带去礼物，礼物虽轻，却足见他们对共产党寄有的深切希望。

刚解放的新中国，到处高歌"东方红"，歌唱毛泽东是大救星，并不是民主。

建国初，知识分子分散到各地参加土改。我参加了湖南省的土地改革运动。"土改"中分到土地的农民，把神龛上的神像取下，换上毛主席的像，供奉起来。各地土改作回京交流经验，汇报工作都把这种现象当作农民的觉悟而加以肯定，包括我自己。

在城镇，学校知识分子改造首当其冲，大规模批判运动接连不断：对《武训传》的批判，对胡风的批判，接着对胡适的批判。以后是反右派，接着"大跃进"，人民公社化。

推倒三座大山，中国革命取得胜利了。认为最大敌人是资本主义、修正主义，唯独缺了清算封建主义，认为地主阶级已经打倒，封建基础已消灭，"皮之不存，毛将焉附"，封建专制主义自然会消灭。随后出现了人所共知的过"左"行为，这里不必重述。

有些政治评论者把新中国建立后的重大失误，完全归咎于个人，这不符合事实。社会群体对马克思主义没有学懂，包括共产党在内，忘了革命的目的是解放生产力，发展生产力。长期以来把均贫富、平均主义当作社会主义，把集体行动、归大堆、吃大锅饭当作社会主义，抹煞人的解放，每一个人是机器上的一颗螺丝钉。这不是个人的认识偏差，而是群体认识的不足。我个人对"人民公社""文化大革命"不理解，但不曾怀疑它不对，而是自怨认识跟不上形势，确实以虔诚的态度参加了人民公社以及后来的"文化大革命"。周先生，作为一个坚信民主的忠诚战士，也被社会巨浪卷着前进。1952 年他也曾写过《我的检讨》，话出自真心。毛泽东念及当年在困难时周先生对共产党的情谊，在《人民日报》发表时，对题目做了改动，改为《人民民主政权给了中国人民伟大的创造力以发挥的机会》①。

建国以来，全国上下把精力用在防止资本主义和修正主义方面，对封建主义的反民主的本质，并未重视。共产党员"少数服从多数，下级服从上级，全党服从中央"。中央由哪里约束？没有规定。"文化大革命"中因"批评林彪""评论江青"被判为"现行反革命"重罪的不在少数。林彪摔死、粉碎"四人帮"后，批评者是否还有罪，不再提起了。到底中央要不要有监督机制？这正是现代民主制的关键，现在并没有触及。

个人认识有了偏差容易改正，如群体认识发生了偏差，改正极难，危害也大。只有群体的认识上去了，社会的进步才有保证。个人著作影响社会的哲学家的时代已经过去了，今后哲学上的认识论只能是群体认识论。这是现代社会实践所证明了的。

人们痛恨"文化大革命"的"造神论"，问题症结不在"神"而在信神的人。人不信神，就不会有神。人们需要一个万能的神，神才会出现。如广大人民不信神，"不靠神仙皇帝"（有《国际歌》的觉悟），即使有人想当神也当不成。"文化大革命"使全民受到了没有民主就会遭受苦难的教育，今后在民主的大道上可以前进了。

在《周炳琳文集》出版之际，全国人民经过"文化大革命"的炼狱考验，变得成熟了，为现代化民主提供了一个认识平台。

我们由计划经济向市场经济转型时，人们担心这是不是背

---

① 毛泽东将周炳琳写的《我的检讨》改题为《人民民主政权给了中国人民伟大的创造力以发挥的机会》，在1952年10月9日的《人民日报》上发表。

离了社会主义大方向。邓小平指出，先不问姓社姓资，先从有利于脱贫入手，穷困不是社会主义。

社会主义要民主，不怕谈民主，就怕沾染上资本主义的三权分立，削弱了中央集权。

"多民族统一大国"是我国的国情，是客观存在。只能在维持"多民族统一大国"的现实情况下逐渐推进民主。这个多民族统一大国不能破裂，也不能发生混乱，只有少数野心家和敌对势力希望中华民族分裂，不愿意看到中国统一。一旦这个多民族统一大国失控，具有五千年光荣历史的中国变成四分五裂的碎片，中华民族将陷入万劫不复的深渊。"民主"是方向，是不可逆转的历史潮流；但脱离了中国的实际，想从国外输入民主，也是走不通的。当今世界有一些势力，不正是要制造民族分裂、国土分治，搞垮一些他们不喜欢的国家吗？

我们用马克思主义的普遍原理与中国革命实际相结合，取得了胜利，建成了新中国；用马克思主义的普遍原理与中国经济建设相结合，使十三亿人口的多民族的大国经济持续三十年高速度发展，取得了世界瞩目的成就。我们还要以马克思主义为指导进行政治体制改革，这是一条前人未曾走过的路，必将走向辉煌。

美国的妇女 1920 年才取得选举权，比我国的五四运动迟了一年。美国的经验也是经济在先，政治改革在后。政治改革比经济改革难度大，风险也大。经济改革失败的后果无非是继续穷下去；政治改革（民主化）失败的结果却是天下大乱。中国经得起穷，却经不起乱。经济改革先行，政治改革随后跟进，这个战略部署是高明的。前苏联政治改革先行造成的后遗症，到今天还没有完全消除。

善始还要善终。周先生奋斗一生的民主事业，我们这一辈人要继续向前，大家还要继续奋斗。民主方向要坚定不移，但不可速成。新中国建立后，有好几次经济变革，想快，反而慢了。政治改革更应慎重。

科教兴国，是百年大计。脱贫先脱愚。民主一词是外来引进的，民主的道路却要靠自己脚踏实地走出来。像我们这样一个十三亿人口的古国，经不起大起大落，只能摸着石头过河，千万不可迷信海外仙方，企图一步登天。

《周炳琳文集》使我们重温前辈民主人士走过的历史，使我们更加坚定地为推进中华民族民主事业继续前进。